D1420577

LE RETOUR À L'ÉCOLE D'UNE *WAITRESS* DE TÉLÉVISION
de Carmel Dumas
est le deux cent cinquante-neuvième ouvrage
publié chez
LANCTÔT ÉDITEUR.

LE RETOUR À L'ÉCOLE
D'UNE *WAITRESS*
DE TÉLÉVISION

de la même auteure

Le bal des ego, roman, Montréal, 1992.

LE RETOUR À L'ÉCOLE
D'UNE *WAITRESS*
DE TÉLÉVISION

Un cahier de Carmel Dumas

LANCTÔT
ÉDITEUR

LANCTÔT ÉDITEUR
1660 A, avenue Ducharme
Outremont, Québec
H2V 1G7
Tél. : (514) 270.6303
Téléc. : (514) 273.9608
Adresse électronique : lanctotediteur@videotron.ca
Site Internet : www.lanctotediteur.qc.ca

Illustration de la couverture :
Sonia Léontieff

Maquette de la couverture :
Louise Durocher

Infographie et mise en pages :
Andréa Joseph [PAGEXPRESS]

Distribution :
Prologue
Tél. : (450) 434.0306 ou 1.800.363.3864
Téléc. : (450) 434.2627 ou 1.800.361.8088

Distribution en Europe :
Librairie du Québec
30, rue Gay-Lussac
75005 Paris
France
Téléc. : 43.54.39.15

Nous remercions le ministère du Patrimoine canadien et le Conseil des arts du Canada de l'aide accordée à notre programme de publication. Nous remercions également la SODEC, du ministère de la Culture et des Communications du Québec, de son soutien. Lanctôt éditeur bénéficie du Programme de crédit d'impôt pour l'édition de livres du gouvernement du Québec, géré par la SODEC.

À ma courageuse et ardente Zoé.

Psynopsis

Lorsque, ces dernières années, je mentionnais par-ci par-là mon intention d'écrire ce livre, le sourire en coin, visiblement mal à l'aise, mes interlocuteurs réagissaient invariablement en me demandant si je n'avais pas peur de ne plus avoir de job ou si je voulais régler des comptes. La réponse simple à ces deux questions serait oui. Mais que de non-dits ! À tel point qu'au lieu de mettre sagement mon projet au rancart j'ai trouvé une nouvelle et irrésistible motivation dans le fait même qu'on évoque spontanément de tels extrêmes à la simple idée que je veuille réfléchir tout haut sur ce que j'ai vécu les dents serrées dans les cuisines de la production télévisuelle. Les gens qui m'ont mise en garde contre ma propre témérité sont tous des téléspectateurs sélectifs, tous des gobeurs assidus de potins sur les frémissements du milieu rapportés par les émules de l'ancienne terreur Louise Cousineau dans des chroniques qui parasitent et moussent la course aux cotes d'écoute avec une bonhomie souvent désarmante. Je les remercie d'avoir renforcé ma conviction qu'il y a une réflexion de fond à faire sur mon métier et sur le climat tyrannique dans lequel il se pratique.

Car, il faut bien le dire, malgré tout ce qui se raconte sur la télévision, il semble y avoir une conspiration du silence entourant les détresses et les

corruptions qui pourraient gâcher son image convi-
viale. Vous, par exemple, que savez-vous de la réalité
qui nourrit ce monde virtuel ?

Pour le moment, je pense deviner vos connaissances
de base. Sans vouloir montrer qui que ce soit du doigt,
vous pensez probablement que la plupart des producteurs privés d'émissions de télévision sont des morons
aux poches pleines, puisque cette accusation circule sur
toutes les lèvres depuis le mois d'août 1999. Au
moment de sauter elle-même dans l'arène de la production, l'auteure de téléromans à succès Fabienne
Larouche avait alors eu le courage selon les uns, l'in-
conscience et le venin selon les autres, de lâcher le mor-
ceau au cours d'une entrevue accordée à Nathalie
Petrowski dans *La Presse*. La radio et la télévision d'État
repiquèrent en ondes le zeste de l'article quelque temps
après, et l'effet de rebondissement, essentiel dans la
structure de toute dramatique et absolument vital dans
le maintien du réseau des branchés, fit le reste.

De son propre aveu, la très *télégéniale* Fabienne
pouvait, en 1999, se permettre de dénoncer sur la place
publique les saletés dans les cuisines, puisqu'elle avait
signé avec la noble maison radio-canadienne un
contrat qui lui garantissait de « rouler » cinq étoiles sur
les plans créatif et financier pour plusieurs années à
venir — un partenariat soudé en janvier 2003 par un
nouveau contrat de cinq ans avec, cette fois, Chantal
« Virginie » Fontaine comme productrice associée. La
diffusion quotidienne de *Virginie*, faut-il le rappeler, a
commencé en 1996. S'est ajouté entre-temps le retentissant succès de *Fortier* sur les ondes de TVA, indisso-
ciable de l'alliance de Fabienne avec celle qui incarne
son héroïne, Sophie Lorain, laquelle touche aussi à la
réalisation et à la production. Ces exploits de créatrices
représentent une victoire pour la liberté d'expression
et une médaille à l'honneur de l'acharnement que met

Fabienne à défendre et à poursuivre ce en quoi elle croit.

À l'époque, les accusations de Fabienne et le scandale des fraudes chez Cinar (qui a éclaté au grand jour presque au même moment) allaient rapidement se fondre dans une seule et même histoire, comme si les vérités énoncées par l'une avaient démasqué les mensonges entretenus par les autres. C'était plus simple comme ça pour les grands reporters qui aimaient bien le remous causé par Fabienne, mais qui n'arrivaient pas à trouver quelqu'un d'assez fou pour donner des noms et monter sur l'échafaud avec le sentiment valorisant d'avoir contribué à l'objectivité journalistique. De fait, si les transactions illégales de la multinationale qui alimente le marché de l'audio-visuel de si belles séries animées ont été dénoncées à la une des journaux, c'est grâce à la persévérance de longue haleine de l'auteur Claude Robinson qui se bat toujours pour la reconnaissance de ses droits. Si on ne l'entend pas sur la place publique, c'est que sa cause est toujours devant les tribunaux.

Reste que, s'il n'y avait eu Fabienne, il aurait fallu l'inventer, parce que la masse silencieuse des serveuses et des serveurs de télévision se posait depuis un bon bout de temps de drôles de questions, se contentant en bout de ligne de rêver au jour où chacun s'en irait paisiblement cultiver des tomates comme la serveuse automate, cette héroïne du peuple créée par Luc Plamondon, un parolier de chansons que vous connaissez bien à cause de son talent naturel de vedette de télévision. Grâce à Luc, la moyenne des ours sait depuis un bon bout de temps que ça joue dur dans le merveilleux royaume de *Starmania*, ce qui n'altère en rien (au contraire) la jouissance que trouve cette même moyenne des ours à fréquenter virtuellement la *Star Académie*.

Toujours est-il qu'en pleine fin de siècle Fabienne allait secouer la résignation des relégués dans la cuisine. Fabienne allait forcer les détenteurs de pouvoir à s'armer contre les attaques. Viser la tête de l'autre sans se tirer dans le pied, c'est plus délicat qu'on pense quand la majorité des chasseurs se regardent le nombril. Au tournant historique de 1999, chacun sut un temps où viser quand il décidait de se mettre le fusil à l'épaule. Fabienne la bonne, l'héroïque Jeanne d'Arc en tête de ceux qui avancent. Micheline la méchante, la Marie-Antoinette de la bourse, en tête de ceux qu'on force à reculer. Fabienne la perfide qui entache la réputation de tous ses honnêtes collègues producteurs pour mieux servir ses propres fins. Micheline l'exception qui ne confirme pas la règle. Vous êtes dans un camp ou l'autre, pour moi c'est du pareil au même : l'équité féministe étant respectée, je me range comme tant d'autres dans le simple monde qui ne cracherait pas sur un million mais qui n'attend pas de gros chèque dans la malle.

Ce qui me ramène à vos connaissances de base. Depuis quelque temps, vous craignez peut-être d'avoir jeté la pierre trop vite. De nouvelles informations circulent, des pétitions aussi. Les grands argentiers de l'État ont considérablement réduit les budgets alloués à la production télévisuelle privée. Des séries raisonnablement populaires risquent une mort prématurée. De nombreux *waiters* et *waitresses* vont se retrouver à l'Accueil Bonneau. Quelques-uns des producteurs, principalement de Montréal, qui espéraient intéresser la dizaine de diffuseurs et surtout les deux grands réseaux à leurs projets, vont peut-être se trouver dans l'obligation de se recycler. Misère de misère que nous sommes devenus cruels envers ceux qui se sacrifient pour notre culture nationale ! Comment se fait-il que notre État ne soit pas foutu de faire vivre l'industrie la plus communautaire de toutes les industries inventées par notre libre entreprise?

La panique gagne les troupes : Et s'il n'y avait plus de production locale pour notre télévision? Et si — un malheur en entraînant si souvent un autre — il n'y avait plus de télévision? Il nous faudrait tous rétrograder à l'ère prétélévisuelle, nous mettre à lire des livres comme celui-ci ou, avec un peu de discrimination mieux placée, des livres passionnants écrits par d'anciennes vedettes de télévision qui s'avèrent souvent beaucoup plus crédibles et intéressantes quand on peut savourer leur immense perspicacité sans être tenu de leur voir la face.

Bien avant les élections de Bernard et de Jean, la guerre de Saddam et de George et la fin de l'année financière des Québécois et des Canadiens en général qui ne maîtrisent pas tous les points et les virgules du crédit d'impôt, tout ce déchirant questionnement était déjà dans l'air.

Les vents du changement ont commencé à souffler sur le *fun* noir des uns et des autres lors du dernier gala des Gémeaux en octobre 2002. Au cours de ce *party* semi-privé, en un rien de temps le feu a pris dans les cendres de 1999. Jeanne d'Arc s'est retrouvée au milieu des flammes, telle une *pasionaria* dans un tango. Quelques heures avant le gala, le clavardage s'est mis à faire couler la salive et, encore une fois, Fabienne était sur toutes les lèvres. La rumeur (démentie) voulait que la productrice ait menacé de sévir si l'animateur Normand Brathwaite et les scénaristes du gala s'avisaient de s'amuser à ses dépens (je fais une interprétation libre, pardonnez-moi, je n'ai pas noté les détails, je m'en remets donc aux experts).

À la une du cahier Arts et Spectacles de *La Presse* du 5 octobre suivant, Hugo Dumas dissèque le vif de l'intrigue qui tient le milieu de la télévision en haleine d'un octroi de subvention à l'autre : «Qui a peur de Fabienne Larouche?»

Quatre pages plus loin, son collègue Marc Cassivi retourne la question : «Qui fait peur à Fabienne Larouche?» Il voit une question d'argent là-dessous, une affaire de monnaie royale qui pourrait un jour faire la manchette du *Daily Mirror* britannique aux côtés de la cassette de Lady Diana, mais enfin... Nous avons si peu de royauté à nous ; rendons à Fabienne ce qui est à Fabienne.

J'avais beau essayer de le chasser de mon esprit, beau me dire que les guerres d'artillerie lourde n'étaient pas les miennes, le mot *peur* se détachait des titres de journaux comme des néons rouges perturbant mes nuits blanches. À travers le destin de Fabienne, Dumas et Cassivi — que le bon Dieu les bénisse puisque, ne leur en déplaise, nous avons des ancêtres communs venus de France et de Sicile — s'immisçaient dans mes préoccupations de petite *waitress*. En me tournant et me retournant sur l'oreiller, obsédée par tel ou tel autre problème engendré par mon travail, je voyais clairement qu'une peur sourde et mon effort pour la vaincre faisaient partie intégrante de mon quotidien professionnel. Plus j'y pensais, plus je débusquais la peur à tous les détours, déguisée en stress, en fatigue, en agressivité, en déprime, en courage, en témérité, en inspiration...

Les questions posées par Dumas et Cassivi, je pouvais facilement y répondre. Je circule suffisamment dans les boîtes de production, dans les milieux journalistiques, dans les salons et dans les rues pour avoir une pas mal bonne idée de qui a peur de qui et pourquoi. Je ne m'en fais pas du tout pour Fabienne. N'empêche. Ça fait un bon bout de temps que je vois la peur sévir autour de moi en véritable épidémie. À bien y penser, ce cancer pernicieux mine presque tous ceux que je croise aux tables de la production télévisuelle. Et je ne sais plus si c'est le sourire dévastateur de ma petite-fille qui se montre osée dans tout ce qu'elle entreprend du haut de ses deux ans, ou alors la déroute de ma courageuse mère devant la mort qui l'a réclamée l'été dernier à quatre-vingt-neuf ans, mais toujours est-il que je me suis dit qu'il était grand temps que je regarde la peur en pleine face.

J'ai d'abord décidé de m'affirmer à titre de *waitress* à cause d'une artiste qui m'a beaucoup marquée : la fragile et forte féministe Luce Guilbeault, que je n'oublierai jamais dans *Françoise Durocher, waitress*, le premier court-métrage d'André Brassard et de Michel Tremblay. Quand ce film est sorti, en 1972, je me croyais journaliste professionnelle depuis déjà trois belles grosses années, ça allait très bien mon affaire, je n'avais aucune idée de mon ignorance et de la trépidante vie de misère qui m'attendait.

À vrai dire, jusqu'à très récemment, j'allouais mes peines et mes difficultés professionnelles aux bonheurs de mon autonomie créatrice sans trop me demander si tout ça «balançait». Dans ma grande candeur, je l'ai échappé belle! Sans les hauts et les bas financiers des producteurs privés qui ont été portés à l'attention générale par le succès retentissant de Fabienne Larouche et la destitution encore plus retentissante de Micheline Charest, ma foi, je ne sais pas si j'aurais un jour mesuré l'importance du mot *budget* et la précarité de mon gagne-pain. À ma décharge, je dois préciser que je ne me savais pas non plus *waitress*.

En fait, c'est le journaliste et réalisateur Magnus Isaacson qui m'a ouvert les yeux. Grand défenseur du documentaire engagé, dont il est une étoile et une force vive, Isaacson ne rate jamais une occasion de décrier le côté *fast food* un peu à la *McDo* d'une certaine production télévisuelle. Il a peut-être été marqué par ses longues années à l'information de Radio-Canada, où l'on entend si souvent des employés blasés se plaindre qu'on leur demande de «faire de la saucisse». Quoi qu'il en soit, je me suis sentie personnellement visée par ses attaques, et je me suis demandé pourquoi. La réponse passe par le Canal D et la production engendrée par les réseaux spécialisés, et j'y reviendrai.

Je lance quand même par dérision que je travaille depuis 25 ans dans ce milieu où la consommation tient effectivement du *fast food*. Puis j'ai un syndicat, avec ça. Je reconnais très bien ne représenter qu'un facteur infime parmi les milliers de gens qui contribuent au travail à la chaîne d'une grosse industrie qui fait miroiter la fortune et la gloire, qui roule les biceps avec des prétentions intellectuelles et culturelles et qui, en bout de ligne, s'efforce de répondre quotidiennement aux lois sauvages de l'offre et de la demande.

Il me semble important de dire que la solidarité, lorsqu'on travaille à la pige, équivaut à un sentiment et à un engagement qui ne peuvent tenir que du feu sacré. N'eussent été mes collègues de la SARTEC (la Société des auteurs de radio, de télévision et de cinéma), la solitude dans laquelle j'ai vécu ma quête d'évolution ces dernières années aurait été intenable. Ce sont eux qui me donnent l'aplomb de crier ici, haut et fort, que je me révolte contre ma condition de *waitress*, parce que dans ma tête, d'aussi loin que je me souvienne, je suis auteure. Et c'est sur la foi de cette seule certitude professionnelle que je persiste et signe.

J'aimerais aussi préciser que les tirades de l'ami Magnus m'ont rappelé l'importance, pour qui veut survivre professionnellement, de constamment refaire ses classes. Sans cela, des gens aux ambitions politiques refoulées ne pourraient jamais se réclamer du documentaire d'auteur, des génies de la pub ne pourraient accéder aux privilèges de signer des œuvres de fiction majeures, des scriptes assistantes abandonnées par leurs réalisateurs partis tenter leur chance à la pige ne pourraient décrocher des postes décisionnels protégés par les syndicats des grandes institutions, de candides maîtresses de producteurs ne connaîtraient jamais le bonheur de collaborer à une entreprise familiale, des enfants de la balle ne sauraient où se tourner pour affirmer légitimement leur talent, de vieux ennemis ne sauraient envisager d'unir leurs forces, des cinéastes qui ont connu des succès d'estime ne seraient jamais invités à boucler leurs fins de mois à la barre d'un *sitcom*, les *waiters* et les *waitresses* seraient condamnés *ad vitam æternam* à servir du *fast food* sans chance aucune de devenir patrons du bistrot du coin. Bref, n'était l'importance de faire et de refaire ses classes, plus personne ne flirterait avec cette marge d'erreur et de risque qui donne du piquant à la vie et qui stimule cette bête petite chose si précieuse à la dignité humaine qui se résume à l'espoir de devenir un être plus et mieux accompli. Pour avoir entretenu ce genre d'espoir, je me suis un jour fait traiter de *wannabe*. J'ai accusé l'insulte. Elle a endurci ma capacité de ne pas attendre la reconnaissance des autres pour aller de l'avant, ce qui m'aurait déjà tuée.

Sans être particulièrement altruiste, je me demande souvent comment les jeunes idéateurs, créateurs, et tous ces êtres d'invention, essentiels au renouvellement et à la vie même de l'imagerie télévisuelle, peuvent se retrouver dans cette galère où la lumière au bout du tunnel n'est rien qu'une illusion d'optique, rien qu'un trompe-l'œil menant dans un entonnoir où toute créativité est appelée à être rétrécie et meurtrie par la poigne solide de quelques décideurs qui contrôlent tout. Ils ne le pourront jamais s'il n'y a aucune transparence à la base, si les travailleurs plus ordinaires du milieu qui les fascine ne leur parlent pas des expériences vécues à travers non seulement les succès, mais aussi, et peut-être surtout, les obstacles et les échecs. C'est là la raison d'être de ce petit essai sur le retour à l'école d'une *waitress* de télévision.

La petite école

Parler de retour à l'école sous-entend qu'on a déjà été sur les bancs.

Par ailleurs, étudier la télévision, ça peut être l'œuvre d'une vie, et ça ne mène pas nécessairement à la télévision.

Pour faire carrière, à la télévision comme ailleurs, il faut que quelqu'un vous donne votre première chance. C'était vrai même avant l'INIS (l'Institut national de l'image et du son), qui promet d'aider ses recrues à établir des contacts dans le milieu, même à l'époque où ça faisait chic de dire qu'on avait appris sur le tas. Au siècle dernier, les grandes écoles de télévision n'étaient pas difficiles à identifier : Il n'y avait que Radio-Canada et Télé-Métropole, que l'on différenciait comme des joueurs de hockey par leurs numéros, le 2 et le 10. Il n'y avait pas et n'y a jamais eu de numéro 1, parce que le quotidien *La Presse* avait mis le grappin dessus pour ensuite le refiler à son bébé CKAC, la première radio à entrer dans le cœur du «consommateur», qu'on appelait alors respectueusement «le public». CKAC-*La Presse* ont donné le ton à notre *showbiz* quand Mary Pickford et Douglas Fairbanks sont venus inaugurer la station, le 2 octobre 1922 : «*And now, ladies and gentlemen, the show must go on, and on, and on…*»

Si je n'étais pas devenue *waitress* de télévision, je serais restée à la radio, car le bonheur est vraiment dans la radio. Je n'étais pas la meilleure élève, mais j'ai eu là de grands maîtres, les réalisateurs Francine Laurendeau et Jacques Bouchard m'étant les plus chers. Francine Laurendeau m'a appris l'importance d'être sélectif, critique et rigoureusement informé des sujets sur lesquels on se penche. Jacques Bouchard m'a martelé dans la tête que tout le travail de terrain ne sert absolument à rien si on ne donne pas le meilleur de soi-même en ondes.

La télévision, elle, je l'ai apprise sur le tas grâce au réalisateur Jean Rémillard, aujourd'hui patron du Groupe Télé-Vision, la boîte de production privée qui est sortie gagnante de l'appel d'offres le plus couru du printemps 2003, par lequel il a été décrété que Normand Brathwaite et Sophie Durocher prendraient la barre de la grande émission de variétés prévue en remplacement du *Plaisir croît avec l'usage* dans la programmation de Télé-Québec.

En 1976, Jean Rémillard était l'un de ceux issus d'une bande de jeunes finissants de Québec ayant trouvé leur niche dans les bureaux montréalais de notre télévision éducative nationale en sortant du collège ou presque. Je dois donc le privilège d'avoir été invitée à travailler à la télévision au fait que j'aie étudié à l'Académie de Québec, où je sévissais dans le journal étudiant, dans les pièces de théâtre, dans le *twist and shout* du pavillon Pollack de l'Université Laval et dans les conversations animées de notre boîte à chanson, le *Croc Magnon*. Comme les *boys* du collège Sainte-Marie, la gang du Saguenay — Lac-Saint-Jean, les âmes sœurs en pratiques sexuelles ou religieuses, on doit tous et chacun notre première chance à une sorte d'*alma mater* qui permet aux autres de déterminer si on peut être des leurs. Ce qui me mène à dire que si j'avais eu un réseau à cultiver pour gravir les échelons professionnels, ça aurait dû être le réseau des anciens de l'Académie. Il comprend des gens qui peuvent se vanter de très belles carrières à la télévision. Simon Girard, réalisateur, Jacques Véronneau, journaliste et animateur, Paul Breton, longtemps de la direction de Radio-Québec, Martin Métivier, producteur chez *Point de mire*, Georges Jardon, spécialiste de la postproduction dont le nom apparaissait récemment au générique du film *Les invasions barbares*, Jean-François Després, réalisateur, Jean-Paul Lebourhis, auteur. Et la liste continue... Clément Richard, ancien ministre péquiste passé à la direction de la Place des Arts, était un de nos professeurs, ainsi que le très respecté recherchiste Jean-Marie Ladouceur.

À cause de Jean Rémillard, qui m'a permis de contribuer à un grand dossier de télévision à caractère humain et politique, ma vie professionnelle s'est engagée dans une voie que je n'avais pas imaginée. La télévision comme telle ne m'a jamais intéressée... et ne m'intéresse toujours pas. Ce sont les sujets à traiter et la meilleure façon de les traiter qui me passionnent. Que celui qui n'a jamais péché me jette la première pierre, mais quel est l'artiste, le créateur, l'être humain qui n'aspire pas à rejoindre, à toucher le plus de monde possible?

Dans le champ qui nous intéresse, lorsque les grandes guerres de territoire ont commencé au siècle dernier entre la télévision et le cinéma, à peu près au moment où Téléfilm Canada a créé en 1983 son Fonds d'aide à la télévision, nombre de cinéastes québécois ayant connu d'importants succès d'estime se réjouissaient publiquement à l'idée d'atteindre un million de gens avec une seule représentation. Aujourd'hui, quand ceux qui posent en purs et durs dénoncent la production télévisuelle, il ne faut pas balayer du revers de la main la possibilité qu'ils puissent être motivés par un des sept péchés capitaux. Il y a des routes et des engagements qui commandent indéniablement le respect. Il y a aussi des parvenus forts en gueule qui, à défaut d'expérience pour donner du solide à leurs arguments, ne manifestent aucune honte à se montrer effrontés, jouant du coude pour tasser ceux qui bloquent leur chemin. Tant de routes mènent à la Rome de chacun !

Ce qui m'a menée au monde des communications passe par le fait que j'écris tout, tout le temps. Des idées. Des concepts. Des scénarios. Des textes d'animation. Des narrations. Des titres. Des articles. Des romans. Des courriels aux gens que je porte dans mon cœur et encore plus à ceux qui me pompent l'air. L'écriture, c'est mon amie, ma complice, celle qui m'aide à mettre de l'ordre dans mes idées, la source d'où jaillissent pour moi les questions à poser en entrevue, les images à aller chercher en réalisation, le rythme à installer au montage, la structure à porter à bout de bras du début à la fin de la production d'une œuvre. Et par le biais de ces écritures multiples, j'arrive régulièrement à mettre au monde des émissions que je suis fière d'offrir aux gens qui ne peuvent résister à la tentation de s'asseoir devant le téléviseur dans l'espoir de tomber sur quelque chose d'intéressant.

Si, comme auteure, je fais souvent confiance à la télévision, c'est à cause d'un gars farouche et généreux avec lequel j'ai travaillé à Radio-Québec : André Caron, mon premier maître en scénarisation. André ne m'a rien enseigné du tout. Il m'a guidée. Il m'a épelé en toutes lettres ce qu'il considérait être mon talent, et durant des années qui se sont prolongées bien après nos collaborations directes, il a continué de m'encourager à y croire et à le pousser plus loin. C'est sa faute si l'instinct et l'émotion me semblent à ce jour les routes les plus directes pour atteindre la raison.

Il y avait, pendant les décennies 1970 et 1980, un noyau formidable de scénaristes maison à Radio-Québec, et je m'étonne encore de leur ouverture aux nouveaux arrivants. Ils ne se sentaient pas menacés. Ils jouissaient, de fait, d'une très enviable sécurité matérielle et morale, évoluant dans une atmosphère véritablement universitaire, à la fois appliquée et décontractée. C'était tellement humain qu'il m'arrive parfois d'avoir un nœud dans la gorge juste à y penser, surtout quand je sors d'une de ces déprimantes réunions de production où on ne parle que d'argent et de commandes à remplir.

Rue Fullum, dans le chassé-croisé qui nous menait à l'époque d'un bureau à l'autre, on rencontrait Jean-Pierre Morin, Pierre Gauvreau, Yves Beauchemin, Louis Caron, Luc Harvey, Pierre Duceppe... Dans les bureaux de la direction, qui se faisait discrète comme il se doit, passaient déjà dans ce Radio-Québec d'un autre âge des gens dont l'influence rayonnerait vingt ans plus tard sur la télévision nouvelle : Andréanne Bournival et Pierre Roy, les artisans de Canal D, en étant. Et à intervalles réguliers, comme une belle horloge grand-père dans une maison patricienne, résonnait dans les corridors le rire contagieux et croquant de la recherchiste Judith Brosseau. Je ne me rappelle plus les œuvres auxquelles elle contribuait, je ne l'ai sans doute jamais su, mais je sais qu'elle a fait un sacré bout de chemin qui l'a menée à la vice-présidence principale des Chaînes Télé Astral, où elle assume joyeusement ses responsabilités de femme d'affaires en laissant déferler sur son entourage le même rire dévastateur du temps de la bohème. Ça doit sonner drôle aux oreilles des anciens réalisateurs de Radio-Québec qui sont aujourd'hui producteurs privés.

Quand mon imagination vagabonde, vous n'avez pas idée des scénarios que m'inspirent les femmes fatales de notre télévision. Mais j'ai bien trop peur d'elles pour vous en dire plus (oui, peur : encore ce petit mot poison qui ramène vite à l'ordre) !

Tout ça pour dire qu'on n'a pas à gratter bien loin dans notre milieu de la télévision pour se rendre compte que nous sommes tous allés plus ou moins à la même petite école. C'est à l'heure de la spécialisation que certains se sont perdus de vue, que d'autres ont uni leurs méninges sur les mêmes thèses et que, dans certains cas, il est devenu impératif pour les uns d'oublier qu'ils ont un jour assez bien connu les autres.

Les vieux diplômes, ça ne sert pas à grand-chose quand les chasseurs de têtes ont soif de sang neuf. D'après de nombreux rapports abondamment cités dans les journaux et les assemblées générales, il paraît que notre paysage télévisuel a changé. J'aimerais savoir qui a inventé cette expression : «paysage télévisuel». Me semble que c'est contradictoire. Mais ça me sonne quand même une cloche quand je lis sur le site des réalisateurs de Télé-Québec, tout enjolivé dans un esprit de fête et de nostalgie à cause d'un 35e anniversaire, que mon premier maître en écriture télévisuelle, André Caron, a pris sa retraite en 1995, «lors du grand chambardement». Il était loin d'avoir atteint l'âge officiel de la retraite. J'espère qu'il est en train d'écrire un beau roman ou un grand film.

J'aurais tout de même bien aimé qu'il me mette un peu au parfum, avant de s'évaporer, sur ce que c'est que cette histoire de grand chambardement. Était-ce le changement de nom de Radio à Télé-Québec? Mes cours de rattrapage me portent à croire que la chose se serait étirée sur quelques années. Dans un texte datant du 2 septembre 1998, l'alors redoutable critique de télévision du quotidien de Québec *Le Soleil*, Didier

Fessou fessait sur l'autre télévision : «Le Télé-Québec nouveau est tiré, il faut le voir. Nouveau et amélioré. Un pur bain urbain. Il sent le métro et la rue Saint-Denis. À jeun, c'est écœurant. Sur les cinquante-six émissions inscrites à la grille, une seule est produite hors de Montréal.»

Le titre de cette charge : *Télé-Québec sans le Québec*. Je ne cite pas ce texte gratuitement. Le retour à l'école de votre humble *waitress* de télévision l'a conduite à réaliser pour Télé-Québec un documentaire qu'elle croyait être un documentaire d'auteur intitulé *Fougues gaspésiennes*. La direction de Télé-Québec en a été très fière. Elle a acheté des pleines pages de pub dans les quelques journaux régionaux desservant la Gaspésie pour faire valoir, durant le Rendez-vous des régions tenu en novembre 2002, que Télé-Québec est vraiment «la télé des régions». Sans doute par discrétion, elle n'a pas glissé un mot sur cette noble mission dans les journaux de la grande ville, qui ont eu plus de *fun*, cette semaine-là, à parler de ce qui n'était pas en ondes à Télé-Québec, soit de l'entrevue que Micheline Charest (eh oui!) ne voulait pas revoir et réentendre. Elle avait bien raison. Jamais le franc-tireur Richard Martineau n'a été aussi *cheapo* et jamais monsieur Juste pour rire, Gilbert Rozon, ne s'est fait servir sur un plateau une plus belle chance d'avoir l'air noble. Dans mon salon, je me suis dit que si Richard Martineau pouvait se réclamer d'être journaliste professionnel, il n'était pas si étonnant que je me retrouve *waitress*. Ma job exige une politesse élémentaire.

Mais revenons au grand chambardement à l'autre télévision. En 1998, on a décidé de lui donner un visage. Un visage de beau brummel qui a donné des jambes molles à la dure à cuire Louise Cousineau. Le visage de Mario Clément, qui quitta l'année précédente Coscient-en-pleine-mutation-vers-Motioninternational-et-bientôt-Zone-3 pour devenir Monsieur Télé-Québec. Six ans déjà! L'année de sa première programmation commentée par Monsieur Fessou, il y eut aussi les amours de Charles Ohayon, directeur des programmes de Radio-Canada, qui ont provoqué un honnête chambardement sur l'échelle Richter des potins de télévision. Monsieur Ohayon a été forcé de retourner à un certain anonymat et Daniel Gourd, « grand patron des communications de la boîte » (*dixit* alors Madame Cousineau), est devenu directeur des programmes par intérim, ce qui veut dire « en attendant que chacun se positionne face à l'éventail d'opportunités qui venait de s'ouvrir ». La grève des techniciens de Radio-Canada en 2000 allait ralentir un peu le processus en exposant le danger réel que la société d'État devienne carrément le valet de la production privée, un simple diffuseur sans engagement social précis. En janvier 2000, à peine 50 % des émissions présentées sur les ondes de Radio-Canada aux heures de grande écoute étaient produites à l'interne.

Vos connaissances de base, que je ne veux surtout pas perdre de vue, incluent sûrement le fait que Radio-Canada a pu quand même fêter, en 2002, ses cinquante ans. Ce ne fut apparemment pas plus facile à vivre pour une société d'État à vocation rassembleuse et culturelle que pour la moyenne des baby-boomers ou pour une reine d'Angleterre. Pas grave. Le réseau français de la société d'État est maintenant engagé dans une nouvelle ère : l'ère post-Michèle Fortin, dont le règne fut extrêmement perturbé par les moyens de pression de la production privée, qui n'a pas toujours marché sur les œufs comme elle le fait par les temps qui courent. En mars 2001, Michèle Fortin fut néanmoins nommée pionnière de l'an 2000 par l'Association canadienne des femmes en communications et personnalité de la semaine par *La Presse.* Dans le texte du journaliste Jean-Paul Soulié, cet honneur est attribué au fait que la vice-présidente à la télévision française de Radio-Canada ait réussi, avec un consortium regroupant BCE Globemedia, Télé-Québec, ARTE France et l'Équipe Spectra, à obtenir du CRTC (Conseil de la radiodiffusion et des télécommunications canadiennes) une licence de chaîne de télévision spécialisée consacrée aux arts et à la culture française. La chaîne se nomme aujourd'hui ARTV et votre *waitress* lui est infiniment reconnaissante d'avoir adopté la version intégrale de ses *Fougues gaspésiennes.*

En novembre 2002, de son poste intérimaire, l'ancien journaliste Daniel Gourd, issu de la dynastie Radio-Nord, succéda à Michèle Fortin à la vice-présidence de la télévision française. Dans les jours suivant sa nomination officielle, une campagne de presse bien orchestrée annonçait des changements majeurs, un retour aux sources, un plan d'action qui avait visiblement été fomenté depuis un certain temps. Au printemps 2003, au grand étonnement de personne, monsieur Télé-Québec, Mario Clément, était officiellement confirmé au poste de directeur des programmes de Radio-Canada.

Je me permets de noter au passage que ce jeu de chaises, devenu presque banal dans les hautes sphères décisionnelles, perturbe beaucoup les producteurs privés et ceux, dans les cuisines, qui en dépendent. Entre le bon vieux temps des fonctionnaires tablettés et l'insécurisant favoritisme généré par la libre entreprise, les changements se font à une vitesse tellement folle que les critiques se sont mis à abuser du mot désuet *ébaubi* quand ils n'ont pas tout bonnement délaissé les lettres pour se mettre à étudier la bourse. «Couvrir» la télévision, par les temps qui courent, ce n'est pas une sinécure. Et pour ceux qui s'acharnent à se bâtir un réseau de contacts, c'est décourageant en titi. Imaginez ce que ce serait si, chaque fois que vous auriez réussi à mettre le pied dans une porte, on change cette porte d'édifice !

Le bon côté de l'affaire, c'est que la solidarité semble en voie de se refaire une beauté. Le milieu de la télévision a maintenant son «comité des sages», composé des lauréats des grands prix de l'Académie canadienne du cinéma et de la télévision, qui veille au grain, qui travaille d'arrache-pied et avec conviction à la réhabilitation du gala des Gémeaux. Je n'ai mentionné précédemment que l'aspect sensationnaliste de ce qui s'est passé en 2002. Le vrai hic, c'est que cet événement rassembleur des artisans et des chefs de file de la production télévisuelle avait été boycotté non seulement par Fabienne Larouche, mais aussi par les auteurs Anne Boyer et Michel D'Astous, par l'animatrice-productrice Julie Snyder, par le producteur-gérant et pionnier de notre *showbiz* Guy Cloutier et par les réseaux TVA et TQS : c'est pas rien.

Les serveurs et les serveuses n'ont pas l'habitude de se mêler trop trop des problèmes des propriétaires de boîte et des chefs de cuisine. Ils ne s'en préoccupent vraiment que lorsque la clientèle commence à déserter les lieux ou que la mafia vient imposer sa loi. Dans un cas comme dans l'autre, l'incidence sur les revenus peut être néfaste, fatale car, vous en conviendrez avec moi, même les plus douées des *waitresses* laisseraient tomber la job si elles avaient une autre façon de gagner leur croûte. Elles feraient le service avec joie dans des occasions spéciales pour retrouver le plaisir de «travailler avec le grand public» ou elles s'ouvriraient un resto pour confier les tâches plus ingrates à des verts tout en mettant à profit l'expérience et les contacts accumulés durant les dures années à bosser sur le terrain.

Alors, si la télévision vous intéresse, il est important de déterminer si vous allez y entrer par la porte de la cuisine ou par le tapis rouge au bout de l'allée, là où on laisse sa voiture au valet avant d'être accueilli en grande pompe par le maître d'hôtel. Pour entrer par la grande porte, c'est facile. La télévision est extrêmement mondaine. Faites-vous une réputation ailleurs et le carton d'invitation ne se fera pas attendre. Pour gravir les échelons à l'intérieur même du milieu, c'est une autre histoire. Je ne suis pas placée pour donner des conseils à qui que ce soit, mais je peux au moins tenter de partager avec vous ce que j'ai partagé depuis quelques années avec des collègues, certains de parfaits inconnus qui, en désespoir de cause, ont pris le téléphone pour me demander : «Coudonc, tu connaîtrais pas un bon producteur?»

Sont-ils tous des morons?

Je ne connais pas de bons producteurs. Je connais des producteurs qui ont mené à terme de bonnes et belles productions. Je connais des producteurs qui se sont révélés, sans l'ombre d'un doute, très mauvais. Enfin, je connais nombre de producteurs qui se sont trouvés forcés ces dernières années, comme moi, de revoir leurs notes d'étudiants et d'entreprendre des cours intensifs pour mettre à jour leur guide pratique du métier. Cela dit, quand je dis ne pas connaître de bons producteurs, il faut comprendre que je n'ai tout simplement pas trouvé le mien. Le malheur, comme on se l'avoue souvent entre collègues à la SARTEC, c'est que les auteurs vivent leurs relations avec les producteurs comme des histoires d'amour. Veut, veut pas, c'est un rapport personnalisé, car un auteur ne peut dévoiler ses idées et ses écrits sans exposer une partie de son intimité. À chaque nouvelle étincelle, quand le choc des idées s'est avéré ardent, on pense que ça y est, qu'on a enfin trouvé le «bon». Manque de veine, je peux tout juste prétendre avoir vécu avec quelques producteurs ce que je qualifierais de «sympathiques aventures de passage». J'ai surtout connu des mariages de raison et des flirts sans lendemain. Le coup de foudre vous attend peut-être au détour, mais mieux vaut quand même garder la tête froide. Le producteur est en affaires, ne l'oubliez jamais. De façon générale, il ne veut rien savoir des émotions des *waiters* et des *waitresses*. Et même lorsque vous tombez sur une perle rare qui affiche d'emblée son penchant artistique et son désir de s'impliquer dans ce que l'industrie appelle « le processus de création », il se peut que les atomes crochus ne soient tout simplement pas là. Ce qui fait que le producteur rêvé de l'un peut mener l'autre au suicide.

Et pourtant, pour qui veut porter une œuvre au petit écran, sans producteur, point de salut. C'est une réalité sur laquelle mon retour à l'école ne permet aucune équivoque. Le côté ennuyeux de l'affaire, c'est que la quête d'un producteur peut devenir une occupation à temps plein. Sans rémunération et sans gratification. Plus vidant que de se chercher un quatre et demie sur le Plateau Mont-Royal. Il n'y a pas d'encans de producteurs, pas de petites annonces vous invitant à des portes ouvertes. Ces cinq dernières années, il est arrivé une fois, à ma connaissance, qu'un producteur lance par courriel une sorte d'appel à tous. Fraîchement sorti du ventre de Télé-Québec, il venait de se joindre à une boîte, et il s'est dit que ce serait une bonne façon de connaître les gens du milieu. Je ne sais s'il a reçu beaucoup de réponses, mais pour ma part je l'ai rencontré. Très affable. Nous avons discuté projets de façon informelle et, quelques jours plus tard, je lui ai laissé des notes et une présentation de documentaire étoffée. Je n'en ai plus jamais entendu parler et il a ignoré mes quatre courriels lui demandant un an plus tard de me retourner mes textes ou du moins de me faire savoir s'ils avaient été étudiés. J'en conclus qu'il a rapidement assimilé le code d'éthique de sa nouvelle profession, car c'est pratique courante chez les producteurs que de ne faire aucun suivi auprès des auteurs sauf s'ils ont un diffuseur ou un bailleur de fonds sur les talons. Mais étant donné qu'une idée dans un tiroir ou sur un disque dur ne se rendra pas virtuellement en production, il ne faut pas lâcher. Il faut continuer d'espérer que la bonne idée tombe dans l'oreille du bon producteur au bon moment sans qu'il oublie qu'à l'origine cette idée venait de vous.

On peut sans trop de difficulté s'informer sur qui est producteur. Le dernier bottin de l'APFTQ, l'Association des producteurs de films et de télévision du Québec, se réclame de quelque 111 membres réguliers et d'une quinzaine de membres associés. Arthur Lamothe et Michael Spencer sont membres honoraires. Claire Samson, depuis le début du siècle présidente-directrice générale de l'APFTQ, a longtemps été directrice générale des communications à Radio-Canada, puis vice-présidente des communications à TVA et vice-présidente exécutive et chef des opérations à TQS. Que cette grande amie de Louise Cousineau ait choisi de poursuivre sa carrière de l'autre côté du miroir nous éclaire sur le pouvoir politique que visent les producteurs privés.

Cependant, tous les producteurs de télévision ne sont pas membres de l'APFTQ et, par ailleurs, un bottin, ça manque de chair et d'os. Ce qui justifie qu'au gala des Gémeaux, par exemple, on voit régulièrement quatre, cinq producteurs monter sur scène à la file indienne, puis se placer en rang d'oignons derrière le podium pour accepter un trophée. Ça authentifie leur appartenance au monde de la créativité, tous et chacun, même si la plupart du temps ceux qui ont bel et bien contribué à la réalisation de l'œuvre primée ne les ont jamais vus sur ou autour du plateau.

C'est que, au-delà de l'image mythique que l'on peut se faire du producteur il faut distinguer les individus des maisons de production où ils sévissent. Il y a de « grosses » boîtes, mais de façon générale, de peur qu'on se mette à penser qu'ils ont de l'argent à investir en développement, les producteurs insistent sur le fait qu'ils n'ont que des «petites boîtes». Les «gros» producteurs comptent généralement plus d'employés, permanents ou saisonniers, selon ce qu'il faut pour augmenter les crédits d'impôt.

Une des idées qui me sont venues depuis que je fais face à la réelle menace d'être contrainte de me recycler, c'est d'organiser des tours guidés dans les boîtes de production de la métropole, avec l'option de pousser l'excursion jusqu'en région si les touristes en manifestent la curiosité. Une tournée vraiment divertissante serait aussi celle des filiales de toutes nos boîtes «internationales», laquelle donnerait l'occasion de visiter les apparts sympathiques de copains à New York, à Toronto et à Paris. Si les affaires continuent de tourner mal comme on le craint, j'arriverai peut-être à embrigader quelques producteurs désœuvrés afin qu'ils fassent voyager les gens dans leurs bureaux devenus inutiles, c'est-à-dire dans leurs belles voitures louées neuves chaque année, équipées de chaînes stéréo haut de gamme et de cellulaires puissants qui rendent leurs propriétaires accessibles en tout temps. Mais on n'en est pas encore là.

Il y a une réplique servie par l'incomparable Robert Gravel, dans *Le roi boiteux*, qui me fait sourire des décennies plus tard. Quelque chose du genre: «T'es un légume, OK. Mais quel légume? Une carotte? Un navet?» Cette simple question s'applique à tant de rencontres entre inconnus, les titres étant souvent aussi anonymes que des uniformes.

Dans les infrastructures des grosses comme des petites boîtes, chaque détenteur du titre de producteur a son rôle assigné, pas toujours apparent. Il y a des producteurs qui se consacrent uniquement à courtiser les diffuseurs et les décideurs à Téléfilm et à la SODEC. Il y en a d'autres qui veillent aux livres et qui savent parler aux gérants de banque. Il y en a d'autres encore qui ont un milieu dans la poche : celui des annonceurs, des gérants d'artistes, ou celui des travailleurs sociaux, peu importe, ils apportent à la production une matière première à exploiter. Il y a ceux qui ont la touche dans le rapport humain, et ainsi de suite. À l'intérieur d'une même boîte, les différents producteurs peuvent être partenaires, associés ou employés, comme dans un gros cabinet d'avocats. Toutes ces subtilités ont une importance incommensurable qu'il est difficile de mesurer de l'extérieur. De certains voyages d'exploration où je me suis retrouvée au milieu de guerres de territoire à l'interne, je suis sortie assez éclopée merci.

Il n'y a pas de guide sûr. Le *Who's who* du milieu est presque impossible à cerner, et ce, en dépit des très rigoureux efforts de *Qui fait quoi* et des références fournies par les associations et syndicats. Pour l'œil averti, la lecture des crédits professionnels que certains individus ont le culot de se donner peut faire rire ou brailler ou les deux à la fois. Mais même la plus honnête des présentations comporte une foule de cases vides qui ne peuvent se remplir qu'en passant du temps ensemble. Excédée de me faire demander mon *curriculum vitæ* à tout venant par des producteurs voulant accoler mon nom à leurs projets et par des chargés de projets chez les diffuseurs qui voulaient se faire une idée de moi sans avoir à me rencontrer, je me suis mise un jour à demander aux gens dont je savais peu de chose et qui réclamaient mes services de *waitress* de me faire parvenir leur cv eux aussi. Je les aurais giflés, j'ai l'impression qu'ils auraient considéré l'insulte moins cuisante, car s'il leur est routinier d'exiger à pied levé le bilan professionnel des collaborateurs qui leur permettent de déposer des demandes de fonds, ils perçoivent comme un affront qu'on

veuille en savoir un peu plus sur leurs accomplissements personnels avant de s'engager à suer sur la
construction de leurs cathédrales ou de leurs élé-
phants blancs. Les plus diplomates m'ont fait parvenir
une liste des émissions représentant la carte de visite
de leur boîte. Qu'ils aient été ou non de cette boîte au
moment où le succès a vu le jour, et qu'ils y aient
contribué ou non, il faut fouiller pour le savoir. Un
producteur est un producteur. Un diffuseur est un
diffuseur. On ne met pas en question l'autorité.

Je dis ça avec le recul, maintenant que j'ai commis
une série de gaffes irréparables que je ne regrette en
rien.

Cependant, si ce doute particulier vous trotte
encore dans la tête, non, les producteurs privés ne
sont pas tous des morons. Certains de mes bons amis
sont des producteurs mais, évidemment, ce n'est pas
là-dessus que je me base pour les innocenter. C'était
écrit dans *La Presse*, le 18 juin 2001, sous la plume du
respecté analyste Michel Girard : «Revenu Québec n'a
pas trouvé d'autres morons». Si ça ne suffit pas à vous
convaincre, ce n'est certainement pas moi qui dois
déclarer mes pourboires qui vais y arriver.

Mais s'ils ne sont pas tous des morons, vous
demandez-vous peut-être, que et qui sont-ils ? Alors
là, je peux offrir un peu de mon savoir durement
acquis, en commençant par partager avec vous ma
conviction qu'il en va des producteurs comme il en va
des cultures nationales : Il est bon de savoir d'où ils
viennent pour se faire une idée d'où ils vont.

En cette année de grâce 2003, un petit survol
permet de repérer facilement ceux qui s'en vont directement vers la retraite. Ils ont profité au début des
années 1990 d'un plan de retraite anticipée à Radio-
Canada, ils ont encore quelques luxes qu'ils aimeraient bien s'offrir et des fins de mois à arrondir. Ils

ont espéré faire quelques bons coups en exploitant, dans le privé, les contacts établis entre les murs de la maison mère, misant sur ce qu'il est convenu d'appeler «le retour d'ascenseur». Ils avaient préparé le terrain avant de se lancer à l'aventure, semant des bureaux et des cellulaires fournis par l'État les graines dont ils récolteraient plus tard les fruits en catimini. Pour plusieurs d'entre eux, le pari a été bon. Cependant, depuis l'affaire Cinar, ils redoublent de prudence. Ils ne sont pas très ouverts aux nouvelles têtes, aux nouveaux projets. Ils rêvent de décrocher une, une seule petite série pas trop coûteuse à produire mais payante à long terme, ou alors ils caressent un beau, grand projet qui leur permettrait de tirer leur révérence sur un succès d'estime. S'ils ont besoin de vous, ils vous le feront savoir. Si vous les approchez et qu'ils acceptent de vous rencontrer pour jaser idées, c'est afin de justifier l'existence d'un bureau qui leur permet de déclarer des dépenses ou de jouer au mentor qu'ils ne seront jamais. Ce sont souvent des dilettantes chiches.

Parmi ces anciens employés de l'État figurent plusieurs bonzes de l'administration qui frayaient rarement avec les équipes de production qui ont fait les beaux jours des grands diffuseurs. Ils n'ont pas changé, mais leur mépris pour ceux qui se salissent les mains à colporter des idées a tendance à s'accentuer avec le grand pouvoir qui accompagne le *trip* d'être patron dans un petit bureau. Libérés de l'anonymat du fonctionnariat, ces brasseurs de chiffres prennent leur revanche, rappelant sans cesse aux têtes fortes que, sans argent, rien ne se crée. L'argent sur lequel se fonde leur budget de production provient toujours des fonds publics, mais ils ont maintenant plus que jamais l'impression qu'il est à eux, qu'il sort de leurs poches. Généralement, ils sont associés à des gens qui savent se débrouiller dans la cuisine, qui ont éprouvé quelques recettes eux-mêmes. Cette autre race de producteurs, ayant connu la latitude intellectuelle qui a fait des grandes institutions les lieux de créativité qu'elles ont été, joue un rôle prépondérant dans la passation des pouvoirs qui s'effectue ces dernières années chez les responsables de notre dynamique culturelle. Ils incarnent le conflit de générations qui secoue actuellement un milieu où ARTV en arrache et *Star Académie* mène le bal.

Permettez-moi une parenthèse. Le premier producteur de télévision que j'ai connu était une productrice et elle n'en portait pas le titre. L'ancienne journaliste Michelle Lasnier était cadre à Radio-Canada, chef du Service des émissions féminines qui offrait aux téléspectateurs des documentaires remarquables. L'émission-phare de ce service, *Femmes d'aujourd'hui*, a été retirée des ondes en 1982, après dix-sept ans d'existence. Madame Lasnier, plus que les autres chefs de service de l'époque, chapeautait un réseau complexe de pigistes, comme sont appelés à le faire les producteurs privés d'aujourd'hui. Capable de s'émerveiller comme une enfant, tranchante dans ses décisions, à la fois butée et osée, sans se soucier qu'on l'aime ou qu'on la déteste, cette dame de cœur et de fer exigeait de ceux à qui elle confiait le moindre temps d'antenne qu'ils donnent le meilleur d'eux-mêmes. Si vous pensez que ça va de soi, détrompez-vous. Ce privilège essentiel au créateur est actuellement menacé d'extinction. Plus souvent qu'autrement, on exige de ceux qui participent à la programmation télévisuelle qu'ils se conforment à des normes factices de marketing qui ne sont pas ficelées à leur tête et à leur cœur. On ne veut pas qu'ils soient eux-mêmes, on veut qu'ils se mettent dans la peau d'un prototype. Un prototype n'est jamais un visionnaire.

Le problème, voyez-vous, c'est que trop de producteurs, et beaucoup trop de responsables des choix de programmation, n'ont pas le bagage nécessaire pour concilier sur une large échelle le talent brut et la production à la chaîne. Ils n'ont pas de passé sur lequel appuyer leur vision d'avenir, pas de connaissance réelle de la mouture d'une œuvre, presque pas de références artistiques et culturelles. La prolifération de la production privée a joui de quelques Michelle Lasnier, même si elle-même ne s'en est jamais mêlée. Jean Bissonnette, Jean-Pierre Morin, Richard Martin, pour ne nommer que les plus proéminents, sont des producteurs-créateurs qui ont fait bénéficier la production privée de leur apprentissage étape par étape du métier « à l'interne », ainsi que de la notabilité qu'ils en ont tirée, Bissonnette et Martin à Radio-Canada, Morin à Radio-Québec. D'autres sont venus de l'ONF, de Télé-Métropole, des télévisions éducatives, du théâtre, du cinéma. La préoccupation du contenu leur colle à la peau, et discuter avec eux, même si ça n'aboutit pas à un projet concret, s'avère habituellement informatif et stimulant. Le hic, c'est que ces êtres précieux et intimidants ont souvent déjà leurs protégés et sont extraordinairement difficiles d'approche.

Pas aussi difficiles, cependant, que les couples. Appelons-les les conjoints associés.

Si la production privée, sous son beau chapeau d'industrie culturelle, a entraîné une révolution, c'est certainement celle de la libération des chambres à coucher scellée par la rémunération systématique de l'entraide familiale. Micheline Charest, son mari et leurs enfants ne sont pas seuls. Les génériques qui déboulent en fin d'émissions sont à ce chapitre des sources d'information passionnantes. Les « fils » et les « filles de » ont apparemment un don inné pour l'assistance à la production, une tâche vague et extensible que les producteurs sortent du placard au besoin et qui sert plus à financer les études de leurs rejetons qu'à améliorer les conditions de travail des *waiters* et des *waitresses*.

Il faut l'admettre, à des degrés divers, la production privée a taillé une place enviable dans les colonnes de chiffres au favoritisme, au népotisme ou tout simplement et bien légitimement à l'entreprise familiale financée à même les deniers publics. Lorsque vous mettez les pieds dans une nouvelle boîte de production, gardez toujours en tête que cette maison privée fait possiblement partie d'un patrimoine familial.

Il y a beaucoup à dire en faveur des entreprises basées sur des engagements de nature intime autant que professionnelle. Avoir un partenaire vraiment digne de confiance dans ce monde de folle compétition, avoir à tous les détours quelqu'un avec qui on peut mettre à nu ses espoirs, ses labeurs, ses succès et ses défaites, ça vaut de l'or. Et comme tierce personne, être accueilli au sein d'une famille quand on a connu la solitude des productions impersonnelles, ça peut être fabuleux. Dans les cuisines, on ne se le cache pas, il y a quelque chose d'absolument exaltant à créer des œuvres qui soient aussi le fruit d'un amour. D'ailleurs, dans le meilleur des mondes, le créateur et le producteur ne feraient qu'un. Mais...

Il y a deux sortes de maisons de production familiales. Il y a celles qui sont bâties sur le talent et celles qui sont bâties sur l'opportunisme. Devinez les vices cachés.

Le pire des scénarios, c'est lorsque vous travaillez pour un couple sans le savoir. Qu'on ne vienne pas me dire que c'est par discrétion que deux associés taisent le fait qu'ils vivent ensemble. Ça ne prend pas la tête à Papineau pour savoir qu'ils protègent leurs arrières, point à la ligne. Cette fausse représentation me met tellement en rogne que je vais me venger en potinant un peu. Après tout, à quoi bon servir aux tables si on n'en tire pas quelques détails juteux sur les clients ?

C'est quand ils sont fâchés qu'ils se trahissent. Ils se crient par la tête, ils se font des scènes de ménage, ou alors ils ont de ces silences qui racontent toute une litanie de querelles inachevées. Ou vous vous rendez compte qu'ils lisent les courriers électroniques l'un de l'autre, même tard le soir et la fin de semaine. Mais le courriel, c'est une autre histoire... Il y a des bureaux où tout le monde a accès à tout, où n'importe qui répond à un message que vous aviez pourtant personnalisé. C'est un indice à relativiser, mais un indice quand même.

Je disais donc : les couples. Habituellement, c'est lui qui appelle le premier. Il se donne presque toujours le rôle du séducteur. Il veut vous parler d'un projet, il arrive à vous convaincre que c'est emballant. Il ne parle pas de chiffres, il vous ouvre les bras. Elle intervient aux étapes suivantes, celles des négociations et des corvées. Elle se plaint de son petit budget et se demande comment «l'autre» a pu laisser miroiter de si beaux châteaux en Espagne. «*Good cop, bad cop*»... Si vous n'êtes pas familiers avec ce genre de scène, que Dieu vous protège, car les conjoints associés sont comme larrons en foire et s'il y a un sou à récupérer dans une production, ça va aller dans leurs poches et pas dans celles des autres. Ils se disent tout et, sans la moindre intention de méchanceté, ils manipulent les autres pour arriver à leurs fins.

Certains dépassent les bornes. Un couple que je ne savais pas être un couple est arrivé avec trois heures de retard à un rendez-vous qu'il s'était fixé chez moi un samedi après-midi afin de préparer une rencontre le mardi suivant avec Dieu lui-même, «le» diffuseur. Pas d'appel pour prévenir, pas d'excuses en arrivant. Madame, s'est-il avéré en cours de conversation, était allée chez le coiffeur. Un associé qui n'aurait pas été un amant l'aurait vertement réprimandée. Lui, il a fait son prince comme si de rien n'était. Et sur le coup, je l'avoue à ma courte honte, je n'ai pas compris. Plus tard, trop tard, j'ai très bien compris.

Je me contente de vous signaler ici que pour un producteur qui s'en va courtiser un diffuseur, une visite chez le coiffeur peut s'avérer infiniment plus importante qu'une visite chez l'auteur. Ce dernier n'est possiblement que le prétexte tant attendu par le producteur pour, finalement, se taper un face-à-face avec «le» diffuseur, voyez-vous. Pour l'auteur, c'est son projet qui est important. Pour le producteur, c'est la rencontre qui est importante. L'auteur a ce projet particulier à défendre, tandis que le producteur en a des dizaines d'autres et tient enfin la chance d'en glisser un mot en passant, ce qui lui permettra ensuite de relancer le diffuseur si ce dernier manifeste ne serait-ce qu'un brin d'intérêt. La leçon, j'imagine que vous l'avez saisie.

Quand on veut faire bonne impression, on se met sur son trente-six. On n'accumule pas de cernes sous les yeux à retravailler un texte. On se retape la gueule. On sort son tailleur haute couture; ça change du *legging* et du chandail ample des jours plus domestiques. On met la veste cintrée sous son bel habit. Et pendant que madame perfectionne sa coupe «femme d'affaires», monsieur, en catimini, fait retoucher sa teinture qui l'aide à porter le poids de ses soucis. Ce n'est pas dans le monde de la production privée que vous allez vous rendre loin en dénonçant les apparences trompeuses. Les apparences, tenez-vous-le pour dit, sont le socle du show-business. D'un producteur dont personne ne sait comment il fait pour tirer son épingle du jeu, le diffuseur dira qu'il doit avoir de l'argent de famille puisque, malgré son côté broche à foin, il porte toujours des chandails de cachemire et des souliers de cuir fin. D'un autre qui se présente avec des chaussures usées, on dira qu'il n'a probablement pas eu d'entrée d'argent depuis des lunes. Ça doit être contagieux, se dit-on. Personne, dans l'industrie privée, n'a envie d'aider l'autre à tirer le diable par la queue. Si on forme un couple, il arrive qu'on n'ait pas le choix.

Il y a aussi les couples sans histoire. Le système de production privée apporte un cadre naturel à leur mode de vie. Ils écrivent, ils réalisent, ils ont un petit train-train qui convient à tout le monde. Ils vous diront qu'ils ne veulent pas lire de projets car ils ne veulent pas qu'un auteur vienne un jour contester la parenté de leurs œuvres. Ils se complètent, ils s'investissent dans ce qui leur tient à cœur et ne se sentent aucunement obligés envers le fonctionnement de l'industrie dans son ensemble. Ils s'autoproduisent, quoi. Il n'y a pas que les couples qui s'adonnent à ce sport, il y a aussi un bon nombre d'individus. Des travailleurs autonomes discrets et prudents. C'est à la limite de l'opportunisme, mais c'est permis et ça donne souvent d'honnêtes résultats en ondes. Reste que ce serait une intrusion que de les déranger avec vos projets. Désolé, c'est complet.

Le plus excitant, c'est lorsque la reconnaissance d'un talent permet aux créateurs de mettre sur pied une structure de production indépendante. Quand un cinéaste du calibre de celui de Denys Arcand s'unit à une productrice aguerrie comme Denise Robert, c'est bingo. Mais on est dans le monde du cinéma. À la télévision, où la demande du *fast food*, n'en déplaise à Magnus et à ses disciples, ne tarit pas, on constate que les artisans ont de plus en plus tendance à encaisser rapidement leurs succès au guichet de la production. La logique est limpide et solide : « J'ai du succès, je génère des sous, je veux plus de ces sous dans mes poches à moi, je veux engager qui me plaît. » Pour certains, ce n'est même pas une question de sous. C'est le bonheur d'éliminer d'autres intervenants, d'autres répondants. Avoir un certain contrôle sur les décisions, c'est récupérer du temps, c'est ajouter à sa liberté. Christiane Charette et Julie Snyder, à des degrés différents, rejoignent cette logique.

Quand j'aurai terminé mes études, je deviendrai productrice. C'est un rêve, car pour moi il est trop tard et sincèrement, ça ne m'intéresse plus. Cependant, il me semble que c'est la meilleure, pour ne pas dire la seule manière de devenir un créateur accompli qui puisse aspirer à gagner sa vie en fabriquant des œuvres destinées à la télévision.

Le parcours de Fabienne Larouche, l'héroïne qui a lancé le gant aux morons, nous offre un exemple édifiant de comment une *waitress* peut échapper à sa condition de dépendance et accéder au véritable pouvoir.

Fabienne est Scorpion, née le 26 octobre 1958. Elle est belle, fonceuse, intelligente et tout nous porte à croire qu'elle est actuellement au sommet de sa maturité, en pleine possession de ses moyens. Elle a fait des études en histoire, enseigné pendant cinq ans, travaillé un peu comme journaliste, notamment à *La Presse*, où son premier mari, Réjean Tremblay, jouit du statut de vedette, puis s'est retrouvée directrice littéraire chez Communications Claude Héroux, lequel produirait deux ans plus tard la série qui allait changer la vie de Fabienne, *Lance et compte*. Il est à noter que Fabienne n'a pas formellement « étudié » la télévision et qu'elle n'a pas fait de stage à l'INIS.

Je ne trahis aucun secret, c'est Réjean Tremblay, avec sa notoriété acquise à *La Presse* et les détails d'une précision juteuse qu'il était en mesure d'apporter comme chroniqueur sportif à sa série *Lance et compte*, qui a ouvert les portes de l'écriture télévisuelle à Fabienne. Elle n'était pas encore son épouse, mais elle avait une prise solide sur son cœur et son imaginaire. Sa participation aux textes de la série *Lance et compte*, de 1989 à 1991, est le premier crédit d'écriture télévisuelle inscrit dans sa biographie officielle.

Le cas de Réjean est intéressant et classique. Il a apporté à la télévision une signature que *La Presse* avait depuis longtemps authentifiée. Pour les décideurs, le risque devient minime, tandis que le pouvoir de négociation de l'auteur est ancré dans le roc. Un auteur inconnu se serait présenté avec la même idée, il aurait vécu l'aventure de manière très différente et sa recherche se serait certainement avérée plus coûteuse. Ce fut un fichu bon coup pour tout le monde, mais là n'est pas mon propos.

Du point de vue de qui aspire à l'écriture télévisuelle, c'est l'évolution de Fabienne qui retient l'attention. Dans les années 1940, la très prolifique Laurette Larocque, épouse du réputé comédien Jacques Auger, s'était donné le nom de plume Jean Desprez pour contourner les barrières dressées par la gent masculine ayant mainmise sur la production des radioromans. Sous ce nom fictif, elle a gagné un concours qui lui a permis de poursuivre l'écriture d'une série créée par Olivier Carignan et qu'elle a absolument faite sienne : *Jeunesse dorée*. La suite appartient à la légende de notre radio et de notre télévision. Puis, il y eut la comédienne Mia Riddez, maîtresse femme qui a pris la relève de son mari Louis Morisset après sa mort, signant les textes de *Rue des pignons* et ensuite des séries personnelles qui ont été la petite école de l'auteure Dominique Drouin, sa petite-fille. La génération suivante nous amène Janette Bertrand, qui a patiemment taillé sa place de créatrice en travaillant auprès de son mari Jean Lajeunesse, diffusant même de sa cuisine, affirmant finalement son univers d'auteure avec sa série-fétiche, *L'Amour avec un grand A*. Et il y a, bien sûr, madame Payette, qu'on n'ose plus appeler Lise, dont la formidable carrière d'animatrice, de personnage politique, d'auteure et de productrice reste unique. Cependant, dans le contexte du virage des dernières années, Fabienne est une pionnière du XXIe siècle et elle passera à l'histoire comme telle. Radio-Canada a contribué à sa formation par la bande, mais elle est véritablement une créature de l'industrie privée.

Son succès renforce la détermination des *waiters* et *waitresses* aux ambitions plus modestes. Il fait d'abord entrevoir l'aspect positif de l'écriture à deux têtes. C'est une manière fort efficace d'affirmer son talent et de prendre du métier. Il n'est pas du tout nécessaire que ce ne soit qu'un tremplin. On peut lire dans l'*Info SARTEC* du mois de septembre 2002 les très sympathiques témoignages de trois « couples » d'auteurs qui ont choisi d'unir leurs forces à long terme — Sylvie Lussier et Pierre Poirier, Louise Pelletier et Suzanne Aubry, Anne Boyer et Michel d'Astous. Un seul de ces tandems vit en couple. Tous ont une réputation solidement assise. À l'automne 2002, emboîtant le pas à Fabienne, les auteurs autonomes Anne Boyer et Michel d'Astous (*2 frères*, *Tabou*...) ont décidé de produire leur nouvelle série. Que les hautes instances le leur permettent signifie que leur talent leur a enfin apporté un pouvoir de négociation indéniable. Car tout se résume à ça, n'est-ce pas?

Il faut être patient et ne jamais perdre de vue son but. En 1995, après avoir collaboré durant près de six ans avec Réjean aux séries *Lance et compte* et *Scoop*, Fabienne a signé coup sur coup deux téléfilms qui n'ont pas fracassé de records malgré un joli succès d'estime : *Miséricorde* et *Innocence*. Qu'importe. Elle avait établi une relation directe avec les décideurs de Radio-Canada, de Téléfilm et de la SODEC, elle avait abondamment circulé dans le milieu aux côtés de Réjean et elle avait su faire valoir son talent personnel pour l'écriture dramatique auprès des observateurs importants en coulisses. Elle avait gagné la confiance des gens clés, ce qui est un exploit absolument extraordinaire pour un artisan de la télévision qui n'est pas un comédien populaire comme Guy A. Lepage ou un créateur de vedettes comme Stéphane Laporte. Et, il faut malheureusement le souligner, un exploit extraordinaire, même de nos jours, pour une femme. En septembre 1996, accédant au privilège que madame Payette avait connu avec *Marilyn*, l'auteure Fabienne Larouche, en solo, présentait au grand public le premier épisode de sa désormais célèbre série quotidienne, *Virginie*.

Elle avait en main les cartes maîtresses et elle a bien protégé son jeu. Certaines femmes, à un tel tournant, sont forcées de diluer leurs énergies. Elles mettent au monde un enfant, par exemple, ou elles sont abattues par une peine d'amour dévastatrice. Il n'en faut parfois pas plus pour détruire une carrière prometteuse. Mais Fabienne, chanceuse de Scorpion, est née sous une bonne étoile. Si son mariage de conte de fées avec Réjean fut finalement de courte durée, elle est maintenant l'épouse de Michel Trudeau et, ma foi, aux yeux d'une *waitress*, il y a du conte de fées dans cette nouvelle alliance aussi.

La « visite libre » de Nathalie Petrowski dans *La Presse* du 12 janvier 2002 amenait les lecteurs à la rencontre de ce charmant Michel Trudeau, rappelant l'impact de son pamphlet *Pour en finir avec les psys* et sa complicité de longue date avec Richard Martineau, auprès duquel il avait aiguisé sa plume dans les pages du jeune hebdomadaire *Voir*. La complicité de Fabienne et de Michel s'est soudée d'abord dans l'amitié, et je me souviens d'un soir où je les ai aperçus devant le Théâtre Saint-Denis, Fabienne signant distraitement des autographes. Je leur avais alors candidement demandé quand ils se marieraient. Je savais que Trudeau traçait pour Réjean et Fabienne des profils de comportement pour divers personnages, puisant dans son expérience de psychologue. Mais, à l'œil nu, sans être psy pour un sou, on voyait que la consultation avait changé de registre. Dans l'entrevue accordée à Petrowski, on apprend que Michel a abandonné la psycho une fois pour toutes, investissant ses précieuses explorations de la nature humaine dans ses fonctions de conseiller spécial en scénarisation et de producteur de *Fortier*. Témoin de l'entretien entre la journaliste et son galant associé, Fabienne est citée comme étant soulagée de ne plus porter la lourde responsabilité de la production. « Elle ajoute qu'en confiant la cuisine de la production à son mari elle n'a pas perdu du pouvoir », précise Petrowski.

Je suis jalouse. J'aimerais avoir un Michel Trudeau dans ma cuisine. Et même s'il est trop délicat et aimant pour me le dire, je sais que mon chum aimerait bien que je cesse de constamment recommencer à zéro et que j'acquière, avant ma mort, une reconnaissance professionnelle qui me permettrait d'aborder mon travail avec l'assurance de Fabienne. Je vous entends dire que c'est une question de talent, mais j'affirme que c'est faux. Il ne suffit pas, pour réussir, d'avoir du talent. Si ce n'est pas là une vérité de La Palice, je suis Julia Roberts et mon chum ne veut plus jamais que je sorte de la maison !

Pour en finir avec l'exemple Fabienne, sa maison de production Aetios est maintenant solidement établie. Jeanne d'Arc n'a pas oublié l'importance de mettre les sous dans la créativité, et d'autres, dont Richard Martineau, François Avard et Sophie Lorain, font partie de son équipe. L'équipe de l'heure. C'est un *success story* et, si je m'y suis attardée, c'est parce que les remous causés par Fabienne ont touché tous ceux qui œuvrent en télévision.

Il y a beaucoup d'autres maisons de production qui abritent des énergies formidables et de bonnes têtes. Les partenariats fondés sur la complémentarité s'affirment de plus en plus, sans que les personnes impliquées passent par le palais de justice ni les salons de Cupidon. Les jours où je vois la vie en rose, je me dis qu'il est en train de se faire un grand nettoyage et que les producteurs imposteurs et incompétents vont aller cultiver leurs tomates avant moi. Mais il y a aussi des jours gris. Beaucoup plus de jours gris.

Vous l'avez peut-être remarqué : Fabienne et les autres auteurs mentionnés écrivent de la fiction. Leur talent se trouve à l'origine de ce qu'on appelle, dans le jargon de la production télévisuelle, des « séries lourdes ». On parle grand déploiement, gros sous, quantité de cachets UDA, important soutien technique. Presque du cinéma. On est vraiment en *business*, ce qui n'enlève rien à l'importance de l'acte d'écriture, au contraire.

Mais l'écriture télévisuelle n'est pas que dramatique, ce qui peut par ailleurs s'avérer dramatique pour ceux et celles dont la vocation les a menés vers les magazines, les documentaires, les émissions de variétés, enfin tout ce qui n'est pas fiction.

La relation avec les producteurs devient alors beaucoup plus complexe, le statut de l'auteur beaucoup plus fragile. Avant de disséquer ce que j'ai appris là encore sur le tas, je veux dire à ceux et celles qui cherchent un «bon» producteur qu'il y a là, dans la jungle, des producteurs qui peuvent causer à un auteur, et probablement à tous les autres qui embarquent dans leur galère, un tort énorme. Ils peuvent nuire à votre réputation, ils peuvent nuire à votre santé et ils peuvent nuire à votre évolution professionnelle.

Un mauvais producteur peut tuer votre projet dans l'œuf. Il peut geler un projet, il peut le voler, il peut mal le présenter à d'éventuels acheteurs. Ceux, et ils sont nombreux, qui s'avèrent mauvais payeurs peuvent complètement empoisonner votre vie familiale et entacher votre dossier chez vos créditeurs. Un producteur peut, quand il a à justifier un retard ou à excuser une erreur auprès des diffuseurs, tout vous foutre sur le dos. Il peut vous faire mettre sur une liste noire. Ou, s'il se trouve lui-même sur une liste noire, les diffuseurs ne considéreront même pas le projet que vous lui avez confié, projet qu'il a peut-être accepté de parrainer dans le seul espoir que votre réputation réussisse à réhabiliter la sienne. Bref, un mauvais producteur peut, à votre insu, vous effacer du «paysage télévisuel».

Il y a les clans, les chasses gardées et les empires qu'il faut aussi connaître et respecter. Les producteurs craignent tous, et avec raison, l'espionnage industriel. Si vous travaillez régulièrement pour telle ou telle boîte, ne vous attendez pas à ce qu'une maison rivale vous accueille à bras ouverts. À l'inverse, un producteur verra d'un mauvais œil que vous soyez du genre à ne pas mettre tous vos œufs dans le même panier. Tout en combattant bec et ongles une intervention plus musclée des syndicats sur son territoire, la communauté des producteurs privés tend de plus en plus à assujettir ses collaborateurs, à échanger une certaine sécurité d'emploi contre des privilèges professionnels durement acquis, dont le droit d'auteur. La sacro-sainte liberté, dont pouvait encore se réclamer il y a quelques années le pigiste, est menacée au cœur de son intégrité.

Avant de me retrouver *waitress*, j'ai évolué dans la création télévisuelle durant vingt ans à la pige, par choix et avec bonheur. Mais aujourd'hui, se dire pigiste n'a plus de sens. Nous sommes tous des commis voyageurs colportant nos valises de projets, les auteurs chez les producteurs, les producteurs chez les diffuseurs, les diffuseurs chez les annonceurs et au CRTC. Les pigistes ne sont plus que des *glorified sophisticated slaves*, comme le disait Michel Chartrand à l'auteure Josée Blanchette dans une entrevue publiée dans *Le Devoir* le jour de la fête du Travail en 1998. L'ardent syndicaliste mettait en question la liberté de la libertine elle-même : « T'es libre, oui, libre de rester chez vous avec pas d'ouvrage, dans un état de dépendance. La journée que ton boss va être tanné de ta face : dehors. C'est à ça que ça sert, un syndicat : se faire respecter, se protéger contre l'arbitraire patronal. »

C'est pour ça qu'en 1959 il y eut la légendaire grève des réalisateurs à Radio-Canada. L'histoire semble vouloir se répéter comme elle aime tant le faire, mais je n'ai pas fini mes cours, alors je préfère éviter de sauter aux conclusions. Il me faut d'abord réviser mes notes.

La télévisi... bilité

Au début, j'étais distraite. Je n'ai pas vu les premières leçons passer.

Alors reporter et critique à l'émission radiophonique *Montréal Express*, pratiquant en parallèle le métier de scénariste et de journaliste en production documentaire, j'ai été fascinée par le spectacle de chanson country du comédien Gildor Roy et son *posse*, par le *Stand by your man* et *Danse avant de tomber* de Carole Laure, par Lou Babin faisant résonner *Le cœur est un oiseau* de Richard Desjardins dans le film de Pierre Falardeau *Le party*, bref par la réincarnation inattendue de Willie Lamothe chez les branchés. À la direction de Radio-Canada, un nouveau chef de service brûlait d'envie de réinjecter un peu de piquant débridé dans les émissions de variétés, lesquelles commençaient de tourner en rond dans le studio 42, malgré les efforts répétés de Gilles Latulippe et de Suzanne Lapointe. On m'a donc confié un petit mandat de recherche pour explorer les possibilités de toucher au *western* dans une émission spéciale de variétés.

J'ai abordé le sujet dans un esprit de journalisme d'enquête. Pendant des mois, j'ai écouté, j'ai fouillé. Les soirs de fins de semaine, mon chum et moi, « on a toute faite les clubs en ville », comme chante Steve Faulkner. Incognito. Quel plaisir, malgré le vin infect !

Et quelle façon efficace de vraiment prendre le pouls. Personne ne vous connaît la face. Personne ne se réinvente pour le journaliste ou la caméra. «Salut le monde. Ça va vous autres? J'm'en vas vous chanter une petite toune et ça va comme ceci!» Nous avons vu, mon chum et moi, le meilleur et le pire, et ça nous enchante encore.

S'est peu à peu dessinée une série fascinante, bâtie pierre sur pierre dans l'authentique candeur des vedettes du *western* et dans la richesse de la culture populaire dont elles sont issues. J'ai articulé un plan d'action, soumis des scénarios détaillés. Je n'oublierai jamais. L'adrénaline. Le sentiment grisant de toucher à un territoire encore pur et de pouvoir espérer porter à l'écran du jamais vu. *Quand la chanson dit bonjour au country* c'était et ça reste dans mon cœur «ma» série. Merci à Paul Dupont-Hébert, sans qui cette belle folie n'aurait jamais fait le tour de la montagne.

Ça a commencé un matin, dans une salle de conférence du cinquième étage de la boîte de *Chiffons J*, cette lugubre boîte en béton autrement nommée la tour de Radio-Canada. Du sérieux. Les directeurs techniques et l'administrateur étaient là : ça n'aurait pas pu être plus sérieux que ça. Une personne autour de la table annonça de but en blanc que le tournage serait reporté d'un mois parce que la scripte assistante désignée par la direction pour être sa caution morale sur le plateau n'était pas en mesure de se libérer plus tôt. J'ai bondi. Ça bousillait complètement le calendrier proposé en fonction des événements visés et de la disponibilité des artistes. L'élève indocile contesta donc son supérieur, se fit taper sur les doigts, tint tête. Mes arguments s'avérèrent assez solides pour que le tournage commence à la date souhaitée, et la scripte — extrêmement précieuse, je me dois de le souligner

— se joignit à l'équipe plus tard. Pour votre information, c'est l'administrateur qui a tranché.

Sur le coup, j'ai négligé l'importance de certains indices : le cinquième, c'est l'étage des variétés, l'étage où tout le monde, en commençant par les assistantes, se prend un peu pour une vedette. Que voulez-vous, l'autobus du *show-business*, ça déteint. Aux étages qui m'étaient plus familiers, c'étaient les journalistes qui faisaient les *prima donna*. Dans chaque secteur — la télévision ne fait pas exception aux autres milieux de travail — tout se planifie autour de la personne qu'on ne peut remplacer même si on a envie de la tuer. Dans le cas qui nous occupe, l'identité de cette personne n'était pas claire, mais les zones grises ont été rapidement éliminées par les couleurs flamboyantes de la matière brute. Malheureusement, j'avais eu le temps de me faire remarquer, ce qui a fait de moi une femme marquée. Dès qu'elle en a eu l'occasion, la personne que j'ai contrariée a réglé ses comptes. La perverse politique œil pour œil et dent pour dent a ses tentacules partout.

Cependant, c'est le rôle de l'administrateur (à Radio-Canada, on ne disait pas le ou la comptable) que j'aurais dû noter. Les fonctionnaires de Radio-Canada avaient une longue tradition de négociation avec les artistes, si bien que, dans les tempêtes d'émotions, la direction comptait sur eux pour brandir calmement la calculatrice, cette arme qui tranche dans le vif comme un scalpel. Dans le milieu de la production privée, la calculatrice est au cœur de toutes les opérations, ramenant sans merci les moments d'euphorie à une dimension clinique.

À cette même réunion qui a changé mon destin, on m'annonça que les réalisateurs de la série seraient Karl Parent et Michel Gaumont. C'était la première fois de ma vie que j'assistais au démarrage officiel d'une production sans que le responsable de la réalisation soit présent. C'était aussi la première fois de ma vie qu'on m'imposait des réalisateurs sur un projet que j'avais développé, conçu. Jusque-là, on m'en parlait avant d'arrêter les décisions, on testait les affinités de part et d'autre. Ce que je connaissais de la chaîne d'autorité et des relations d'équipe manquait au tableau. J'étais déstabilisée.

«Deux» réalisateurs? Comment allaient-ils se diviser la tâche? À qui devais-je répondre? L'un, me rappela la personne qui avait aiguillé ces choix, nous apportait l'*imprimatur* du monde de l'information. L'association était naturelle, s'empressa-t-elle de souligner, puisque nous avions signé ensemble *Rendez-vous avec Gerry*, un documentaire produit dans le privé que j'avais initié et qui a capté le dernier grand élan de créativité du rockeur condamné par le cancer. C'était donc Karl, lequel s'est positionné clairement avec son premier appel quelques jours plus tard : «Alors, on va encore travailler ensemble? C'est l'*fun*. J'adore le quétaine.» Rien n'est compliqué avec Karl; il aime la vie et les gens. L'autre, Michel, représentait une valeur sûre dans le traitement de l'important aspect du concept relevant directement des arts de la scène. Tous ceux qui le connaissent vous le confirmeront d'emblée : S'il y a une chose qu'on peut dire de ce cher Michel, c'est bien qu'il connaît la musique. Il n'est pas compliqué non plus.

Somme toute, nos patrons avaient fait des choix judicieux. Une sorte de chimie subliminale a donné à cette série une texture très originale. Les deux réalisateurs ont pris le rythme du rodéo. «La» et éventuellement «les» scriptes assistantes, ont veillé à ce que nous gardions tous les pieds sur terre la plupart du temps. Les chanteurs — *western, country,* appelez-les comme vous voudrez, ce n'est pas le qualificatif mais le style de vie qui dit tout —, eh ben, eux, ils ont été extraordinaires. Conséquemment, cette série reste une belle carte de visite pour tout le monde. Un succès. Plus d'un million de téléspectateurs le premier soir. L'atout essentiel pour qui prétend jouer dans les ligues majeures, bien qu'aujourd'hui notre million de téléspectateurs ne vaudrait pas cher.

Mais les leçons les plus subtiles qui me restent de cette production, je ne les ai saisies que des années plus tard.

Quand la chanson dit bonjour au country est l'exemple parfait de comment un succès peut à la fois servir et desservir ses artisans. Un succès, on ne le dira jamais assez, c'est la seule valeur négociable d'un auteur, d'un artiste, d'un réalisateur, d'un producteur, de tous les Joe Blow qui tirent sur la couverte dans un milieu hautement compétitif et tape-à-l'œil.

En reconnaissance envers les artistes au cœur du succès de la série documentaire, Radio-Canada a fait un suivi avec deux séries de variétés, donnant ainsi au country deux vitrines majeures sur une période de dix ans — *Country centre-ville* avec Renée Martel et *Pour l'amour du country* avec Patrick Norman. Le genre a eu son heure de gloire dans les médias écrits et électroniques, et maintenant, on l'a renvoyé à sa marginalité. Les inspecteurs du fisc, qui suivent ce qui se dit et ce qui se fait dans les médias avec l'œil des taupes de John Le Carré, en ont profité pour aller fouiller dans les banjos de tous les participants. Ces derniers ont vite compris que les affaires roulent plus simplement quand on circule ni vu ni connu dans les bars d'initiés et les foires que lorsqu'on se frotte aux cachets de l'Union des artistes et de l'industrie du disque officielle. Je me suis longtemps sentie coupable des ennuis qu'ils ont subis.

Je ne me sens plus du tout coupable, parce que j'ai payé le prix moi aussi. Au lieu d'ajouter du vernis à ma feuille de route, cette série m'en a finalement enlevé beaucoup.

Il a fallu, avant que j'assimile tous les points et les virgules des leçons attachées à cette expérience, que je m'arrête finalement à me demander pourquoi tant d'anciens collègues semblent aujourd'hui me prendre soit pour une *cow-girl*, soit pour une ancienne journaliste de radio qui mange ses bas. J'exagère, mais à peine.

Ce qui m'a d'abord échappé, au cœur de l'action, c'est que je vivais mon initiation aux lois qui régissent maintenant toute la production télévisuelle. Aujourd'hui, qui dit télévision dit variétés. Tout est *showbiz*. Au début des années 1990, il y avait encore des nuances. À cette époque, par exemple, Richard Martineau n'aurait pas pu traiter Gilbert Rozon de «crosseur» en ondes et être estimé journaliste professionnel par Louise Cousineau. Le ton des chiens de garde du petit écran était plus à la Robert Guy Scully et le mélange des genres n'était pas très bien vu.

N'ayant pas encore été réduite à me dire *waitress*, je n'ai pas réalisé, au cours de cette première réunion où on traitait la personne responsable du contenu comme un pion de second rang, que les variétés allaient rapidement et sûrement me dépouiller de mes acquis d'auteure et de journaliste. Oh que j'étais tête de linotte!

Après l'heureux accueil mérité par *Quand la chanson dit bonjour au country*, on s'est mis à me demander *ad nauseam* de me répéter, d'étirer le country à toutes les sauces. On m'a greffée aux séries animées par Renée et Patrick, l'une me faisant vivre de petits bonheurs, l'autre me faisant vivre de petits enfers. Je les respecte tous les deux. Leur popularité, croyez-moi, ils ne l'ont pas volée, et je leur suis redevable d'avoir pu payer mes factures sans trop de soucis durant quelques mois! Mais, lorsqu'on cantonne un auteur-concepteur à un genre, presque à un seul sujet, ça claque les portes sur les expériences nouvelles et l'évolution. C'était une des grandes frustrations de mon idole Luce Guilbeault, d'ailleurs. Elle se voyait ingénue et on n'arrêtait pas de lui offrir des rôles de *waitress* puckée.

Je me suis donc retrouvée cataloguée « country ».

Ça se serait peut-être passé différemment si j'avais mieux assimilé une autre leçon, s'appliquant celle-là à l'art de se déplacer avec l'équipe gagnante au bon moment.

Comme auteure, ces années-là, j'ai commis deux énormes bêtises. La première n'a rien à voir avec la télévision, enfin pas directement. J'ai publié un premier roman chez un éditeur plus intéressé aux relations publiques qu'à la prise de parole. Il m'a reniée sans l'admettre ouvertement dès que j'ai quitté mon poste d'influence comme critique à *Montréal Express* pour miser sur le beau risque de la création. La deuxième, je peux maintenant la nommer en toute sérénité : Sans vraiment m'interroger sur la pertinence de ce virage professionnel, je me suis laissée porter par le courant, enchaînant les productions de variétés que les producteurs privés, en accord avec les patrons de Radio-Canada, avaient la bonté de me confier. J'ai fait fi de la règle que je m'étais fixée quand j'ai décidé d'être et de rester à la pige (ne m'impliquer que dans ce en quoi je crois profondément). En bout de ligne, et je vais vous en dire plus long sur le sujet dans le prochain chapitre, ce sont les artistes qui m'ont aidée à leur insu à retrouver le nord. Reste que la peur venait de me mettre le grappin dessus. Peur de ne plus avoir de jobs si les variétés me laissaient tomber. Peur de ne plus avoir le courage d'écrire ce qui habite mon âme si je ne peux qu'espérer revivre le boycott de mon premier roman.

Heureusement pour moi, au cours de la production de *Quand la chanson dit bonjour au country*, Karl m'a traitée en journaliste. C'est d'ailleurs ce qui est inscrit aujourd'hui à son cv, en marge de son crédit de réalisation : «Journaliste : Carmel Dumas». Sauf que mes crédits aux génériques sont les suivants : scénario et concept en ouverture; entrevues, scénario et recherche à la fin. À Radio-Canada, les mots *journaliste* et *variétés* ont longtemps été incompatibles.

Ce que le recul me rend chères par-dessus tout, ce sont l'égalité et la complémentarité entre un journaliste aussi auteur de la recherche et des entrevues et un réalisateur. Tout le respect que ce rapport professionnel commande, Karl a été le dernier à m'en faire bénéficier. Et au bout de la route, il n'a pas hésité à sceller mon appartenance à la série en me permettant — en m'obligeant, devrais-je dire — à faire ma propre narration. Plus personne ne m'a reconnu ce droit et cet honneur.

Dans le monde des variétés, on engage des artistes pour lire les textes, des auteurs pour les écrire. Dans le monde du reportage et du documentaire, l'écriture fait partie de la démarche et la voix du narrateur est presque toujours la voix de la plume et de la tête, de la personne qui garantit le bien-fondé du contenu. Le monde des variétés m'a fait perdre un acquis énorme : Ma voix n'existe plus dans les médias. Je sais maintenant qu'il ne faut pas inconsciemment se départir d'une signature si importante, si unique et indiscutable. Et il faut être extrêmement vigilant afin de savoir juger le moment venu si un réalisateur, un producteur ou un diffuseur qui insiste pour coller une voix ou un visage sur l'emballage d'une œuvre cherche à mieux servir cette œuvre ou à mieux faire reculer l'auteur (ou le journaliste) dans l'anonymat. Au cours des années qui ont suivi, un producteur a même tenté d'accorder le crédit « journaliste » à la distinguée présentatrice d'une série que j'avais conçue de *A* à *Z*. Il s'agissait de mon idée originale. J'avais fait une recherche historique et iconographique approfondie, contacté tous les intervenants, mené toutes les entrevues, écrit toutes les narrations et aussi les textes livrés par la présentatrice, suivi pas à pas le montage final, pour lequel j'ai produit un scénario encore plus élaboré que celui que j'avais déposé pour intéresser le producteur et le diffuseur. Un travail hautement professionnel qui m'a valu de la part du rigoureux journaliste du *Devoir* Paul Cauchon le méprisant titre de « femme à tout faire ». Malheureusement, l'expression décrivait mon apport à la série de façon très juste.

Je vais digresser encore un peu, sauter quelques années de plus pour souligner que la lutte contre « l'anonymatisation » systématique des artisans des documentaires destinés à la télévision mobilise, depuis l'avènement des canaux spécialisés, un grand nombre de forces qui n'agissent pas de concert mais qui se rejoignent quand même sur plusieurs plans. J'ai entendu récemment plusieurs réalisateurs se plaindre qu'on leur interdise, sur le réseau Astral, de faire entendre leur voix dans les entrevues et dans les narrations. En contrepartie, je constate que beaucoup trop de gens sensés se trouvant derrière la caméra se plaquent le visage et la voix gratuitement dans les œuvres. Enfin, pas tout à fait gratuitement, puisque ça leur donne un cachet ou des crédits du côté de l'Union des artistes. De plus, ça oblige les spectateurs à reconnaître qu'ils sont partie prenante de leurs œuvres, pas des hommes et des femmes qui traînent autour du plateau à remplir les tâches ingrates de bonnes à tout faire. C'est ainsi que, dès qu'ils peuvent s'en tirer, certains réalisateurs font leur petit Hitchcock, posant en curieux devant une photo ou un dessin, sirotant un café à une table de bistrot pendant que leurs personnages principaux s'égosillent dans une sorte de table ronde. Certains réalisateurs ont une bonne gueule de figurants, mais trop d'entre eux ont l'air, dans ce genre de mise en situation, de chercher de l'ouvrage.

Je dois ici lever mon chapeau à un fin renard de réalisateur avec lequel il m'a été donné de travailler, qui a fait ses classes dans les salles de montage. Désireux d'enrichir ses crédits de concepteur, il s'arrange toujours, en cours d'entrevue, pour faire une petite intervention difficile à effacer au montage. Il arrive ainsi à laisser planer de façon subliminale l'idée que c'est en fait lui qui mène les entrevues, et non le ou la journaliste dont il a pris grand soin d'éliminer les questions. Mais on ne peut pas blâmer ceux qui ont compris que «faire» de la télévision, c'est pratiquer l'art de la télévisi... bilité. La règle est simple : Il faut être vu pour être cru.

Ne vous laissez pas aveugler par des questions d'éthique ou dérouter par une inoffensive confusion de rôles et de genres. Soyez compréhensifs. On peut difficilement reprocher aux artisans de faire valoir leur présence à l'écran, alors que des gens occupant des postes autrefois qualifiés d'éminences grises et de mandarins à Radio-Canada exigent maintenant d'avoir leurs noms inscrits aux génériques. Les chefs de service ne manquent pas une occasion de se placer devant les caméras pour souligner leur association à tel ou tel événement, ce qui ne saura jamais nuire le jour où ils se retrouveront volontairement ou non dans la jungle de la production privée. Pour se décrocher, aujourd'hui, une carte de visite et de négociation dans les cercles du pouvoir, il vaut mieux s'assurer qu'on a été vu au bon endroit au bon moment par les bonnes personnes. N'oubliez pas : la télévisi... bilité.

Je ne suis pas de la clique qui accepte la seule présence physique d'un auteur dans une œuvre comme garantie que cette œuvre en soit une d'auteur. Le nombrilisme, ça existe. Mais à moins que quelque phénomène m'ait complètement échappé, il n'y a pas de Réjean Ducharme de la télévision. Alors, si le monde kaléidoscopique de la télévision vous attire professionnellement, il est important de cerner pourquoi afin d'amoindrir vos risques de crever de déception ou de vous casser la gueule jusqu'à ne plus vous reconnaître dans le miroir. Voulez-vous « faire » de la télévision ou « être vu » à la télévision ? La technique comme telle est séduisante et engendre de véritables vocations. Cependant, le créateur qui perçoit la télévision comme un outil ou une vitrine pour exposer ses œuvres se retrouve toujours à faire des concessions. L'idéal, ce serait qu'il puisse faire des choix éclairés. Bon mais zut !

Pardonnez-moi le détour, revenons à mes années *cow-girl*. Un des grands bonheurs que je rattache aussi à cette expérience, c'est le temps qu'on m'a permis de passer avec cette vénérable grande dame devenue indigne : la recherche. Dans le système de la production privée, espérer un investissement moral et financier en période de recherche et de développement, c'est pire que d'avouer une maladie honteuse. Faites ça en cachette chez vous, n'en parlez à personne. Les abîmes que cette réalité oblige les *waiters* et les *waitresses* à toucher sont sans fond.

Un autre aspect de l'aventure qui m'avait échappé à l'époque et me semble tellement révélateur aujourd'hui, c'est ce qui s'est passé à l'étage des décideurs. Je ne sais pas si c'est l'effet du hasard ou s'il y a eu des tractations calculées, mais il reste que la carte de visite mentionnée plus tôt semble avoir facilité le passage de certains individus de la télévision publique à la production privée. Par la bande, j'en ai profité moi aussi, et bien que je fusse à ce moment-là pigiste depuis longtemps, je n'ai pas pressenti le glissement qui allait bientôt se produire.

À l'automne 1991, lorsque la série *Quand la chanson dit bonjour au country* alla chercher son million de téléspectateurs, les décideurs de Radio-Canada qui pouvaient se réclamer directement de ce succès étaient la directrice des programmes Andréanne Bournival et le chef du Service des variétés Paul Dupont-Hébert. Lorsque Andréanne Bournival se retrouva, quelques années plus tard, responsable de la programmation à Canal D, et Paul Dupont-Hébert producteur à Coscient, il y avait un lien de confiance établi entre eux qui facilitait les aventures conjointes. Encore à mes débuts de *waitressing*, je n'ai pas, dans le temps, apprécié à sa juste valeur la chance absolument inestimable que j'avais d'être connue pour ce que je sais faire de gens détenant un pouvoir décisionnel dans les cercles de la production privée. Je pensais naïvement avoir prouvé mon talent, et je croyais que c'était ma réputation professionnelle qui poussait les gens à solliciter ma présence au sein de leurs équipes. Il n'en était rien. Je n'ai pas compris que je faisais tout simplement partie du «*kit*», de «l'écurie». Je l'ai compris quand je me suis retrouvée sur le carreau.

Il y a quelque chose que j'ai oublié de mentionner au sujet des présumés méchants qui sont beaucoup moins morons qu'il serait parfois satisfaisant de le croire. Chez les producteurs privés, il y en a qui connaissent mieux les rouages de la «télévisibilité» que les autres. Quand les nouvelles «petites» boîtes se sont mises à pousser comme des champignons, elles venaient se frotter à plusieurs boîtes bien implantées, notamment celles qui ont ajouté la télévision au territoire déjà visé par le cinéma. Reste que les grands experts des lois du vedettariat qui sont devenues la bible de la production télévisuelle sont sans conteste les producteurs qui se sont fait les dents dans le monde du disque et du spectacle. Les chefs d'empire Guy Latraverse et Guy Cloutier n'ont pas appris à défoncer les portes dans les corridors de Radio-Canada ou de l'ONF, même pas du Canal 10. Lorsque, dans un de ses textes informant les lecteurs du *Devoir* que la production de télévision n'est pas nécessairement une affaire payante, le journaliste Paul Cauchon écrit que l'éminent producteur Guy Latraverse y a plus d'une fois «laissé sa chemise», il tourne les coins ronds. C'est lorsqu'il produisait des spectacles que Guy Latraverse a frappé les récifs. Depuis qu'il produit également des émissions de télévision, ça va un peu mieux.

Des étoiles dans les cahiers

Quand on regarde les galas dans les cuisines, on trouve ça rigolo à mort de voir tant de gestionnaires objectifs essuyer une larme chaque fois qu'une nouvelle idole entame solennellement *Le blues du businessman* avec l'espoir de prouver au gratin qu'elle est mûre pour accoter Claude Dubois. N'empêche, le snoreau de Luc Plamondon a touché juste. «J'aurais voulu être un artiste pour pouvoir faire mon numéro», c'est ce qui s'est fait de mieux pour qui préfère ne pas se frotter à Aznavour en attaquant «J'me voyais déjà en haut de l'affiche»! Je n'ai rien contre un brin de sentimentalité et j'espère que le docteur qui va me faire balancer de l'autre bord aura la voix pleine de tendresse de Claude Dubois, mais en attendant, je ne vais pas me faire passer n'importe quoi entre les deux oreilles. Les plus agressifs des producteurs privés ont beau essayer d'imposer leurs désirs à la réalité, beau se lancer des fleurs et se donner des tapes dans le dos, beau revendiquer sur la place publique la précieuse reconnaissance voulant que, sans eux, «rien ne serait possible», je sais comme vous que c'est intrinsèquement faux. Notre télévision, éduquée par notre radio, laquelle a grandi à l'école du théâtre, doit tout aux artistes, à leurs éclats, à leurs bibittes et à leur don de semer à travers un texte, un geste, une mimique, une chanson, un scénario, une réalisation... l'émerveillement. Et c'est pour exploiter ce don inestimable que les producteurs sont en *business*. Et c'est pour protéger ce don inestimable que certains artistes deviennent producteurs.

À leur décharge, je pense que les producteurs cherchent simplement à river le clou : «Nous ne sommes pas tous des morons, OK là? — Oh non? Nous autres non plus, OK là?» Et vlan! Depuis le scandale Cinar et la chasse aux sorcières lancée par Fabienne Larouche, les positions des différents regroupements professionnels se sont durcies à tel point que les *waiters* et les *waitresses* ont l'impression d'être plongés dans une véritable guerre de clans. Laissez-moi vous dire qu'il ne s'est jamais servi autant d'avocats à nos tables! Parfois dur à digérer mais, si vous n'avez pas l'estomac solide, le milieu de la production télévisuelle va vous rendre malade tôt ou tard de toute manière. Si vous ne me croyez pas, demandez donc au producteur aux poches pleines qui s'est jeté en bas du pont Jacques-Cartier ce qu'il en pense. Pour un milieu de travail tributaire du travail d'équipe, la télévision fait reculer beaucoup trop de monde dans l'isolement et la solitude.

L'époque où les routes de ceux qui roulaient à fond de train et de ceux qui faisaient leur bonhomme de chemin se croisaient régulièrement dans les corridors et les cafétérias des grandes institutions étant bel et bien révolue, un des problèmes majeurs auxquels les producteurs privés font face actuellement, c'est justement leur manque de rapports directs avec les artistes et les artisans. À regret, je me sens obligée de préciser que les auteurs sont du nombre. Dans le contexte actuel, les auteurs étant de ces artistes qui interviennent surtout en cuisine, ils ne peuvent malheureusement pas espérer beaucoup d'égards. Au beau milieu de la crise dont tout le monde convient, les patrons ont trop de chats à fouetter ailleurs. Paraît même que chez beaucoup de conjoints associés le torchon brûle. Quand c'est pas un qui se couche avec les chiffres, c'est l'autre : «Pas ce soir, chéri, j'ai mal à la tête.»

Premièrement, à tout projet de taille, c'est-à-dire à tout projet destiné aux heures de grande écoute et donc admissible aux budgets prioritaires, il faut pouvoir accoler un «nom» qui ait assez de poids pour faire pencher la balance en sa faveur. Un nom qui fasse immédiatement image pour les commanditaires et pour l'auditoire visé. Bref, le nom d'une vedette populaire. De popularité compatible avec les intentions et les obligations du projet. De popularité assez récente qu'un décideur ayant à peine trente ans et ayant passé le clair de sa vie à valoriser son propre ego en ait quand même eu vent. Il ne faut évidemment pas que cette popularité porte le téléspectateur à se croire au poste concurrent lorsqu'il tombe sur l'artiste dont il voit si souvent la photo dans *Échos vedettes* et *Le lundi*. Ce nom, comme une bonne réponse à une question piégée, encouragera les décideurs à coller des étoiles dans les cahiers de devoirs. Le système de pointage qui fait trembler les producteurs et les diffuseurs, c'est un peu le même genre de correction d'examen.

Par exemple, si on rendait publiques les soumissions au fameux appel d'offres lancé au printemps dernier pour remplacer *Le plaisir croît avec l'usage* sur les ondes de Télé-Québec, on verrait comment et pourquoi chacun des producteurs a construit son concept autour de tel ou tel artiste qui serait à la fois animateur et attraction principale. Tous les noms proposés sont de gros canons, capables d'embrasser les courants et les sous-courants culturels, des êtres reconnus pour leur habitude de s'impliquer à fond.

Certains vous diront que les dés étaient pipés, mais l'ironie, c'est que d'une manière ou de l'autre les dés sont toujours pipés. C'est viscéral.

Des cuisines, appelée simplement pour ajouter bénévolement par-ci par-là un peu de sel et de poivre, j'ai trouvé cet épisode de la petite vie récente de notre production privée très instructive. Suivant les péripéties d'un œil blasé, à la manière d'une téléspectatrice moyenne peut-être, j'ai été étonnée de me constater remuée par le drame du producteur. C'est peut-être parce qu'il s'agissait de l'équivalent d'une version léchée format 16/9 de ce que j'ai trop vu dans la version plus modeste VHS, copie de travail d'une cassette Betacam SP. En gros tapage : le murmure de tous les jours.

Un appel d'offres gouvernemental — parce que c'est ce dont il s'agit —, c'est un gros concours de soumissions et, ai-je appris, c'est aussi lourd de paperasse dans le cas d'une émission de musique et de chansons tenant compte des groupes ethniques et de la relève que dans le cas où le gouvernement voudrait faire construire un pont, un *building* d'Hydro ou une nouvelle route. De volumineux cahiers reliant des dossiers étoffés à préparer. Des dates et des heures de dépôt à respecter à la lettre. Un lieu de tournage original à choisir et à négocier. Tout prévoir comme si vous entriez en production demain matin pour de vrai. Un examen qui fait suer, quoi. Ce qui fait que plusieurs producteurs ont décroché de la course après quelques tours de piste, même s'ils avaient autant salivé au départ que ceux qui ont persévéré en espérant se lécher les babines en bout de ligne. Et, attention, je ne veux pas dire par là que l'équipe gagnante a raflé le gros lot. D'une part, je n'en sais rien. D'autre part, tous les gens familiers avec les coûts de production d'une émission de variétés d'envergure vouée à occuper sur une base hebdomadaire quatre-vingt-dix minutes de temps d'antenne m'ont dit que le budget promis était mince. Quand on lit que Julie Snyder, malgré l'éblouissant soutien amoureux de Quebecor sur lequel vogue le retentissant succès populaire de *Star Académie*, considère sa maison de production menacée de faillite, eh ben, ça nous donne une certaine perspective, n'est-ce pas ?

Pour participer à un appel d'offres, il faut mettre de l'argent sonnant sur la table en preuve non pas de bonne foi, mais de solvabilité. Déjà, c'est un gros défi, et nous aurons amplement l'occasion d'en reparler, car ce que les producteurs en général n'ont pas, c'est de l'argent sonnant et à plus forte raison de l'argent sonnant à injecter dans un projet dont les chances de voir le jour sont fortement hypothéquées au départ.

Pierre Lampron, qui était alors président de la SODEC et pas encore président et chef de la direction de TVA film et président de l'Observatoire québécois de la mondialisation, a publié en novembre 1999 un rapport sur *L'état de la contribution publique dans le financement du cinéma et de la production télévisuelle* pour balayer, dans la mesure du possible, le doute semé par les propos de Fabienne Larouche et des journalistes brandissant la même pancarte « quant à la bonne gestion des fonds publics ». Ce rapport nous dit que « la valeur totale des 1380 œuvres produites par des producteurs indépendants au cours des 8 dernières années est évaluée à 3,1 milliards de dollars ». Et dans la section intitulée *Soutien public, trop élevé?* on trouve les précisions suivantes : « Le financement public direct et indirect des divers gouvernements totalise 978,3 millions de dollars depuis huit ans (au moment de l'implantation du crédit d'impôt), soit 31,7 % du total des devis de productions reconnues comme québécoises. »

Dans l'information circulant du côté des *waiters* et des *waitresses*, qui ont des associations très vigilantes, les statistiques pour 1997-1998 nous disaient que la part de l'investissement public dans la production des émissions indépendantes de langue française était de 67 %, sans inclure les licences payées par les diffuseurs publics. Quatre pour cent au plus, selon cette lecture des budgets, sortait de la poche des producteurs. Je cite ces données pour les débrouillards capables de déchiffrer les budgets des vérificateurs comme les cruciverbistes maniaques solutionnent les mots croisés des mordus. Je les cite aussi pour vous sensibiliser à la douleur que peut éprouver un producteur privé contraint de fouiller dans sa sacoche.

Et voilà que l'exemple d'appel d'offres nous plonge dans un scénario où notre producteur se retrouve pour ainsi dire en ambulance. Urgence aiguë. D'abord, il y a cette somme appréciable à déposer en fiducie. Disons cent, deux cent mille dollars. Lorsque le gagnant est annoncé, les concurrents récupèrent leur mise. Reste que c'est de l'argent «gelé» pendant plusieurs semaines, voire des mois. Certains peuvent se le permettre, mais ils sont beaucoup plus nombreux à se mettre à genoux devant leur gérant de banque pour le convaincre de l'intérêt d'acheter le billet de loto ensemble. Et ce marchandage ne s'applique pas qu'aux appels d'offres. Dans la production privée, c'est routinier. À petite échelle, c'est ce que la direction de Radio-Canada réclame annuellement au Conseil du Trésor. On dépense aujourd'hui ce qu'on espère toucher demain, comme le veut une société de consommation où, pour avoir bon chic bon genre, il faut rouler au-dessus de ses moyens. Et ce que les grands et les petits argentiers appellent dans leur jargon les problèmes de «liquidité» ce sont les problèmes qui permettent finalement aux banques de mettre le cadenas sur la porte de boîtes apparemment florissantes, comme il est arrivé à Téléscène, et comme il serait peut-être arrivé à Motion international si les partenaires n'avaient pas réussi juste à temps à vendre de l'air à TVA. C'est un souci de patron, mais n'ayez crainte, on en ressent les répercussions dans les cuisines. Vous pouvez être certains que, durant ces périodes, il y a des petits comptes à payer qui restent en souffrance et des services rendus qui vont sans pourboire. Que voulez-vous, la priorité, c'est presque toujours l'avenir. Nous irons tantôt nager dans ces eaux-là aussi.

Le problème réglé du dépôt en garantie, le producteur privé doit s'attaquer à l'autre colonne de chiffres dont il a sans doute discuté avec son gérant de banque, la colonne chapeautée du mot *talent*.

Sur les plateaux anglophones, vous entendrez fréquemment : «*Where's the talent? Call the talent on the set.*» J'ai une tendre amie à qui j'accorde l'exclusivité. Lorsque j'entends, au bout du fil : «C'est Talent», je sais tout de suite que c'est elle. En réalité, l'expression *le talent* (littéralement empruntée au monde d'Ed Sullivan et de Jack Warner) circule régulièrement sur les plateaux, avec affection, irritabilité, anxiété, respect, impatience et même incrédulité. Ce n'est pas parce qu'on ne donne pas dans la série lourde, le téléroman ou l'humour qu'on n'est pas soumis aux lois du vedettariat. On pourrait inviter des spécialistes à en discuter avec Raymond Saint-Pierre. Le monde tourne autour de Talent, alors si Talent décide de faire marcher les sous-fifres sur des œufs, il a souvent beau jeu. La récompense, c'est d'être témoin du talent de Talent, lequel vit constamment dans le questionnement, l'incertitude, la crainte de perdre son grand amour (le public) et sa raison d'être (l'inspiration).

Les grands artistes apprennent par cœur l'humilité, ce qui les porte souvent à se montrer généreux avec parcimonie. Dans quelque discipline que ce soit, le navigateur au long cours connaît l'étroite parenté des cycles où alternent la création solitaire et les épreuves médiatiques que nécessite toute œuvre arrachée au monde intérieur pour être lancée à la fortune du pot dans la mêlée des brebis et des loups. L'industrie du disque et du spectacle étant celle qui a imposé ses lois sur notre production télévisuelle, il est bon de se rappeler que pour un succès populaire il y a souvent tout un long jeu de chansons vouées à l'oubli. Pour des centaines d'excellentes émissions inscrites à une grille horaire, une ou deux mentionnées par les autres médias. Pour dix soumissions soignées à un appel d'offres, un seul retour d'appel soutirant un youpi au bout du fil.

Dans son rapport de 1999, monsieur Lampron touche à la question du vedettariat et de la transparence, transparence étant le mot galvaudé à l'époque par tous ceux qui auraient bien aimé et aimeraient encore mettre le nez dans les budgets de production afin de comprendre comment, vraiment, les comptables se débrouillent pour justifier des dépenses qui pourraient, mine de rien, glisser du côté des profits.

«Le producteur, écrit monsieur Lampron, est un entrepreneur qui administre un budget dans un contexte de négociation où le vedettariat prend une place importante. Il peut prévoir un montant pour sa vedette principale, mais celle-ci, nécessaire au succès du film, peut exiger un cachet plus important. Il en est de même pour tel scénariste, dont la signature garantit le bouclage du financement avec tel diffuseur, ou pour tel ingénieur de son, responsable de l'éclairage ou réalisateur. Le producteur lui-même pourrait profiter de son statut pour augmenter sa part bénéficiaire en rognant sur certains postes ou en réduisant le temps de tournage. Cependant, en raison des coûts de production en cause, il pourrait difficilement s'agir de pratiques courantes, ce qui n'empêcherait pas certains cas particuliers de se produire. »

Monsieur Lampron, ce n'était pas son mandat, ne s'est pas penché sur la relation entre les producteurs privés et les syndicats de techniciens et d'artistes. Vous remarquerez aussi qu'il fait référence au succès du « film ». C'est une déviation professionnelle. Pourtant, la télévision, ce n'est pas du cinéma. *Virginie* et *Fortier*, ce ne sont pas *Les invasions barbares*. Cependant, le dernier film de Denys Arcand a joui de l'appui financier de la télévision de Radio-Canada. À force d'observer ces nuances, lorsque les marmitons entendent les chefs parler de « montage financier », ils comprennent qu'il s'agit d'un délicat assemblage de vases communicants. Ils espèrent de tout leur cœur que la pièce montée ne fondra pas sous les projecteurs. Leur sort en dépend.

Il faut comprendre que tous les membres d'une équipe de production gravitant autour des artistes sont au service de ces derniers, un peu *waiters* et *waitresses*, même s'ils empruntent des airs de Pompadour ou de prince consort.

Chaque artiste majeur, chaque vedette hautement sollicitée traîne dans son sillage des gens de confiance avec lesquels les producteurs de télévision doivent composer au même titre que les producteurs de spectacles et les hôteliers. Pour la plupart des artistes, l'industrie du vedettariat représente un mal nécessaire mais dangereux, car s'il existe d'authentiques artistes au naturel de vedettes (Jean-Pierre Ferland et Pierre Falardeau en étant d'éloquents exemples diamétralement opposés), il y a aussi des vedettes fabriquées avec un minimum de fibres artistiques qui mêlent les cartes en appauvrissant les critères de qualité dans leur ensemble.

Pour avoir contribué durant plus de vingt ans à faire valoir le parcours de différents artistes à la télévision, je suis convaincue qu'ils sont tous viscéralement méfiants à l'égard de ceux qui s'approchent trop de leur espace physique et mental. Dès qu'on le sort de son élément, dès qu'on demande à un chanteur de faire autre chose que de chanter ou à un comédien de faire autre chose que d'entrer dans la peau d'un personnage, l'artiste plus réservé, plus secret, plus paranoïaque perçoit une caméra de télévision comme l'envahisseur de ses derniers retranchements. Un parasite. Ce qui nous éclaire sur le fait qu'ils exigent généralement d'avoir leur mot à dire sur chacune des personnes choisies pour bâtir avec eux les œuvres qu'ils porteront sur leur dos. La cour de chacun constitue en quelque sorte sa forteresse mobile. Exactement comme René Angelil, Francine Chaloult et les imposantes armoires à glace en ébène montant la garde autour de Céline Dion. Quand la solution de rechange est de se frayer un chemin à mains nues dans la jungle, c'est d'une prévoyance élémentaire — et la leçon peut vous être utile au moment le plus inattendu — protégez-vous ! Protégez vos acquis !

La production privée de télévision contribue à consacrer des talents et à mousser les carrières des vedettes, mais elle ne forme pas beaucoup d'artistes populaires, à moins que le producteur Guy Cloutier n'y mette sa touche. C'est vraiment l'école Cloutier qui nous a menés de *Star d'un soir* à *Star Académie*, du *Village de Nathalie* à *La fureur*, même si Julie Snyder et la machine Quebecor ont pris la relève. En passant, Guy Cloutier est un maître producteur qui tient personnellement et solidement les rênes de son entreprise. Un gars d'idées qui sait les mener de *A* à *Z* en impliquant des gens de confiance choisis et fidélisés avec flair et intransigeance. Guy Cloutier, c'est

Hollywood in Québec, et vous aurez remarqué comme moi que ses détracteurs des années « nez en l'air » se tiennent tranquilles depuis un bon bout de temps. Il a fait ses preuves, c'est le moins que l'on puisse dire. Son gérant de banque doit rêver de devenir son bras droit. Quand ses ouailles ont fêté dans une émission spéciale très léchée ses vingt-cinq ans de carrière, les témoignages ne sortaient pas d'un livre de recettes ou d'un ordinateur d'attaché de presse. S'il n'était pas devenu producteur, il me semble que Guy Cloutier aurait pu jouer le genre de rôles que défend si bien Michel Côté. Grâce à lui et à sa directrice artistique de prédilection, Ève Déziel, j'ai eu l'étonnant honneur d'écrire les textes du prince des annonceurs, monsieur Roger Baulu, alors qu'il animait la sélecte série en hommage aux pionniers enregistrée au *Caf'Conc*, *Salut*. Ça fait des lunes, mais j'ai beaucoup appris avec cette équipe (Salut, P. A. Morin !), en commençant par le vulnérable côté dur à cuire de ceux qui ont vraiment roulé leur bosse.

Qu'ils l'avouent ou non, nos producteurs, qui aimeraient bien vérifier des premières loges si le plaisir croît vraiment avec l'usage, ont tous comme référence un des deux Guy, Cloutier ou Latraverse. Il y eut des années où l'on pouvait trancher au couteau les univers du *show-business* sur lesquels chacun régnait. La prolifération de la production privée a brouillé les pistes, mais il est encore assez facile de reconstituer les arbres généalogiques malgré le mélange insolite des genres. Ce qui ne nous permet pas pour autant de balayer du revers de la main nos deux gros *alma mater*, les anciens Canal 2 et Canal 10.

À une certaine époque, une autre ligne tirée au crayon gras était celle qu'il fallait franchir pour accéder au royaume du diffuseur. Le diffuseur était, en fait, maître en son fief. Inutile de déterrer les vieilles haches brandies d'un bord par le «public» et de l'autre bord par le «privé». C'est le talentueux Pierre Duceppe, réalisateur et producteur aguerri sur les bancs du ministère des Affaires culturelles à Québec, qui a corrompu notre télévision éducative en lui faisant goûter les délices du divertissement avec la *Station Soleil* de Jean-Pierre Ferland, puis en introduisant sur les ondes québécoises le roi de la steppette, Normand Brathwaite, tout bien garni de beau et de chaud. Le monde est petit, quand même. Voilà qu'à l'issue de notre gros appel d'offres Normand Brathwaite est de retour cette année à Télé-Québec pour chausser les patins de René-Richard Cyr, ou, si vous aimez mieux, les chaussures griffées de Suzanne Lévesque. À bien y penser, les chaussures griffées intéressent peut-être plus Sophie Durocher. Comme me le disait ce cher André Caron quand il me surprenait à manger du voisin dans la cuisine : «Tape ta main, pas fine.» *Belle et Bum*, c'est Radio-Québec et Télé-Québec réunis, à un moment où «l'autre télévision» se cherche de nouvelles têtes pensantes à la direction. Pas grave, la production privée continue de rouler.

Revenons au phénomène du vedettariat. Sans révéler de noms, il paraît que l'entrée en scène d'une vedette dans un projet de télévision, ça se négocie. Il y a des remarques méprisantes qui me restent accrochées dans la mémoire et qui me font toujours grincer des dents. Des petites phrases trop entendues ces dernières années de la bouche d'entremetteurs cachés dans leurs beaux costumes de producteurs qui ne gagneraient même pas un concours de karaoké. «Je l'ai négocié pas cher. — J'sais que j'peux l'avoir pas cher, il a besoin d'argent. — Ah elle, on l'aura jamais en bas de cinq mille. On en a-tu vraiment besoin ? — Pourquoi on paierait cet artiste-là, c'est lui qui devrait nous payer pour l'endurer. Celle-là, je lui ai donné une fortune cette année. C'est moi qui la fait vivre.» Et ainsi de suite. Reste que si on met, disons cent mille dollars sur la glace dans l'espoir de décrocher un bon contrat, il va de soi qu'on va cracher ce qu'il faut pour être sûr de pouvoir livrer la marchandise si notre billet sort gagnant. Malgré tous les «si», il n'y a pas de détours possibles. Ayoye! voilà notre producteur frappé d'un mal de tête carabiné!

Talent a un agent, Talent change d'agent, ou pire, Talent a les ongles pointus et rouges, se maquille sans assistance professionnelle et négocie personnellement ses contrats. Si ça se corse, Talent connaît un avocat depuis les années de la *Casa Loma*. Le genre d'avocat qui n'a pas besoin de rédiger des mises en demeure sans fautes d'orthographe pour satisfaire son client. Attachez vos ceintures. Talent n'est pas fou. La télévision a besoin de son visage, de son image, de sa popularité. Radio-Canada, TVA, TQS, Télé-Québec, Canal Vie, Canal D, *whatever*, pour Talent, c'est du pareil au même. Cloué à un horaire de studio pour un temps indéterminé à accueillir à bras ouverts des vieux potes dont il sait trop de choses, des gens qu'il déteste, qu'il ignore, qui l'ennuient, qu'il aime bien, qui le menacent ou qui ne l'intéressent pas du tout, ça ne l'emballe pas d'emblée. «Tu veux m'embarquer dans ton affaire? Et j'y gagne quoi, moi, là-dedans?» (*What's in it for me, baby?*)

Le blabla mielleux, les compliments graisseux, les promesses de prestige et les implorations à la pitié, ça ne pogne pas. Producteur veut mettre un nom «payant» sur sa soumission à l'appel d'offres? C'est d'une logique limpide que ça se paie, ça, monsieur. Et pas demain. Pas de «chèque dans la malle». Vous savez ce que ça veut dire, ça, madame? Eh oui! Encore de l'argent sonnant. Et si vous perdez, il n'y a pas de remboursement pour la bonne et simple raison que Talent doit, de son côté, bloquer des dates sur son calendrier, se garder libre au cas où « son » producteur s'avérerait le « bon ». Alors, le cœur meurtri, stressé comme un joueur compulsif qui risque la maison que son ex lui a fait payer le couteau sur la gorge, le producteur signe avec Talent un contrat d'intention.

Talent vous racontera un jour s'il était vraiment prêt à se libérer aux dates prévues, s'il n'avait pas déjà un contrat d'exclusivité signé ailleurs, s'il était en train de manger des croûtes quand on lui a fait miroiter cette manne, s'il a réussi à toucher le minimum ou le septième ciel. À leur courte honte, ce que les *waiters* et les *waitresses* envient, c'est que Talent ait signé un contrat et empoché de l'argent sonnant pour ne rien faire d'autre que se dire intéressé à un projet. Quand Talent vous contera son histoire, il décrira évidemment la scène sur un ton plus tragique et déchirant, il arrivera (talent oblige) à vous tirer des larmes. C'est pour ça que Talent a des gros contrats et moi pas.

Nous, les *waiters* et les *waitresses*, nous signons des déclarations officielles disant, juré craché, que nous sommes d'authentiques citoyens canadiens ayant le pouvoir légal de valoir à notre éventuel employeur des crédits d'impôt. Suivant immédiatement l'orage déclenché par le scandale des prête-noms chez Cinar, nous devions même, afin de dédouaner tous les fonctionnaires se sentant sur la sellette, nous déplacer pour chaque projet et chaque producteur uniquement aux fins de signer ce même formulaire devant un « commissaire à l'assermentation » s'il vous plaît. C'est comme être témoin à un procès : On ne vous paie pas, mais si vous avez un employeur il n'a pas le droit de vous couper les vivres pendant que vous accomplissez votre devoir.

Les *waiters* et les *waitresses* signent aussi des petits papiers sur lesquels figurent des dates qui s'avèrent presque toujours fictives. Ces petits papiers attestent que le signataire fera le service aux tables du grand patron durant quelques jours dans quelques mois, à la condition que tous les décideurs à toutes les étapes de l'odyssée de chaque projet emboîtent le pas au producteur et lui donnent tous les moyens qu'il faut pour l'habiliter à mettre ce projet au monde sans trop dilapider l'argent versé avec l'intention de faire rouler cette industrie dont la mission première consiste à assurer la survie du producteur et la belle vie du diffuseur. Vous me suivez? Si vous éprouvez des difficultés, allez voir votre gérant de banque avec un de ces bouts de papier. Vous saurez ce que ça vaut. N'allez pas voir un avocat : S'il vous écoute, c'est qu'il caresse l'envie de vous enlever la chemise que vous avez sur le dos.

Récemment, un artiste invité à signer un contrat stipulant que le producteur ferait des versements sur son cachet « lorsqu'il aura reçu son argent du diffuseur » m'a appris une leçon que les gens de coulisses aimeraient bien arriver à mettre en pratique. L'artiste a refusé de signer. L'artiste a dit au producteur : « C'est pas le diffuseur mon producteur, c'est toi. Le contrat, c'est avec toi que je le signe. Comment veux-tu que je le sache, moi, quand Télé-Québec ou Radio-Canada ou le réseau Astral te paie? C'est ton problème, pas le mien. Moi, je veux un chèque aujourd'hui, à la signature du contrat. J'en veux un autre telle date et un autre telle date. » Le contrat signé, l'artiste a donné plus, beaucoup plus qu'il n'aurait eu à le faire selon les clauses de son contrat, dont il n'a d'ailleurs jamais reparlé. Le producteur, par contre, s'est fait une de ces biles! L'artiste l'ayant « pris à la gorge », il n'avait d'autre choix que de serrer la vis ailleurs, n'est-ce pas? Alors, quand les petites mains se plaignaient de ne pas être payées, le producteur leur suggérait d'un ton bourru d'aller brailler sur le perron de l'Union des artistes. Lui n'y pouvait rien : « Le diffuseur ne l'avait pas encore payé! » Problème de liquidité, n'est-ce pas? Du point de vue du patronat, la solution à ce problème-là ne vient pas des syndicats.

Dans ce contexte, ceux qui n'ont pas de pouvoir de négociation en matière de vedettariat et de succès doivent développer un tact et une efficacité pouvant leur valoir d'être estimés un jour par la colonie artistique et les « gros clients » comme le sont, par exemple, les serveurs et les serveuses du restaurant *L'Express*. C'est une longue route, mais il n'y a aucune honte à se rendre utile en coulisses.

Utile, dites-vous? Mais à quoi, bonyenne? En fait, à beaucoup de choses. Mais, je vous l'accorde, ce n'est pas évident du moment qu'on s'aventure sur d'autres plateaux que ceux de la fiction. Dans la production de variétés, même des directrices artistiques également parolières de chansons et artistes de plein droit, comme les sommités Mouffe et Ève Déziel, sont moins connues du grand public que leurs producteurs de prédilection Guy Latraverse et Guy Cloutier. Mouffe et Ève, deux femmes superbes, attireraient peu l'attention sur un tapis rouge si Fabienne Larouche ouvrait la parade.

À l'instar de certains paroliers et de leurs divas, il y a des auteurs-concepteurs d'émissions de variétés qui ont décroché plus vite que leurs collègues leurs lettres de noblesse grâce à l'originalité audacieuse de leurs interprètes. L'association de Stéphane Laporte à André-Philippe Gagnon et surtout à Julie Snyder illustre comment les directeurs de programmes ont tendance à brûler les valeurs qu'ils croient sûres, s'imaginant empiler les succès comme des hot dogs (Salut, Magnus, je ne t'ai pas oublié)! Durant quelques années après *L'enfer c'est nous autres*, annoncer un concept de Stéphane Laporte n'avait d'égal comme *scoop* que de promettre la nouvelle série de Fabienne Larouche et de Réjean Tremblay. La tendance ne s'est pas maintenue.

Au siècle dernier, lorsque Radio-Canada faisait travailler une panoplie d'artistes incluant les auteurs de disciplines différentes, André Dubois et Jean-Pierre Plante étaient des noms que l'on prononçait avec respect, souriant dans nos têtes au souvenir d'une blague servie par Dodo au *Bye bye*. Nostalgie, quand tu nous guettes! Dubois a sa propre boîte de production, et Plante s'est vite fixé chez Avanti dans l'ombre de son réalisateur de confiance, Jean Bissonnette. Avec le recul, il est intéressant d'observer que dans les tarifs de base négociés dans la convention collective de la SARTEC avec Radio-Canada et ensuite avec les producteurs qui se sont ajoutés au cours des ans, tout ce qui touche au scintillant domaine des variétés flotte dans le gré à gré. Les auteurs coincés dans des négociations difficiles se surprennent à souhaiter que Plante et Dubois, deux anciens présidents de leur syndicat, soient allés au front, à l'époque, pour négocier un cachet de base à leurs élèves selon l'ordre de grandeur des cachets que leur talent mordant et leur quasi-monopole leur permettaient de négocier gré à gré dans le secret des alcôves. Merci aux Marcel Dubé et autres auteurs influents de l'après-grève des réalisateurs qui ont mis leur pouvoir de négociation au service de la collectivité, prévoyant même le sort des auteurs qui écriraient un jour des documentaires pour la télévision. Les tarifs minimums que les syndicats réussissent à faire accepter par leurs différents partenaires sont devenus, dans l'industrie privée, des plafonds. Au-dessus du minimum, les acquis au barème des cotes d'écoute se négocient avec des dents de requin, le succès d'estime avec des gants de velours, et les années de métier à coups de couteau dans le dos.

J'ai passé une dizaine d'années bien remplies à faire du service dans le milieu du *show-business*. Les petits bobos sur mon cœur de *waitress* qui se prend pour une auteure sont bien bénins quand je mets dans la balance tout ce à quoi ces années m'ont éveillée au chapitre de la logistique, du déploiement technique, du perfectionnisme et du respect de chacun des êtres humains qui contribuent à ramener sur la scène du petit écran les chansons dont on ne se lasse pas, les orgies de rire qui nous dilatent la rate, les voix et les visages qui remuent nos émotions. Les musiciens et les compositeurs sont souvent traités de manière ingrate, mais il n'y a pas de plus beau sourire au monde que celui d'un musicien heureux, ne faisant qu'un avec le rythme et l'instrument, se foutant royalement de tout le barda qui se brasse dans la cuisine. Le génie du son Harvey Robitaille s'arrache les cheveux quand il prend connaissance des concepts et des enchaînements, mais son perfectionnisme est d'une ténacité inébranlable. Les décorateurs et les éclairagistes arrivent à créer des univers complets à coup de petites touches qui échappent à l'œil nu mais qui pètent l'écran. Les directeurs de plateau ravalent leur frustration chaque fois qu'ils se retrouvent avec trente secondes pour changer tous les instruments et les micros de place, mais ils prennent un malin plaisir à prouver que leur monde trouve toujours le moyen de moyenner.

À l'exemple des serveuses et des serveurs de *L'Express* qui ont tout vu et tout entendu, il y a des secrets professionnels que les *waiters* et les *waitresses* de télévision respectent... avec respect, malgré les insipidités qui usent leur patience. Par exemple, lorsque le mordu de kitsch et de branché Sylvain Cormier se déplace avec sa blonde ou son papa pour assister à l'enregistrement d'une émission de variétés, il a du front tout le tour de la tête de se plaindre dans *Le Devoir* des « tuantes minutes d'animation entre les chansons » ou des collages thématiques qui ont gâché le *trip* qu'il s'est tapé à revoir et réentendre la crème de la crème. Concevoir une émission de télévision, ce n'est pas faire la promo de tournée de la vedette de l'heure, p'tit gars. Ce n'est pas un tête-à-tête « exclusif » de plus dans un bar branché de plus. Ce n'est pas un après-midi à la campagne chez la vedette qui veut vous donner des idées sur ce qu'il serait bon d'écrire sur son compte. C'est une tout autre paire de manches. Monsieur Cormier n'est pas critique de télévision, mais ses collègues qui le sont se montrent régulièrement tout aussi ignorants du métier qui est, en fait, la main qui les nourrit. Quand ils promènent leurs gros sabots sur le chantier où les ouvriers de la production télévisuelle ont les deux pieds ancrés dans le sale boulot qu'il faut faire pour créer des jobs aux artistes et fournir aux diffuseurs des prétextes solides qui justifient de créer l'événement, ils se montrent souvent grotesques et grossiers. Les *waiters* et les *waitresses* ne voient pas l'intérêt de faire le service à la carte aux parias qui déchiquètent sur le bras ce qui est destiné aux clients payants. Si ces groupies n'ont d'yeux du cœur que pour le *show*, eh ben qu'ils achètent des billets ou qu'ils regardent l'œuvre dans sa version finale sur le petit écran, à l'heure où le diffuseur aura décidé de la présenter au grand public. Et attention : Regarder en jasant entre amis la copie VHS livrée au bureau par courrier prioritaire, c'est tricher. Et rédiger sa critique en revoyant l'œuvre avec le doigt sur le bouton d'accélération un lendemain de veille, c'est malhonnête.

Mais le jeu de dominos qui tient tous les éléments du pouvoir en place est trop complexe pour qu'on puisse se permettre ce genre de discours ailleurs que dans le journal intime d'une *waitress* anonyme. Chacun son métier. Chacun sa manière de se faire remarquer. Chacun son rôle dans la chaîne du *showbiz*. Chacun son télé... scope sur les étoiles. C'est certain que lorsqu'on a trop souvent l'impression de travailler comme un chien sans maître aimant, nos petits cœurs d'humains ont des moments de faiblesse où on se surprend à rêver d'une critique éclairée qui contribuerait à dégager un peu la production télévisuelle du vedettariat crasse dans lequel elle se trouve enlisée. Ça passe. Ça sert à rien de faire la fine bouche quand on est dans la *business* de la couenne dure! C'est un combat de boxe, vraiment. On encaisse les coups qui nous sont destinés, puis on se frotte les mains quand l'autre s'en tape une sur la gueule. Le petit catéchisme avec ses histoires de «faites pas aux autres ce que vous ne voulez pas qu'on vous fasse», il ne traîne pas sur les bancs de l'école où je suis retournée.

Alors, mesdames et messieurs, pour votre plaisir et votre agrément, on va essayer de poursuivre le spectacle malgré les légers contretemps.

C'est significatif, vous savez, que tant de producteurs en ville aient voulu mettre leur machine en branle au printemps dernier pour répondre à l'appel d'offres lancé par Télé-Québec. En dehors des festivals et des galas qui incluent une captation pour la télévision dans leur montage financier initial, il n'y a presque plus de grands plateaux de variétés attirants pour les artistes en dehors de leurs tournées de promotion. Le départ de l'ineffable *Grand Blond* creuse un trou qui ressemble à celui laissé au siècle dernier par les *Couche-Tard*. Et dans leurs autos de l'année, nos producteurs pleurent, parce qu'il n'y a presque plus de productions télévisuelles qui permettent d'inscrire de gros chiffres dans la case où se croisent les colonnes « profits » et « artistes ». Pendant ce temps-là, les diffuseurs repensent tranquillement leur affaire.

Si on recule d'une dizaine d'années, on constate que le décollage de projets s'est alourdi subrepticement, de telle sorte que, pendant un bon bout de temps, ça ne paraissait pas. Quand les diffuseurs se sont mis à larguer les problèmes de négociations avec Talent et les gérants de Talent dans la cour de la production privée, se contentant d'ajouter leurs formidables équipes de techniciens syndiqués à leur vitrine en or, il y eut quelques bonnes années de belles coproductions basées sur des ententes à l'amiable, chacun s'efforçant de ne pas piétiner les platebandes de l'autre. Un beau jour, on s'est réveillé pour constater que tous les ascenseurs semblaient bloqués entre deux étages. Fallait graisser la machine. C'est à ce moment-là que j'ai été initiée au pensum de la *waitress* — le pensum des deux feuillets.

Combien de fois ai-je accepté de peiner sur ces infernales deux maudites pages qui sont en réalité des dizaines de pages de justification pour un *show* de télé où le producteur et les agents d'artistes ont l'intention de faire à leurs têtes dès que les fonds seront débloqués ?

Au monde de la télévisibilité, voyez-vous, on n'a pas grand temps et encore moins d'argent à gaspiller sur les lettres. Même dans le langage audiovisuel, nombre de décideurs sont incapables d'interpréter correctement le potentiel d'une œuvre avant d'être assis devant le « produit fini ». Aux étapes de la scénarisation et du montage, quand on s'éloigne un tant soit peu du défilé de vedettes qui forme une « belle brochette », ces gens posent des questions d'incultes stupides et n'ont aucun conseil utile à prodiguer. Ils ont l'air de vrais… morons. Reste que pour délier les cordons de la bourse, pour libérer une case horaire, pour mettre en mots l'invitation qu'on veut lancer au grand public, pour donner aux artistes une idée de ce que l'on attend d'eux, pour produire une œuvre télévisuelle en dehors du financement de papa et de maman, il faut un texte. Ça part toujours de là. Il n'est cependant de consolation aucune, pour qui que ce soit, à se répéter en comptant les moutons que, sans ces quelques pages, rien n'aurait été possible.

Ces écritures de projets sont les travaux les plus ingrats auxquels je me sois pliée avant de décider de retourner à l'école.

Je pourrais en noircir des pages, à revoir avec vous l'imagination dont il faut faire preuve en cuisine pour concocter un plat intéressant à partir des ingrédients disparates qu'on met à notre disposition, en nous enjoignant de ne pas oublier qu'il faudra réduire les prix au strict minimum. Tout projet s'articule d'abord dans ces notes d'intention. Traditionnellement, c'est là que commence l'intervention d'un auteur, appelez ça « texte de projet », « synopsis », « premier jet de scénario ». En principe, la personne qui se réclame d'avoir énoncé une idée ne peut réclamer de droits d'auteur si elle n'a pas jeté sur papier une approche, un traitement, une façon de distinguer cette idée des autres idées qui lui ressemblent comme des jumeaux identiques. Dans la fiction, c'est clair, et encore. De combien de disputes quant à la parenté d'une œuvre avez-vous eu vent sur la place publique ? Ces échos devraient suffire à vous convaincre que du moment où l'on sort de l'écriture dramatique on nage en eaux profondément troubles. Je vous le dis tout de suite : Les deux petites pages ou leur équivalent, les producteurs n'ont plus recours aux *waiters* et aux *waitresses* pour les écrire. Ils les rédigent eux-mêmes ou ils les font écrire par leurs employés responsables du développement. Ce qui permet à des producteurs qui ne sauraient écrire trois phrases complètes de se donner, au générique, le crédit du concept ou de l'idée originale. Leurs employés encaissent leur chèque hebdomadaire, satisfaits de cette fortune qui ne doit rien à la gloire.

C'est délicat. Les conséquences de part et d'autre sont graves, et le fait qu'à tous les paliers de la production télévisuelle, dans tous les genres, on soit devenu plus prudent et secret à cette étape cruciale de la naissance d'un projet prouve du moins à quel point cette étape est décisive. Le revers pour les auteurs pigistes, c'est que les producteurs privés sont très peu intéressés à des projets « soumis », la parenté de ces projets leur échappant d'entrée de jeu. Cercle vicieux, mes amis. On ira danser des sets carrés là-dedans tantôt.

Inutile de vous dire que les artistes et leur entourage sont allergiques aux concepts rattachés aux grandes émissions spéciales et aux séries rétro. Ils travaillent assez fort pour définir leur style et faire accepter leurs nouvelles œuvres. Ils en ont marre de se faire demander de refaire le même numéro un du palmarès d'il y a cent ans. Ils n'ont pas envie de participer à ce qui est ni plus ni moins, à leurs yeux de promeneurs solitaires dans le panthéon des dieux de la scène, des petites séances où aucun artiste ne jouit de coudées franches. Mais ils font des concessions eux aussi, parce que, s'ils sont le pain et le beurre des émissions de variétés, vient un jour où, pour la plupart d'entre eux, c'est la télévision qui met du beurre sur leur pain. C'est donc une relation amour/haine qui place les équipes de production télévisuelle dans un triangle maudit.

Pour ce qui est des textes d'enchaînement, la vérité c'est qu'ils embêtent un peu tout le monde autant que

Sylvain Cormier. Sur les centaines de plateaux où mes textes ont aidé à enfiler les numéros dans un certain crescendo, la seule personne que l'exercice semblait passionner est cette chargée de projets qui rappliquait avec son crayon à la main comme une bonne maîtresse d'école une heure avant que les caméras se mettent à tourner pour me tendre une copie annotée dans les marges. Tel paragraphe : « Excellent. » Tel autre : « Très bien. » Ici : « Changer ce mot. » Là : « Demande à l'animateur de mettre de l'emphase. » Là : « Biffer — pourrait offenser le commanditaire. » Je conserve précieusement ces modèles d'efficacité autrement voués à l'oubli, car je n'ai pas besoin de vous dire ce que font de ces recommandations de dernière heure les animateurs qui sortent tout juste du maquillage, les poches bourrées de fiches sur lesquelles ils ont inscrit leurs propres notes au cas où ils auraient un trou de mémoire. Et de toute façon, les fichus textes d'enchaînement ne se changent pas en catastrophe, à moins de cause majeure. Ils sont la bouée de sauvetage de ceux qui se jettent à l'eau et le repère de ceux qui captent l'exploit pour le bénéfice des téléspectateurs. À tel mot, l'action se déplace là. C'est le signe, le *cue*.

Les professionnels exigent des textes et les apprennent par cœur, leur donnent un ton, les apprécient pour toutes les préoccupations que ces textes leur enlèvent des épaules. Ceux qui ont un message de leur cru à passer apprennent à le glisser dans la trame établie sans semer la pagaille générale. Ils savent bien qu'autrement ils seront coupés ou bannis. Et ceux qui n'ont presque rien à dire ne souhaitent quand même pas débiter n'importe quoi, alors ils sont reconnaissants qu'on leur fournisse des pistes. La tâche du *waiter* ou de la *waitress*, c'est de veiller dans la mesure du possible à ce que les invités ne se répètent pas les uns les autres, à ce que toute l'information de base soit bien distribuée et à ce que le minutage total des interventions corresponde aux besoins. Même et surtout une captation en direct peut nécessiter qu'on étire les textes d'enchaînement parce que, voyez-vous, il faut bien que quelque chose se passe sur scène tandis que les machinistes déplacent l'équipement et que l'artiste change de costume. Il n'y a aucune honte à faire cette écriture avec précision, en recherchant de belles tournures de phrases et en espérant bâtir une continuité qui ait des effets dramatiques. Quand un auteur constate que ses textes d'enchaînement sont traités avec respect par des artistes de la trempe de Donald Sutherland, Monique Mercure, Marie Tifo, Charles Aznavour, Mitsou, Renée Martel, Roger Baulu, Jean Lapointe... par des pros de différentes écoles du show-business, plus exigeantes les unes que les autres, il comprend que c'est là la plus belle des reconnaissances que l'on puisse espérer pour un métier méconnu.

Il faut trouver des titres aussi. Accrocheurs, qui correspondent à l'image du diffuseur et qui sauront plaire au commanditaire. Parmi ceux que j'ai commis au fil des ans, il y en a dont je suis fière, quand même. *Quand la chanson dit bonjour au country* (et que la nuit rencontre le jour, n'est-ce pas?); *L'Adisq en coulisses* (je sais, je sais, vous pensiez que c'était né avec la vedette Julie Snyder!); *Cent chansons qui ont allumé le Québec* (non, le bureau des relations publiques du commanditaire Hydro-Québec ne s'en est pas mêlé!); *Les oiseaux de nuit* (d'accord, l'expression ne date pas d'hier, et elle n'a jamais été mieux traitée que par Guy Maufette, l'hôte du *Cabaret du soir qui penche*, mais je suis contente de l'avoir fait revivre!)... Et il y en a, sur d'autres territoires que les variétés, qui m'ont inspiré des structures de contenu auxquelles je suis encore plus attachée, même s'ils n'ont pas survécu. Le rire de Judith Brosseau était particulièrement moqueur quand elle m'a mentionné qu'un titre comme *La grande synthonie*, conçu pour chapeauter l'histoire de la radio, était un peu trop «intellectuel». J'avoue que je ne m'attendais pas à ce qu'il accompagne autant d'étapes du développement, alors vous comprenez bien que je n'ai pas fait de vagues. Je ne peux cependant pas dire que je trouve génial le titre qu'on m'a imposé : *Fidèles aux postes*. Mais je m'y fais. J'aime la série, alors j'endosse son titre. Je ne suis pas une fille difficile ; je me suis contentée d'ajouter des sous-titres !

Pour en finir avec les titres, on peut généralement conclure qu'un titre long qui raconte toute une histoire est imputable à l'auteur. Les producteurs recherchent le titre bref, distinct, «qui ne sera pas amputé dans les cases des téléhoraires». Les gérants d'artistes et les diffuseurs ont des échanges passionnants sur la valeur marchande du nom de Talent dans le titre de l'émission que Talent anime. Si le jeu vous amuse, voilà donc de petits indices.

On est loin de pages justificatives, pensez-vous ? Pas tant que ça. L'écriture, tenez-vous-le pour dit, est le tremplin de la télévision. Si le tremplin lâche, les plongeurs se cassent la gueule.

Sur ce grand chantier qu'est un plateau, n'importe qui détenant un petit pouvoir peut, sur un coup de tête, décider de mesurer son importance en exigeant un retrait ou un ajout qui risque de foutre en l'air la pyramide que l'équipe tient en équilibre précaire. Quand se lève ce genre d'orage, le scénario et l'enchaînement qu'il justifie aident tout le monde à garder le nord.

Le défi est parfois drôlement emballant. Mon dernier plaisir fou sur une production de variétés, je l'ai vécu à cause de Claude Blanchard, à son insu bien entendu. Un des techniciens au Palais des Congrès, le soir du gala en hommage à l'ancien danseur de claquettes des tournées Jean Grimaldi devenu superstar de cinéma et de télévision, s'est écrié, en voyant la liste des participants : «C'est débile, *man.*»

C'était, en effet, incroyablement débile. Tout à fait le contraire d'un appel d'offres. Une formule qui se rapproche de la collecte de fonds, que les analystes financiers et politiques sauraient mieux vous expliquer que moi. Monsieur Blanchard a mobilisé à lui tout seul autant de politiciens et d'artistes marquants de disciplines différentes que presque tous les galas annuels réunis. À quelques jours de l'événement, quand l'une de nos deux superenrôleuses de participants, Dyane Lessard et Denise Goulet, me lançait sur un ton de victoire : «Hé! Chose vient de confirmer qu'il sera là», je ne savais plus à quel saint me vouer. OK. Il ou elle va être là. Mais pour faire quoi? Pour dire quoi? Avec tant de grosses pointures, dans quel ordre établir le défilé sans heurter personne tout en gardant un bon rythme? Il faut composer avec les superstars qui veulent faire une surprise à Claude mais qui ne veulent pas vous dire de quoi ça retourne. Il faut trouver et intégrer des archives. Ça ne s'improvise pas, les amis. Faut un scénario serré pour que toutes les troupes sachent ce qu'elles ont à faire le jour J. Nous y sommes arrivés. À part quelques nonos qui ont décidé de rallonger leur intervention pour finalement se faire couper au montage, tout a baigné dans l'huile. Permettez-moi de vous dire que ce ne sont pas les budgets courants de la production privée, et encore moins ceux de la télévision d'État, qui auraient suffi à faire les frais d'un tel banquet! Je ne connais pas les chiffres, mais comme je vous le mentionnais plus tôt — le «talent», ça se paie. L'émission devait d'abord être diffusée sur les ondes de TQS. Le

16 janvier 2000, elle alla finalement chercher un million huit cent mille téléspectateurs sur les ondes de TVA. Et, mine de rien, si ce changement de cap ne s'était pas fait en catastrophe, toute une équipe de production engagée sur un «gros projet» se serait sans doute retrouvée le bec à l'eau. «Désolés, on n'a pas eu notre financement. On va essayer de vous dédommager pour le travail accompli, mais on vous promet rien. Faut qu'on parle au gérant de banque.» *Oh boy!*

Comme chant du cygne d'une *waitress* décidée à faire un pèlerinage vers des ailleurs plus proches de ses racines, je ne pouvais faire mieux que *L'hommage à Claude Blanchard.* C'était un sacré défi. Je l'ai scénarisé d'un bout à l'autre, bien que Fabienne Larouche et Luc Dionne aient écrit leurs propres boniments et que Denise Filiatrault ait gardé secrète, jusqu'à ce qu'elle monte sur scène, l'histoire de comment, au temps des cabarets, elle avait marché sur la rue Sainte-Catherine pour récupérer son auto après s'être fait déposer chez elle par un Blanchard qui lui était tombé dans l'œil. Autrement, c'est tellement moi la responsable du contenu que c'est votre *waitress* qu'on a appelée des gros cellulaires en pleine répétition, me sommant de me rendre sur le plateau pour encaisser le mécontentement de Ginette Reno quant à l'ordre de ses chansons. Ça aurait pu se faire en toute simplicité, mais il y a de nombreux avantages dans ce genre de situation à s'assurer que le blâme tombe sur quelqu'un dans les cuisines. «Excusez-moi, madame Reno. Vous avez tout à fait raison.» Ça m'a rien coûté : c'était vrai qu'elle avait raison. C'était d'autant plus facile à reconnaître qu'elle ouvrait et fermait le *show*! Je me demande encore pourquoi, vraiment, il a fallu que je me rende sur le plateau pour ça, alors que les mêmes décideurs ont essayé de me passer sous le nez d'autres changements qui auraient pu s'avérer désastreux. Ah ben! si la grande chum de Claude Blanchard n'avait pas eu besoin d'invectiver quelqu'un, je n'aurais pas pu réparer l'autre bobo. Il y a parfois une justice en ce bas monde.

J'ai de beaux souvenirs de ce gala trop grand et beau pour le courant froid qu'on sentait dans la salle. C'est là que j'ai embrassé l'ami Jean Besré sans savoir que ce serait la dernière fois. C'est là que j'ai encore frémi en entendant Claude Dubois faire ses adieux à la rue Sanguinet. C'est là que j'ai repensé à combien il faut d'êtres doués de toutes appartenances pour fabriquer une seule vedette. À la fin de la soirée, quand les gens se sont un peu dispersés, je me suis rapprochée de monsieur Blanchard et je lui ai demandé s'il aurait la gentillesse de signer mon programme. Il a fixé sur moi un regard sévère : « Tantôt. Je suis occupé, fille. » Pendant qu'il cherchait du regard quelqu'un d'important à qui serrer la main, je me suis effacée. Il était tard. J'étais fatiguée. Et c'est même pas la fois que j'ai eu l'air le plus fou.

Les belles compositions

C'est instructif de voyager dans l'autobus du *show-business*. Quand on le fait un peu sur le pouce, en route vers le pays intérieur qui nous appelle, on prend et on laisse, ouvrant ses sens et son intelligence au formidable divertissement. Pour ma part, touriste culturelle d'habitude, j'en ai profité pour gober tout ce que j'ai pu sur la quête artistique et sur les rouages fascinants de la machine qui la propulse en même temps qu'elle la broie. Ce que je sais de la grosse *business* que se veut être la télévision du troisième millénaire, c'est là que je l'ai appris. C'est pourquoi, en dépit du côté un peu frustrant des tâches à accomplir, j'ai adoré contribuer à façonner des émissions de variétés, même si je n'ai pas le naturel de groupie ou de cynique qui semble conditionnel pour y survivre. J'apprécie d'autant plus ce gagne-pain qu'en me permettant de boucler mes fins de mois il m'a facilité la poursuite de ma propre quête, ma quête d'auteure.

J'ai croisé, ces dernières années, nombre de jeunes bollés qui bossent un peu de la même manière dans les maisons de production et sur les plateaux. On leur fait faire mille choses pour un salaire strictement minimum et, comme ils sont doués, les patrons les gardent à la queue du rang dans l'espoir qu'ils ne s'évadent pas trop vite. Ils se débrouillent dans les filages des caméras et dans le ventre des ordinateurs comme

Jacques Languirand devant son micro, ils ont des idées plein la tête et font des films expérimentaux au lieu de dormir. Dès que l'occasion se présente, ils se faufilent là où le boulot promet de plus grands défis — à ne pas confondre avec les grosses pointures dégommées dont on lit un jour, dans un entrefilet, qu'elles ont quitté un poste pour «aller relever d'autres défis». Ces jeunes sont curieux, énergiques, remplis de confiance en l'avenir. S'ils restent tels qu'ils sont, dans dix ans, ils risquent de se faire traiter de *wannabe* par leurs contemporains qui n'auront jamais eu leur générosité. C'est au sein de cette génération montante que j'ai trouvé, en retournant à l'école, mes complices et mes amis, sans qui rien des quelque quarante heures d'émissions documentaires que j'ai données à la télévision depuis 1997 n'aurait été possible.

Pas tout à fait juste. Pour vous mettre dans le coup, il me faut vous raconter comment le bonheur m'est venu un beau matin du printemps de 1995, livraison spéciale d'un producteur. Eh oui! Je ne vous le cacherai pas, quand un producteur compose votre numéro sur son cellulaire pour demander un rendez-vous, qu'il consent à laisser un message même s'il tombe sur l'instant où vous n'êtes pas à regarder le téléphone en le sommant de sonner, ça remonte le moral. C'était encore vrai au printemps de 2003, en plein milieu de la crise existentielle qui m'a menée à rédiger ce carnet de notes. Mais en 1995, ça me semblait à la fois tout à fait naturel et délicieusement excitant. Naturel, parce que ce producteur faisait appel à mes années de métier, ce que personne n'avait encore remis en question. Excitant, parce que cette rencontre professionnelle me donnait la chance de poursuivre, dans le monde de la production privée, la passion à laquelle j'avais été initiée dans les bras de Radio-Québec et de Radio-Canada.

Le producteur en question savait d'où je venais. Sans suffisamment le connaître personnellement pour l'appeler Ti-Clin comme le font irrévérencieusement ses amis, je lui devais de belles expériences professionnelles à Radio-Québec, à CKAC et à Radio-Canada. Au moment qui nous concerne, le réalisateur que j'avais connu avait, depuis, fait ses classes en haut de l'échelle, dans la chaise qui confère le pouvoir de trancher, pour le meilleur et pour le pire, dans le destin des autres. Faisant preuve d'une honnêteté professionnelle rare, il voulait me relancer sur une idée que j'avais avancée quelques années auparavant, alors que nous faisions équipe à Radio-Canada sur l'émission anniversaire de *TV Hebdo, Trente ans de bon temps*. C'était l'idée de construire une série documentaire sur les grandes familles des médias québécois – les Grimaldi, les Tisseyre, les Deyglun, les Fournier, les Gélinas, les Payette, les Nadeau, les femmes et les enfants de Robert Gadouas, et ainsi de suite.

Je vous l'ai déjà avoué, j'écris compulsivement. La plupart du temps, c'est juste pour me débarrasser d'une idée qui me tire les frisons des méninges comme ma petite-fille me tire le fond de culotte quand elle veut que je fasse à sa tête. Mais il ne suffit pas de les jeter sur papier pour qu'elles vous lâchent. Les idées sont des aventurières au cœur libre qui frétillent d'envie de sortir du tiroir et de faire leur bout de chemin. Lâchée lousse, même la plus infime des idées a tendance à voir grand. Alors vous pensez bien, quand, dans le chic bistrot *Chez Julien*, un producteur a eu la témérité de me parler idées, elles se sont mises à galoper dans ma tête en faisant tellement de bruit que j'ai commandé un verre de vin rouge pour les apaiser un peu.

Heureusement, le producteur n'avait pas emmené sa propre horde. Il me l'annonça d'emblée, afin que je me sente bien à l'aise : «Moi, je suis producteur. Je ne suis pas là pour avoir des idées.» *Chin chin.* Moi, mon vin. Lui, son eau gazeuse. La plupart des producteurs ne consomment jamais d'alcool en compagnie de gens qui pourraient devenir leurs subalternes ou leurs supérieurs. J'en connais qui préfèrent dropper des pilules avec un verre de lait plutôt que d'arroser leur entrecôte d'une goutte de bourgogne. Ce qu'on ne ferait pas au nom de la rectitude, n'est-ce pas ? Enfin. Lorsqu'on devient *waiter* ou *waitress*, on finit par connaître la vraie nature des clients quand même.

Toujours est-il que les familles en elles-mêmes, ça ne m'intéressait plus beaucoup. L'angle nous reculait forcément aux portes d'une intimité qui serait ardue à briser et qui n'était pas nécessairement d'intérêt public. Si j'avais laissé errer ma réflexion dans cette direction-là, je me serais d'ailleurs vite avisée que la plupart de ces dynasties avaient leur propre maison de production et ne verraient aucun avantage à faire cadeau de leurs bijoux de famille à moi et à Ti-Clin. Mais je ne pensais pas encore à ces ramifications de la production privée. Simplement, l'idée (ça arrive) avait évolué et, en prenant un peu de maturité, s'était finalement mariée avec une autre idée qui se baladait dans les mêmes zones. Elles étaient faites l'une pour l'autre, et Ti-Clin et moi-même sommes devenus le parrain et la marraine de leur enfant : la série *Figures de proue.* Malheureusement, Ti-Clin n'a pu assister au baptême.

Ce lunch d'affaires de juin 1995 allait aussi sortir une autre idée de l'orphelinat. Celle-là, je l'avais trouvée toute pétante d'humour et de cynisme pendant que je faisais la recherche et l'écriture d'une série sur les cabarets qui, après plusieurs moutures, allait devenir la série à saveur anthologique la plus prisée des jeunes années de Canal D : *Les oiseaux de nuit* (500 000 téléspectateurs lors des premières diffusions à l'automne 1997 ; 452 000 lors des reprises en janvier 1998). Elle m'est venue d'un vieux reporter haut en couleur nommé Jacques Trépanier qui, tout en me racontant le quotidien à la fois trépidant et sordide des cabarets qu'il avait rapporté dans *La Patrie* et je ne sais plus quels journaux du temps, revenait constamment à ses histoires de reportages de guerre et surtout aux *scoops* qu'il trouvait dans les ports avant que ces portes d'entrée sur Québec et Montréal cèdent leur position stratégique de plaque tournante aux aéroports.

Ça faisait longtemps que je m'intéressais au rôle des journalistes de combat dans l'évolution du Québec, mais monsieur Trépanier m'a allumée sur le piquant de la routine des journalistes sans prétention qui avaient fouiné partout, déterrant ici et là des histoires qui composent, en bout de ligne, la fibre d'une société. Ayant eu tout le loisir d'observer cette faune bigarrée d'ego, d'originaux et de détraqués que pouvait représenter une salle de rédaction avant l'ère de la syndicalisation quand j'ai fait mon école de journalisme au *Montreal Star*, j'ai commencé à écrire dans la solitude de mon bureau un projet que j'appelais *Les scribes de la Belle Époque*. Grâce à Ti-Clin, et au grand dam des décideurs de RDI qui auraient bien aimé que ce ne soit pas une *nobody* (je cite) comme moi qui ait eu cette idée, j'ai pu donner la parole au vieux loup Trépanier et soutirer en prime des souvenirs des vigoureux retraités Gérard Filion, Jean-Louis Gagnon et son épouse Hélène Jobidon, Joseph Bourdon, Renaude Lapointe, le pionnier du reportage sportif Marcel Desjardins et son élève André Trudelle, Cécile Brosseau, Andrée Gauthier de Rimouski, l'indomptable Léopold Lizotte, le doyen Fulgence Charpentier et la bambine Françoise Côté, âgée d'à peine soixante-quinze ans. Treize émissions d'une demi-heure qui constituent de belles pages de petite et de grande histoire, présentées sous le titre *Vocation : journaliste*. Le premier épisode, avec la complicité de sa biographe Hélène Pelletier-Baillargeon, fut consacré au journaliste de combat et maître à penser des journalistes de la Révolution tranquille Olivar Asselin. Il s'agissait d'une très timide ébauche d'un parcours fascinant que madame Pelletier-Baillargeon a continué de retracer et qui mériterait d'être portée à l'écran sous forme de saga. Si vous avez raté la série *Vocation : journaliste*, malgré quelques comptes rendus assez accrocheurs de la part des scribes des années 1990, y a pas de faute! RDI l'a diffusée le plus discrètement possible à l'été 1998. Le bruit a couru un temps qu'on ferait une suite, cette fois avec des *somebody*, mais ça peut s'avérer délicat, n'est-ce pas? Des idées moins bien cernées se transplantent mieux.

Qu'importe. Les journalistes, c'est juste une parenthèse. *Figures de proue*, c'est un livre encore ouvert que j'ai abandonné à la page où le poignard m'a traversé le cœur.

Le début de l'histoire m'a pourtant tenue en haleine durant des années. Elle tourne autour des bâtisseurs de notre âme québécoise, ceux d'aujourd'hui et ceux d'hier, qui savent d'instinct comment amener le grand public sur le terrain de l'inédit et de la découverte, ces irrésistibles fous qui baragouinent, patentent, inventent, font les quatre cents coups pour défoncer les portes et imposer de nouveaux courants.

J'avais observé que notre télévision faisait facilement fi, à cette époque où le rétro n'avait pas encore semé l'écœurantite aiguë, du fait que les pionniers à qui la relève levait le chapeau au hasard des galas avaient souvent mérité cet hommage trop d'années après s'être usés sur des routes cahoteuses où il fallait payer son voyage en mangeant autant de claques sur la gueule que de tartes à la crème. Par ailleurs, je trouvais qu'il y avait quelque chose de rafraîchissant, dans la solennité pompeuse du gala des prix du Gouverneur général pour les arts de la scène, par exemple, à savourer la photo délavée d'un Jean Papineau-Couture sur la pointe des pieds, agrippé au dossier d'une chaise, les fesses révélées au-dessus d'une couche accrochée sur ses rotules. Les grands personnages ont été des bébés et ils seront un jour un nom gravé sur la tête d'un lit perdu dans une enfilade de lits d'où les dormeurs ne sortent jamais. J'ai donc imaginé la série *Figures de proue* pour ramener les chefs de file à l'origine de leurs accomplissements. Quel don inné les avait menés là où ils ont touché la collectivité ? Bien sûr, la réponse à mes questions passait par des notes biographiques, mais l'intention était de retrouver la vitalité, à travers ces expériences diverses, des combats et des idéaux qui ont solidement assis l'expression créatrice québécoise dans son autonomie.

Ti-Clin a présenté au Canal D ma liste de personnalités pressenties. Six mois plus tard, les décideurs voulaient une émission pilote, mais pas à partir du seul scénario complet soumis. Ils ont plutôt pigé le sujet parmi les noms que j'avais inscrits dans la deuxième génération, pour une deuxième série, si jamais la première gagnait la faveur des téléspectateurs. Il s'agissait de Jacques Normand. Je connaissais bien l'homme. Mon ami, le journaliste Jean-V. Dufresne, m'avait ni plus ni moins que jetée dans ses bras lorsque j'étais débutante à Montréal. Durant les années où la vie m'a menée de vingt à trente ans, Jacques Normand, sans jamais demander quoi que ce soit en retour, m'a prise sous son aile, m'invitant à l'accompagner au *Castel du roi*, au *Vieux Saint-Vincent* ou au *Script*, le temps d'un repas au cours duquel toute sorte de monde défilait à sa table pour le saluer et jaser un brin. Je me rends compte, en rétrospective, que sa bonté lui permettait aussi de combler une certaine solitude. Mais je me rends compte aussi que Normand faisait pour moi et sans doute pour beaucoup d'autres ce que Mimi d'Estée et Henry Deyglun avaient fait pour lui, ce que Guy Mauffette a fait pour Félix Leclerc, ce que Vic Vogel fait encore pour un tas de musiciens : il offrait sa protection à une recrue du milieu qui avait beaucoup de choses à apprendre à l'école de la rue.

J'ai écrit, selon mon habitude, à monsieur Normand, sans faire allusion au fait que j'avais été une de ses escortes d'un temps révolu. Entre-temps, j'avais approfondi ma recherche et produit un premier scénario. En recevant la lettre, il m'appela : «J'aimerais ça, mais je ne peux pas. J'ai signé en exclusivité avec une autre maison de production.» Bienvenue au monde de la production privée. Les heureux détenteurs du contrat, apprenant que Canal D s'intéressait à un documentaire sur la vie du petit Chouinard de Québec qui aimait tant les nuits de Montréal, se sont empressés d'ajouter ce volet à leurs intentions de livre et de série dramatisée. De telle sorte que, pour consoler un peu Ti-Clin et se montrer polis, sans attentes particulières, les diffuseurs m'ont permis de tenter ma chance avec la figure de proue qui se trouvait en haut de ma liste depuis qu'il m'avait accordé une entrevue sur les tournées de Willie Lamothe et de Rita Germain, Jean Grimaldi.

Le snoreau de Corse, qui était déjà presque centenaire, était arrivé au Canada avec les valises d'un chanteur de charme. Il avait exploré le Québec profond dans la voiture de la superstar Mary Travers dite La Bolduc, avait suivi des cours intensifs et intenses de théâtre populaire avec la Poune sur les planches du National, pour finalement devenir un impresario et producteur puissant dans un commerce dont l'origine remonte à la nuit des temps, au septième jour où Dieu mixa le burlesque et le tragique pour créer l'homme. L'école Grimaldi n'a fermé ses portes que très récemment, quand Gilles Latulippe a laissé s'éteindre en douceur le Théâtre des variétés peu après son trentième anniversaire.

J'aimerais aujourd'hui retoucher le documentaire *Jean Grimaldi, figure de proue*, en faire une version révisée comme les Américains le font régulièrement sur A&E et comme Pierre Marchand et son équipe interne affectée aux musicographies peuvent se permettre de le faire à MusiMax. Mais j'en reste fière malgré ses lacunes. C'est un documentaire qui a cassé la glace, qui a ouvert une voie.

Ils sont trop meurtris pour que je puisse vous transmettre avec acuité les bonheurs que j'ai éprouvés à faire la série que le pilote mettant en vedette monsieur Grimaldi a débloquée. Et oui, j'utilise le mot *faire*, auquel Paul Cauchon a réussi, au lancement de ladite série, à donner un sens péjoratif (« Carmel Dumas avait aussi l'intention de "faire" Monique Leyrac... »). Dans mon interprétation personnelle, il s'agit plutôt de « faire » des émissions comme on « fait » un enfant. Avec beaucoup d'amour. En partageant le beau risque dans le lit d'un partenaire digne de confiance. En acceptant que, lorsqu'on aura mis l'enfant au monde, il sera happé par son propre destin dont on ne peut présumer qu'il sera heureux malgré tous les espoirs qu'on y a liés dès que l'idée d'avoir un enfant s'est glissée en nous.

Quel boulot, les amis ! Quand Ti-Clin m'a dit : « Ça y est ! » j'ai paniqué. Car il ne faut pas oublier cette particularité des idées : C'est une chose de les exprimer et c'en est une tout autre que de les sortir de l'abstrait pour les mouler dans le concret. Seule dans mon bureau, laissez-moi vous dire que je me suis sentie pas mal toute nue avec mon idée. « Qu'est-ce qui t'a pris, Dumas ? Comment tu vas « faire » maintenant ? Allez, ma vieille, tu l'as voulu, tu l'as eu, ton beau grand défi d'amour. »

Je me suis lancée dans la correspondance. « Chère madame, cher monsieur, j'aimerais raconter votre histoire, rappeler au Québec pourquoi, à un moment ou un autre, votre nom a été sur toutes les lèvres, ce qui fait qu'aujourd'hui vos détracteurs comme vos admirateurs vous vouent respect et reconnaissance. » *Grosso modo*. Le professionnalisme de ces gens ne s'étant jamais démenti, les rappels pour accepter ou décliner l'invitation ne se sont pas fait attendre. Parfois, j'ai dû me tourner vers les héritiers. Ce fut le cas pour Ovila Légaré ainsi que pour Doris Lussier, déjà parti, comme il l'a fait inscrire sur sa pierre tombale, « voir si mon âme est immortelle ». Mimi d'Estée, Janine Sutto et leurs clans ont mis tout leur cœur à rendre justice à leur homme disparu, l'auteur-acteur Henry Deyglun, père de Serge, de Mireille, de Catherine et de Micheline. Michèle Tisseyre a partagé ses souvenirs de son Pierre, réunissant à l'écran l'histoire de la première animatrice de talk-show de notre télé et du père de l'édition québécoise. La grande dame de la chanson Lucile Dumont, notre première vedette country (par opposition à *western*) Bobby Hachey, le jazzman né de la cuisse des *big bands* Vic Vogel, le fantaisiste et redoutable homme-orchestre Paul Buissonneau, le libraire mentor des intellectuels fiévreux Henri Tranquille, l'homme de théâtre qui deviendra le fantôme de la radio Jacques Languirand — tous ces monuments ont accepté en toute simplicité de se livrer avec un souci de l'authenticité dont les effluves me consolent encore des déceptions que cette série a laissées dans son sillage.

Pour ma part, durant un an, j'ai travaillé dix-sept heures par jour sept jours par semaine, jetant dans la marmite toute l'information accumulée durant un quart de siècle de reportages en milieu culturel, retournant aux sources des archives pour vérifier les faits et pour recueillir les images «qui valent mille mots», construisant les scénarios en même temps que je menais la recherche et les entrevues, mon rôle d'auteure se nourrissant à même mes provisions de journaliste. Une méthode classique, qui consiste à étoffer son information par des témoignages afin d'arriver à écrire un article de fond ou livrer un reportage solide. En prime vient le droit à la touche plus personnelle que permet l'écriture finale de la narration, en autant que l'on aborde ce polissage en auteur plutôt qu'en «boucheur» de trous. La générosité des figures de proue et des témoins de leur œuvre n'a d'égale que la peine que j'ai d'en avoir déçu quelques-uns qui espéraient un plus grand rayonnement, qui voyaient dans l'aventure une façon de ressusciter le passé, qui ont mal digéré une ride trop visible, un écart de jeunesse ramené sur le tapis, un témoignage venant d'une personne qui avait laissé des plaies ouvertes.

Ça me fait sourire lorsque j'entends Christiane Charette décrier «l'artifice du montage» et prêcher en faveur de ce dans quoi elle excelle : l'entrevue en direct. Il est facile d'argumenter exactement le contraire de ce qu'elle prône. Rien n'est plus artificiel que la télévision en direct. Les gens ne sont pas dans leur cadre naturel, sauf ces drôles de bêtes qui ne semblent vivre que pour l'œil de la caméra.

Le direct, c'est ce qu'il y a de grisant dans toute performance, et lorsqu'un invité de taille se mesure à un animateur puissant, le spectacle dans le salon chauffe les sangs comme le faisaient, dans les villages, les batailles de coqs et les corridas. Le pouvoir de l'animateur dans le direct est palpable. Ce qui ne veut pas dire qu'il n'y a pas de direct dans le documentaire, où l'on peut aller chercher des réponses tout en jasant, sans soumettre l'invité aux questions qui servent souvent plus l'image de l'animateur que la vraie nature de ses faire-valoir. Lorsque le documentariste fréquente et apprivoise ceux et celles à qui il donne la parole, lorsqu'il s'efface du portrait pour construire en salle de montage la trame de l'histoire qu'ils se sont donné ensemble la mission de raconter, il se peut aussi qu'il élimine l'artifice ou l'erreur que l'on pourrait qualifier de typographique dans l'espoir de rendre le propos plus juste, plus fidèle à la pensée des intervenants qu'une réponse arrachée sur le vif, sous l'effet de la surprise, de l'inattendu. Je ne nie pas que le couperet du monteur peut aussi interrompre brutalement le fil d'une pensée, dénaturer un propos, lui enlever sa tête pour ne laisser voir que des pieds et des mains qui s'agitent dans le vide. C'est dans la vérité qui transpire de chacune de leurs œuvres qu'on reconnaît l'équilibre que les différents artisans de la programmation télévisuelle recherchent entre le vrai et le faux, le naturel et l'étudié.

Ce que les Christiane Charette apportent d'inestimable aux auteurs et documentalistes, ce sont des banques de recherche sur la nature humaine et des archives pour l'histoire à écrire demain. Dans vingt, trente ans, ou devrais-je dire dans deux tellement nous épuisons vite notre carnet de vedettes, les entrevues en direct de Christiane Charette, de Richard Martineau, de l'ineffable Marc Labrèche, de Paul Arcand et de toutes les étoiles de la réplique sur le vif permettront aux documentalistes de retrouver dans ce bazar de coups d'éclat un petit filon de vraisemblance comme me l'ont permis, au cours de mes recherches des dernières années, Jean-Pierre Coallier, Lise Payette, Jacques Boulanger, l'équipe d'*Aujourd'hui* et de *Carrefour*, et ainsi de suite. Pour ramener, dans quelques décennies, qui était Pierre Falardeau pour ses contemporains, par exemple, il faudra qu'un documentaliste fasse la part des choses entre l'enragé des tribunes politiques, le lumineux du *Plaisir croît avec l'usage* et l'invisible, qui imprègne sans conteste sa signature à mille pattes sur *Pea soup*, *Le party*, *Elvis Graton*, les boxeurs, les Patriotes.

Ce sera compliqué. Qui détient les droits sur tous ces éléments disparates? Entre le jour où j'ai commencé à ratisser les archives de Radio-Canada et de l'ONF pour placer les fondements de la série *Figures de proue* et aujourd'hui, la production privée a fait éclater le système de sécurité qui faisait de nos grandes institutions publiques les gardiennes de notre mémoire. Il y a eu tellement d'abus, parfois commis inconsciemment mais la plupart du temps en pleine connaissance de cause, que nous sommes inexorablement dirigés vers l'éparpillement et la vente aux enchères des réserves de banques audiovisuelles. Je laisse aux détenteurs de pouvoir le déblayage de ce terrain miné. J'ai donné. Je ne voudrais pas, pour tout l'or du monde, me retrouver à négocier avec des descendants avides, des veuves qui veulent refaire l'image de leur mariage en marchandant leur version de la vie de leur courailleux de superstar de mari, des maisons de production qui ont vendu leur inventaire ou racheté celui de leurs concurrents et qui abordent l'échange de matériel avec des ambitions de Steven Spielberg.

Figures de proue a pris forme avant que tous les producteurs privés se mettent à courir les bouts d'archives comme des prospecteurs découvrant après tout le monde le Klondyke. Avant que les artistes et les personnalités constatent que de confier l'histoire de leur vie à Canal D n'apporte pas l'estime et les petits velours qui accompagnaient traditionnellement le même exercice dans le cadre des *Beaux dimanches* à Radio-Canada. Je ne soupçonnais rien de ce dérapage moi non plus. Je l'ai mesuré dans toute sa cruauté quand mon parcours a croisé celui du grand artiste de music-hall Guilda, maître travesti. Je vous en reparlerai.

Lorsque Ti-Clin a déposé mon projet sur le bureau de la directrice des programmes de Canal D, Andréanne Bournival, je croyais comme bien du monde que ce réseau spécialisé était voué au documentaire artistique et culturel. Sur un contrat datant de la même époque pour l'émission pilote avec le chansonnier Claude Gauthier qui marque les premiers balbutiements de la grande série *Mémoire des boîtes à chanson*, il est d'ailleurs précisé que l'œuvre est destinée au Canal Arts et Divertissement. Dans ma tête heureuse, Canal D engendrait des fantasmes de télévision haut de gamme. *Les beaux dimanches* tous les jours. Le côté pur et dur du diffuseur était confirmé par le fait que les émissions n'étaient pas interrompues par des pauses publicitaires. Le paradis télévisuel.

Levez la main ceux qui ont connu les années où les artisans de la télévision ronflaient sur les mots *documentaire de l'ONF*, ne voulant pas admettre qu'un document sortant de la Côte-de-Liesse puisse échapper à la platitude. Platitude étant, dans ce contexte, synonyme de «lent et existentiel». Même si vous êtes trop jeunes pour en avoir été témoins personnellement, je sais que ça n'a pas échappé à vos connaissances de base. Blague, cliché, médisance d'envieux. Qu'importe, le préjugé a perduré longtemps.

Reste que la parenté du mot *documentaire* est attribuée au fondateur de l'ONF, John Grierson, lequel était britannique, anglophone et anglophile, ce qui nous porte à croire que d'autres ont décidé que *documentary* deviendrait en français «documentaire». Tout ça s'est déroulé à peu près au moment où l'ONF fournissait des reportages de nouvelles aux salles de cinéma et fabriquait des films de propagande pour les Alliés. Au moment où la radio de Radio-Canada a dû créer sa salle de nouvelles et son service de l'information pour jouer elle aussi son rôle clé dans la guerre.

L'école de pensée qui a mis de l'avant, après la guerre, le documentaire onéfien classique, se démarquait des devoirs imposés par Ottawa en ce qu'elle exigeait d'emblée que l'auteur apporte à son œuvre une vision personnelle, un point de vue différent, une qualité de combat et de réflexion. Cette tradition place depuis toujours l'auteur de documentaires devant le défi de rendre sa subjectivité enrichissante pour celle des autres, par conséquent légitime face à l'objectivité des critiques et des bailleurs de fonds. Ce n'est pas la mentalité qui a façonné la télévision, car lorsque la télévision est arrivée — en 1952, ne l'oublions pas — Ottawa avait appris la leçon. Certains décideurs étaient convaincus que le documentaire n'était qu'une invention pour permettre aux enfants chéris de Grierson d'échapper à la corvée des commandites. Subrepticement, la subjectivité éclairée est donc devenue l'apanage des cinéastes de l'ONF. En contrepartie, l'objectivité est devenue le mot d'ordre au cénacle de l'information de Radio-Canada. Les purs et durs des deux camps ont tenu bon et défendent à ce jour leurs positions. Les documentaristes issus de l'école du cinéma sont restés des soldats par définition, même lorsqu'ils se battent pour la paix comme le militant Martin Duckworth (nommé artiste québécois pour la paix 2002, un titre créé au tournant des années 1980 par Gilles Vigneault et Antonine Maillet), caméraman et réalisateur émérite, peut-être le dernier des maîtres du genre, et certainement celui de la génération hybride (journalistes/documenta-ristes) de Magnus avec lequel il travaille souvent.

Il n'y a plus de réalisateurs permanents à l'ONF. Le documentaire, c'était le dernier des bastions de cette grande école qui a aussi formé nos cinéastes de fiction et d'animation. Tous ces cinéastes occupant le territoire documentaire se retrouvent donc, eux aussi, aux crochets de la production privée télévisuelle pour survivre. Il n'est pas étonnant d'en trouver bon nombre aux portes des canaux spécialisés comme des diffuseurs publics à réclamer des droits d'aînesse.

Et pourtant, la tradition du documentaire pour la télévision a l'âge de la télévision elle-même et occupe toujours sa place de choix en zone libre. Elle porte, dans ce média, le nom de dossier, d'émission spéciale ou de grand reportage et fait résonner dans les corridors de la conscience collective les noms de René Lévesque, Judith Jasmin, Andréanne Lafond, Gil Courtemanche, Simon Durivage, Pierre Nadeau, Jean-François Lépine, Céline Galipeau, Jocelyne Cazin et autres. Une loi non écrite exige que l'auteur de ces documents apporte à l'œuvre toute la compétence de sa vision personnelle en la mesurant constamment aux doutes et aux questionnements qu'engendre, chez l'être intelligent, le conflit intérieur qui oppose ce qu'il croit être objectif et ce qu'il sait être subjectif. Ça ne veut pas nécessairement dire niveler par le bas, et ça laisse une marge de manœuvre au public qui préfère réfléchir à un sujet tout en gardant ses distances. À ne pas confondre avec les *clips* de nouvelles. À ne pas confondre non plus avec la vitrine que la télévision concède depuis fort longtemps aux œuvres qui sont nées au pays, plus individualiste, du cinéma.

À mes yeux, c'est dans ce genre de télévision que le projet *Figures de proue* me permettait de replonger corps et âme. Le genre de télévision que je faisais dans les années 1980 avec le réalisateur André Caron pour les grands dossiers à Radio-Québec et avec les réalisateurs Franck Duval et Pierre Duceppe au sein de l'équipe de *Femmes d'aujourd'hui*. Nos documents étaient tournés en film, habituellement en 16, mais quelquefois en 35 millimètres. Ils mettaient en scène du vrai monde ou des vedettes, ils racontaient des histoires, brassaient la cage, remuaient les émotions. Notre mentalité de travail différait de celle qui animait les studios. Sur le terrain et en salle de montage, nous avions une relation professionnelle plus intime, laquelle respectait la symbiose entre invités, auteur, réalisateur et monteur, favorisant l'échange d'opinions et d'idées. Les équipes embarquaient avec nous pour mieux nous aimer ou nous haïr.

Dans ma démarche d'auteure ayant eu la chance de se faire accorder un peu de laisse par ses employeurs à Radio-Canada, je me sentais, en 1996, prête à passer officiellement à cette étape à laquelle j'avais été initiée dans le reportage journalistique : la réalisation. Une série, ça commande un engagement à long terme, ça permet, sur le plan pratique, d'aligner ses flûtes et, sur le plan de la créativité, de nourrir chaque épisode de la recherche dans son ensemble. Je me voyais avec une équipe, installée dans une certaine continuité. La vie rêvée, que je vous dis. Lors de nos premières rencontres, Ti-Clin m'avait sorti une phrase que j'allais entendre assez souvent pour finalement en saisir toutes les subtilités : « J'ai pas de problème avec ça. » Oh *boy* !

Au lendemain de la conférence de presse marquant le lancement officiel de la série que Ti-Clin avait mise sur les rails, le titre du compte rendu de Paul Cauchon dans *Le Devoir* (vous appréciez, j'espère, que votre *waitress* soit une lectrice assidue du journal d'Henri Bourassa sauvé des eaux par Pierre Péladeau et Lise Bissonnette) m'a aidée à comprendre dans quel imbroglio j'avais abouti. *Virage « vie » à Canal D.*

Ce virage vie, il m'a semé la mort dans l'âme car, deux semaines avant la diffusion, trois ans de travail d'auteur étaient flushés en même temps que le titre qui accompagnait le projet depuis sa naissance. On m'avait tenu la carotte au bout du nez jusqu'à ce que je finisse le dernier des onze épisodes. Seule à faire la recherche, le contact avec les invités, les entrevues, la planification des tournages, le découpage de tout le matériel sur papier, la réalisation du montage hors-ligne de huit des dix documents, l'écriture des narrations. Puis, un beau matin, le carton d'invitation : «Collection de biographies québécoises. Une invitation dans l'univers fascinant de personnalités marquantes. Andréanne Bournival, vice-présidente programmation à Canal D, Jacques W. Lina, producteur exécutif aux Productions Carrefour, et leurs équipes, sont heureux de vous inviter au visionnement de presse d'une Collection de biographies québécoises le jeudi 26 février au Salon Rouge du Monument-National.» J'aurais dû être reconnaissante d'être invitée : le réalisateur et son équipe technique de Cogeco Radio-Télévision à Trois-Rivières ne l'étaient pas. Je m'y suis rendue directement en sortant d'une opération à l'œil sans doute rendue nécessaire par l'épuisement total dans lequel cette production m'avait fait sombrer.

Dans le fouillis d'émotions qui s'est alors installé en permanence dans mes nuits blanches, je n'ai pas réfléchi à ce que ce fichu «virage vie» signifiait aussi pour mes collègues, pour tous les auteurs désireux de faire des documentaires pour la télévision dans le contexte de la production privée, où il faut porter son projet à bout de bras dans une jungle d'intervenants qui ont tous, eux aussi, une signature à imposer pour que quelqu'un appose la sienne sur leur chèque de paie. Et il y avait plus encore. À cette même conférence de presse, il fut annoncé que Canal D avait demandé au CRTC l'autorisation de diffuser des publicités.

Depuis, ça dégénère. En juin 2000, Paul Cauchon dans *Le Devoir* et Luc Perreault dans *La Presse* faisaient écho à un rapport commandé par les organisateurs des *Rencontres internationales du documentaire de Montréal* à Michel Houle, qui avait déjà signé en 1987 *L'étude sur la production documentaire indépendante de langue française au Québec 1978-1987*. Le rapport de l'an 2000, qu'Houle a rédigé avec l'assistance de Kirwan Cox et de Susan Brinton, portait sur la place publique les inquiétudes du milieu face à ce qu'on pourrait appeler la «vulgarisation» du documentaire, une tendance qui met tout particulièrement en péril l'œuvre unique long-métrage. «Le long-métrage documentaire occupe aujourd'hui moins de 1 % du total des productions documentaires...»

Les journalistes couvrant la publication du rapport citent le journaliste Magnus Isaacson devenu réalisateur de documentaires d'auteur, dont *Opération salami, Un syndicat avec ça?* et *Enfants de chœur*: «Il y a une tradition de films d'auteur, souvent avec un propos social ou politique, qui se perd, au bénéfice de séries et d'émissions plus courtes et plus *fast food*.»

L'expression-choc *fast food* allait s'avérer aussi efficace qu'un slogan, son sensationnalisme créant, dans le milieu de la production documentaire, des remous comparables au désormais célèbre «Ils sont tous des morons» de Fabienne Larouche dans le milieu de la production dramatique.

Entre-temps, me gardant à jour sur ces débats qui remettaient en question toute mon existence professionnelle, j'ai continué d'écrire et de réaliser des documentaires destinés au réseau Astral. J'ai pris beaucoup de métier et j'ai croisé encore d'autres êtres d'exception qui avaient des richesses à partager avec les spectateurs du petit écran. J'ai fréquenté d'autres producteurs, d'autres maisons de production. Me rangeant raisonnablement sous la bannière du réseau, j'ai ajouté Jehane Benoît, Jeanne d'Arc Charlebois, Johnny Farago, Georges Guétary, Ti-Blanc Richard, Gérard Thibault et Serge Savard à la «collection» de biographies qui ont fidélisé les téléspectateurs à Canal D. On m'a confié, en cours de route, des émissions *Hors Série* inspirées par Gilles Latulippe, dont l'histoire des trente ans du Théâtre des variétés, mais surtout celle de Guilda. Depuis qu'on avait commis la série *Les oiseaux de nuit*, j'avais répété à tous les producteurs susceptibles de faire un suivi que je ferais des bassesses pour décrocher le privilège de revoir le parcours de Jean Guilda dans un documentaire. On m'a entendue. On m'a comblée.

Quand j'ai appelé Jean Guilda pour une première rencontre, il m'a dit, après plusieurs secondes de silence : «Je croyais que c'était tombé à l'eau. Je suis content que ce soit une femme.» Oh combien j'ai aimé travailler avec Guilda ! Avec les deux Guilda. Si je suis déterminée à poursuivre mes études, c'est beaucoup à cause de ce que je n'ai pas été capable de pousser plus loin avec cet artiste d'une lignée presque disparue qui influence pourtant les courants contemporains. Quand cette impuissance s'est reproduite vis-à-vis des protagonistes de *Fougues gaspésiennes*, j'ai constaté que je n'avais plus le choix. C'est là que j'ai commencé à fouetter ma peur, tout en terminant une dernière série documentaire qui a fait battre mon cœur, *Fidèles aux postes*. Démarrée pour Canal D, la série s'est finalement retrouvée dans la programmation d'Historia, à cause du repositionnement des canaux à l'intérieur du réseau Astral. Je ne sais pas quelle vie l'auditoire lui réserve mais, pour moi, elle boucle en beauté un cycle majeur. Ce qui me permet de vous mettre au parfum de comment ça se passe, la vie d'une auteure de documentaires issue de la culture télévisuelle, perdue sur un radeau au beau milieu des guerres où la production privée se fait tirer dessus de tous bords tous côtés, tandis que s'entre-déchire une population complète de créateurs désespérés.

Reality show

Mesdames et messieurs, je vous invite à me suivre. Les producteurs et les diffuseurs, je sais que vous êtes en réunion, mais n'auriez-vous pas deux minutes? Il est notoire que bon nombre d'entre vous n'avez jamais l'occasion de mettre les pieds dans la cuisine, n'avez jamais la chance de serrer la main à nos invités. Venez. N'ayez pas peur. Toi aussi, Magnus, tu peux venir voir comment ça se prépare, du «*fast food*».

Pour ceux qui s'intéressent aux insectes, c'est le laboratoire d'à côté. Si ce sont les automobiles qui vous font bander, vous pouvez rejoindre les prototypes des études de marché dans le garage. Pour apprécier un autre épisode de l'inépuisable comédie humaine, vous êtes à la bonne adresse. Superperformants, n'hésitez pas. Mettez ce petit détour dans la colonne *quality time*, une case horaire inventée par vos meilleurs commanditaires. Traduction libre : temps alloué aux relations privilégiées.

Pour vous mettre dans l'ambiance, dites-vous que le client attend. Il va payer lorsqu'il aura consommé. N'oubliez pas : Le client a toujours raison. *Money talks, dear. Oh! how money talks.* Si vous ne comprenez pas ce langage, il se peut que vous soyez né pour un petit pain. Pas grave. Ici, on parle français. Nous sommes fiers de servir le grand public, le monde ordinaire est le bienvenu. Si vous avez des goûts particuliers, des spécialités préférées, nous nous efforcerons de vous satisfaire. Nous avons un menu de base et un menu à la carte.

Je franchis maintenant avec vous les portes battantes qui mènent à la cuisine. J'ai une commande à remplir. Elle m'a été transmise par le maître d'hôtel, en l'occurrence mon producteur du jour. Tout à l'heure, avec le client, il était tout mielleux, il lançait des blagues niaises qui rebondissaient dans le vide de la conversation comme des balles perdues. Avec moi, il a été sec, expéditif. Faut pas lui en vouloir, il a les nerfs à vif. Le client a des parts dans le resto. Lorsque le maître d'hôtel lui a tendu le menu, on aurait dit qu'il s'était fait tout à coup plus grand, plus imposant. Il a pris le temps de se redresser sur sa chaise et d'ajuster ses lunettes avant de commencer à lire. Il a quelques fois froncé les sourcils, posé une ou deux questions pointues. On sentait que son choix était déjà arrêté, mais il a quand même feint de s'intéresser au soin que nous mettons dans la présentation de nos spécialités.

De mon point de vue, je voyais bien que le maître d'hôtel se tordait la queue-de-pie, mais j'avoue qu'il a gardé bonne contenance. Il a bien déballé son boniment : « Permettez que je vous fasse quelques propositions ? Nous nous sommes mis au goût du jour, nous suivons de près les nouvelles tendances. Nous avons découvert des produits du terroir pas mal intéressants. Excellente qualité, pas trop chers. Jetez un coup d'œil aussi sur nos petits luxes... Nous avons une entente exclusive avec le fournisseur. Des valeurs sûres. »

Le client a esquissé un sourire compatissant, a regardé sa montre. « J'aimerais passer ma commande. Je suis un peu pressé. » Dit sur un ton désincarné, neutre. J'ai eu l'impression que le client avait fait un stage chez Dale Carnegie ou dans une école plus moderne de bienséance, où des spécialistes du prototype vous communiquent des trucs pour être polis avec les gens sans laisser deviner vos émotions. Le maître d'hôtel, tout rouge, a griffonné les détails sur la page toute blanche de son carnet. C'est ce qu'il vient de me refiler. Il est désolé : il n'arrive pas à se relire mais, *grosso modo*, il m'a expliqué ce qui ferait plaisir au client. C'est presque le plat qu'on lui avait proposé. Il souhaiterait juste qu'on ajoute un peu de ci et qu'on enlève un peu de ça.

Étant donné que cette œuvre n'en est pas une de fiction, je vais vous conter en mes mots bien ordinaires comment ça se passe pour une fille qui écrit et réalise des émissions qui se sont retrouvées, ces dernières années, principalement dans la programmation de Canal D, mais aussi de TVA, de TV5, de RDI, d'ARTV, d'Historia et de Télé-Québec. Pour ne pas froisser indûment des gens que j'apprécie beaucoup sur le plan humain, qui se débrouillent comme ils le peuvent avec leurs propres problèmes et qui représentent un maillon essentiel de la chaîne professionnelle qui nous lie tous, je m'astreindrai dans ce chapitre à brosser un tableau général qui reflète les pratiques courantes mais qui ne détaille pas les modes de fonctionnement de boîtes spécifiques.

Inutile de se montrer dédaigneux envers la notion de commande. Il faut regarder cette réalité en pleine face. Même s'il s'agit de ce qu'on appelle un « projet soumis », du moment que ce projet est endossé par un diffuseur, les tables tournent. Car s'il n'y a point de salut pour l'auteur sans producteur, il n'y en a pas plus pour le producteur sans diffuseur. Pas de licence de diffuseur, pas de première mise de fonds permettant d'aller compléter son budget aux autres guichets. Lorsque je me suis embarquée sur la galère de Ti-Clin, j'ignorais tout de ce casse-tête. La « transparence » des producteurs se sentant pénalisés par l'affaire Cinar m'a permis, depuis, d'en entendre mon soûl. Le *reality show* que je vous propose commence donc le jour où le producteur a signé une entente avec un diffuseur. De son côté, l'heureux élu met immédiatement en branle la machine de demandes de crédit d'impôt et tout le tralala. On verra s'il a du succès dans ses affaires, il se peut encore que tout tombe à l'eau, mais il faut commencer « d'y penser » quand même.

Penser. C'est ma job. Au moment où débute le *reality show*, je me trouve dans l'une ou l'autre de deux situations. Dans celle qui m'est la plus familière, j'ai déjà pensé beaucoup à l'œuvre en devenir. C'est même moi qui suis allée la proposer au producteur. Ou alors, le producteur a eu l'idée de « faire quelque chose sur », il m'a demandé d'y penser (!) un peu. Je ne reviendrai pas sur les deux petites pages qui en font une quinzaine. La scène actuelle se déroule sur le territoire du documentaire. La piste m'ayant allumée, j'y ai pensé comme si l'éclair de génie s'était produit dans ma propre tête, pour remettre, au bout d'un certain temps, au producteur un texte exposant où ça pourrait mener sur les plans du contenu, de l'approche et du traitement. Il a peut-être présenté ce texte au diffuseur pour officialiser leurs discussions sur l'intérêt ou non d'aller de l'avant avec le projet. Cependant, il est plus probable qu'il en ait déposé une version plus courte pour ne pas effaroucher ou contrarier les évaluateurs de projets avec trop de détails, mais aussi pour se garder en réserve le texte plus étoffé afin de le présenter un peu plus tard en prétendant avoir fait du développement.

Dans l'autre situation, c'est la première fois que le producteur me glisse un mot sur son projet. Il se peut, par exemple, qu'un nom ait été pigé dans le grand chapeau des personnalités éligibles pour une biographie, qu'un partenariat avec un commanditaire ait fourni l'occasion de provoquer un événement inédit, ou que le producteur ait lui-même réfléchi à un sujet qui suscite de l'intérêt et pensé (eh oui, le producteur aussi!) que ça pourrait tomber dans mes cordes.

Ces dernières années, j'ai pensé nuit et jour à des émissions de télévision, la production de l'une chevauchant l'autre, à cause du cycle fou des décisions des diffuseurs et des octrois d'aide au financement, mais surtout à cause de l'infinité de petites tâches considérées par les brasseurs de grosses affaires comme étant le lot de la *waitress*. Pour assurer sa survie de pigiste, il faut aussi penser à ce qu'on pourrait générer comme travail lorsque le projet en cours sera terminé. En production privée, arriver trop tard ou trop tôt pour les dépôts de projets vous laisse sur le quai jusqu'à ce que le traversier revienne de l'autre côté du «paysage».

L'accouchement d'un projet, ça vous hante, ça vous habite. Isolés comme nous le sommes, auteurs et réalisateurs de documentaires télévisuels produits dans le privé, notre quotidien professionnel tranche complètement avec l'ambiance de travail que nous avons connue lorsque nous étions élèves de Radio-Canada, de Radio-Québec ou de TVA, même en étant pigistes. Nous ne sommes plus dans le bain. Il faut plonger dans la piscine d'eau froide chaque fois. Pas de réunion d'équipe le matin pour planifier (à moins qu'il ne s'agisse d'une captation de spectacle), personne pour lancer une suggestion ou faire une mise en garde contre un oubli. Je sais qu'il y a des boîtes de production qui roulent comme des postes miniatures, avec des équipes de talk-shows, de magazines de services, de séries d'animation ou de fiction qui fourmillent sur plusieurs étages, mais mon genre d'émission est exclu de ce monde qui est celui de la vraie télévision industrielle, avec ses qualités et ses défauts.

Pour toutes les productions à contenu documentaire auxquelles j'ai participé ces dernières années, le vrai bureau de production a été ma maison, la ligne directe avec les intervenants, mon téléphone personnel. Mon cas n'est pas unique. Nous sommes nombreux, dans cette belle grande industrie qui détient tellement d'actions à la bourse, à travailler de nos cuisines. Nous sommes de vrais artisans. Le bureau du producteur, faut le voir comme l'étage feutré des grands patrons dans les sociétés corporatives. J'y mets rarement, pour ne pas dire jamais, les pieds. Nous communiquons par courriel, parfois par télécopieur. Les producteurs pour lesquels j'ai travaillé m'ont tous dit apprécier mon autonomie. Je ne les importune pas souvent, si bien que lorsque je les affuble d'un courriel rempli de plaintes et de complaintes, ils se disent que ça doit être ce jour-là du mois, à moins qu'il ne s'agisse d'une autre bouffée de chaleur. Nos face-à-face étant si rares, ils ne savent trop si je n'ai plus trente ans ou plus cinquante ans.

Ce qui fait que, ces dernières années, je voyais des codes numériques inscrits sur le plafond au-dessus de mon lit. J'appelais mon chum par le nom d'une personne qu'il me fallait absolument joindre au téléphone. Il s'est habitué à se faire appeler Huguette, Marthe ou Michel : « Hé ! c'est moi, le bonhomme ! Oublie tout ça deux minutes : je t'aime. » Merci, chum. Quand je finissais par m'endormir à cinq heures du matin, je me réveillais en sursaut une heure plus tard avec la solution au problème qui m'avait tenue éveillée toute la nuit. Je me tirais sur l'ordinateur après m'être brossé les dents, de peur de ne pas avoir le courage de me mettre au boulot si je m'assoyais pour prendre un café. Parce que la coordination de la production se trouvait systématiquement dompée dans ma cour. La route pavée, je n'avais plus qu'à communiquer les détails par courriel au bureau de production (!), où quelqu'un faisait, bon gré mal gré, le suivi sur ce qui nécessitait le tampon officiel correspondant au logo, cette belle signature du producteur qui ponctue en ondes le générique de fin. Dans mes activités de *waitress*, je ne croise plus jamais ces précieuses scriptes assistantes qui menaient toute l'équipe par le bout du nez et qui rappelaient au réalisateur où il était censé avoir la tête. Je veux dire à toutes les Ginette, Kristine, Johanne, *Señorita* Guay, Maryse et compagnie qu'elles me manquent beaucoup.

Penser? Y a rien là.

Je n'ai pas oublié : Une nouvelle commande vient d'entrer. Le bureau est ouvert. Je descends au sous-sol retrouver ma bibliothèque et mes classeurs. J'ai besoin de me rafraîchir la mémoire, besoin de vérifier un point ou deux. Une biographie, une anthologie, une tranche d'histoire : c'est ce qui est sur la planche. Dans mon école, cela sous-entend une certaine documentation, même dans le cas où j'aurais l'intention d'introduire dans l'œuvre mon point de vue personnel. Le producteur et le diffuseur bénéficient donc, du moment où je m'implique dans un projet, de ma banque d'archives et de documentation, laquelle est considérable. Elle inclut des livres traitant d'histoire et de culture que m'a légués un des fondateurs de Radio-Canada qui aimait bien mon irrévérence. Elle inclut des volumes et des cahiers de paroles de chansons. Elle inclut des programmes, des dossiers de presse et des photos que j'ai accumulés au cours de mes années de journalisme culturel. Elle inclut des coupures de journaux religieusement classifiées pour rester à jour sur les gens et les sujets qui m'intéressent. Elle inclut des biographies et des pamphlets, collectionnés au fil des ans parmi les livres usagés de chez Caron qui a malheureusement fermé boutique. Elle inclut les livres des branchés, pour lesquels j'ai payé car, malgré ce qu'en disent ceux qui me veulent du bien, je ne pratique plus le métier de journaliste. Je ne figure donc pas sur les listes des attachés de presse qui moussent la couverture des événements culturels. Je ne m'en plains pas, je ne fais que le signaler. Mon centre de documentation n'accote évidemment pas celui de Radio-Canada, mais il n'a pas son pareil dans les boîtes de production privée que je connais et j'y trouve un tas de détails qui n'apparaissent pas et qui n'apparaîtront jamais dans Internet. Je navigue quand même car, même lorsque je bâtis des émissions qui ont un œil sur le passé, je cherche les rebondissements et les liens dans le présent. Je veux que les téléspecta-teurs aient des références. J'anticipe l'heure où ils tomberont sur cette émission en zappant et je les veux étonnés et satisfaits du terrain exploré, de la prise de parole, des présences à l'écran. Je tiens aussi à vérifier si quelque *waitress* au fond d'une autre cuisine n'est pas à travailler sur le même sujet que moi, ce dont les producteurs et les diffuseurs ne se préoccupent pas avant que le ciel leur tombe sur la tête.

Le texte d'intention me servant de repère, les gens dont j'aimerais recueillir le témoignage représentent le défi le plus pressant à affronter. Qui interviewer? Pourquoi? Sont-ils vivants, sont-ils à l'article de la mort, sont-ils en Floride pour l'hiver, sont-ils dans l'annuaire, par quelle route pourrais-je les joindre? Je ne fais pas comme certains amateurs qui n'hésitent pas à appeler l'auteur d'une œuvre pour quasiment le sommer de dévoiler des numéros de téléphone ou des sources d'archives sinon… «mon producteur va s'en souvenir». Une fois, j'ai communiqué par courriel avec une journaliste du *Soleil* — Oh *boy!* quelle mouche m'avait piquée? Je les lis pourtant, ces dieux de la race supérieure du monde des communications!

Au fond de ma cuisine, combien de fois ai-je envié les Fabienne de ce monde qui peuvent, en toute tranquillité, définir un personnage, lui mettre des mots dans la bouche et proposer à un comédien ou une comédienne de rendre ça plausible. La distribution des rôles dans un documentaire est d'une complexité effarante. Au mieux, il s'agit simplement de convaincre les gens de tenir le discours qui les caractérise. Encore faut-il qu'ils le jugent à propos. Le comédien vit de son art et peut cacher ses opinions personnelles derrière un rôle. Le participant à un documentaire est appelé à céder un peu de ses acquis personnels pour des raisons plus altruistes. Alors je continue de penser. C'est ma job.

Les producteurs ne s'en mêlent pas beaucoup. À l'occasion, quand vous vous tournez vers eux, ils vont suggérer un nom, ou vous refiler l'information que le client aimerait bien voir à l'écran la tête d'un billet gagnant. Ça n'a rien à voir avec l'argument de fond; ça rejoint le vedettariat. C'est dangereux, parce que l'entrevue peut dérailler, la vedette saisissant l'occasion de parler plus d'elle-même que du sujet central. Ce que le producteur vous donne comme piste se résume habituellement à une directive du genre: trois invités UDA, trois non UDA. Je garde ça en tête. Ça se discute. J'ai vite identifié, en travaillant aux documents dont je vous parle, le plus gros des vices de forme que j'avais à combattre à cette étape: La plupart des producteurs et des diffuseurs considèrent les gens interviewés comme des invités de talk-show ou des participants à un hommage. Des petites vites. Rien n'est plus faux, à moins qu'on accepte de trahir le genre.

Il m'est souvent arrivé de communiquer avec des personnalités pour leur demander si elles étaient prêtes à témoigner dans une œuvre dans l'éventualité où nous nous rendrions en production. Un beau jour, j'ai quasiment cessé de le faire, à l'exception des cas incontournables à l'étape de la recherche fondamentale. La raison est simple. *Fast food* ou pas, il peut s'écouler des mois et des années entre le moment où le diffuseur et le producteur se sont entendus sur un projet et le jour où la production se met bel et bien en branle. Il m'est arrivé de me faire dire, au bout du fil, que la personne avec qui j'avais eu un si bel entretien un an plus tôt venait de mourir le matin même. Ça donne un choc, vous savez.

Les gens oublient, aussi. Votre projet avait piqué leur curiosité mais ne les touche pas directement, la vie continue, ils sont sollicités par de nombreuses maisons de production, ils ont leur propre boulot à faire, ils pensaient ça hier mais, aujourd'hui, ils ont la tête ailleurs, ils viennent de subir une intervention chirurgicale, ils ont l'intention de produire leur propre version de l'histoire du Québec. Les *waiters* et les *waitresses* sont forcés de partager à un niveau exigeant les préoccupations intimes d'autres êtres humains qui leur sont étrangers ou presque. Croyez-moi, nous marchons sur des œufs. C'est à mille lieues du *booking* d'un talk-show avec des attachés de presse et des agents ou du coup de fil de la salle des nouvelles pour le topo ou l'article de demain. À deux cent mille lieues de la relation qui peut se développer entre le cinéaste et les personnages qui seront suivis par la caméra durant plusieurs mois, pour être transformés en vedettes d'un documentaire de «cinéaste engagé». Ça prend du souffle.

Je ne peux pas parler pour les autres mais, en ce qui me concerne, je choisis soigneusement les complices qui vont m'aider à tisser l'histoire que j'ai pour mission de raconter et, dans la mesure du possible, je les couve. J'essaie de pallier, par de petites attentions, la brutalité de nos méthodes de production. Les producteurs et les diffuseurs pour lesquels j'ai travaillé et qui se plaignent de mon sale caractère ont aussi bénéficié de cette attitude qui exige beaucoup d'écoute et de flair. Dans certains cas, j'ai dû garder le fil pendant des mois, des années. J'envoie un mot. J'offre des fleurs. Je passe un coup de fil. Ça, ce n'est pas vraiment ma job. Ce sont mon amour du métier et mon respect envers ceux qui m'ont permis de m'y épanouir. C'est comme La Poune qui aime son public — moi, j'aime mes «invités». Pour être sincère, il y a de l'égoïsme là-dedans car, en réalité, les gens avec qui je communique à cette étape de l'évolution d'une œuvre (incluant ceux qui déclinent l'invitation à participer) sont en réalité les seules personnes, à part mon chum et mes amis, avec lesquelles j'ai le bonheur de parler contenu.

Les gens ne sont pas fous, vous savez. Il y en a davantage que les décideurs ne veulent le reconnaître qui se doutent très bien de comment ça se passe dans les cuisines. J'en ai pour preuve que sur les quelque cinq cents personnes que j'ai contactées personnellement pour discuter d'un sujet à traiter ces cinq dernières années, toutes m'ont demandé qui mènerait l'entrevue. Le nom de la maison de production n'intéresse pas beaucoup. Les laïcs m'ont fait confiance et les gens du métier ont fait confiance à l'UDA. Le diffuseur, on veut le connaître quand même. Le Canal D du temps, mon monde aimait bien. ARTV n'a définitivement pas la cote des *Beaux dimanches* auprès du monde ordinaire, malgré l'attachement des artistes et des intellectuels — c'est une question d'abonnement au câble surtout. Parmi tous les professionnels des communications que j'ai osé importuner ces dernières années, seul Michel Desrochers m'a demandé : «Qui réalise?» Quand je lui ai dit que c'était moi, il s'est excusé : «Je pensais que tu faisais la recherche.» L'un n'empêche pas l'autre, mon Michel.

Il me faut aussi penser, dans l'anonymat de ma cuisine, aux problèmes de surexposition des autres. Ce n'est pas une échappatoire pour mon instinct maternel; c'est pour protéger la crédibilité de l'œuvre. Si vous regardiez les canaux spécialisés avant qu'ils ne se «spécialisent» de façon générale dans le sexe et les versions de séries-cultes étrangères, vous avez certainement remarqué à un moment donné que l'on retrouvait les mêmes têtes dans le même décor dans des documents traitant de sujets différents. Gilles Latulippe, assis sur un tabouret, donnant de la scène du Théâtre des variétés une belle perspective sur la salle, est celui qui me vient à l'esprit. Que voulez-vous, nous ne prenions pas en considération, au début, que la ronde des coups de chapeau aux pionniers allait rapidement tourner... en rond. En travaillant sur mes différents dossiers, j'ai vite compris l'importance de favoriser une vue d'ensemble allant au-delà de l'œuvre en mouture. Ne pas brûler une participation essentielle dans tel document pour une petite anecdote dans un autre destiné au même diffuseur, donc au même téléspectateur. Ça a l'air de rien, mais essayez donc, juste pour le *fun*. Ce genre de défi de cuisine, les «patrons» ne s'en préoccupent pas. Les producteurs privés ne se racontent pas entre eux ce qu'ils trament et les chargés de projets ne sont pas vite sur le piton de ce genre de coordination. À l'occasion, on m'a hurlé au bout du fil qu'il n'était pas question de voir telle ou telle face, ou on m'a reproché de ne pas avoir convaincu l'épouse de refaire ses vœux de mariage pour le bénéfice des cotes d'écoute, mais ce «commerce» avec les êtres humains étant bouffeur de temps et d'énergie, c'est un volet où l'autonomie des auteurs et des réalisateurs est particulièrement mise à profit. Un phénomène répandu, par contre, se manifeste lorsqu'un décideur voit surgir la tête d'un de vos participants à l'écran au beau milieu d'un visionnement de refus ou d'approbation : «Tiens donc. On n'y avait pas pensé. (!) Ajoutons ce nom dans le chapeau des biographies!»

Moi, je ne pige pas les noms. Je cible. J'adore l'exercice. Vous ne pouvez pas savoir le plaisir que j'ai eu à recevoir André Arthur dans ma cuisine pour jaser radio, pour fouiller dans les souvenirs qu'il garde de son père René et de son oncle Arthur, deux des plus grands pionniers de Radio-Canada. Je ne fais pas abstraction de la réputation controversée d'André Arthur, mais je ne suis ni avocate ni critique. Je sais que voilà un grand communicateur qui est venu au monde dans la marmite. À chacun d'eux, c'est comme ça. Je pèse le pour et le contre. Je tourne autour du pot le plus longtemps possible, puis je me botte le sauvage : «Allez, ma vieille, ils ne t'appelleront pas, faut que tu lèves le téléphone!» Le premier coup de fil, le message laissé sur le répondeur, c'est ce qui casse la glace. Ça clique ou ça ne clique pas. Il faut réfléchir à la manière d'aborder chacun. Ça passe ou ça casse. «Madame Payette, la féministe en vous a-t-elle envie de nous parler du travesti Guilda? Vous nous avez donné, toutes les deux, des dialogues tellement savoureux à *Appelez-moi Lise*.» «Monsieur Jacques Proulx, j'aimerais m'entretenir avec vous de votre nostalgie du micro et de ceux qui ont été vos maîtres.» «Chère sénatrice libérale Lapointe, accepteriez-vous de nous ramener au temps où vous étiez journaliste au *Soleil* et le péquiste Doris Lussier vedette *Chez Gérard*?»

«Chère Martine, comment pourrais-je rejoindre ton père?» Si c'est pour que René Angélil raconte ses quatre cents coups avec l'ami Johnny Farago, là c'est une autre histoire; le producteur tire ses ficelles au bureau de Francine Chaloult et me reconduit lui-même au golf au cas où quelqu'un m'intercepterait pour me ramener dans mon trou.

Mais à moins de préoccupations de cet ordre relevant de l'à-propos d'échanger une poignée de main avec un personnage qui figure dans le firmament du *star system*, c'est très exceptionnel, et habituellement accidentel, que le producteur et le diffuseur parlent de vive voix aux gens qui donnent d'eux-mêmes pour nous permettre de faire de la bonne télévision. Entre ceux appelés à délier les cordons de la bourse et ceux appelés à se délier la langue, tout reste virtuel. Du côté des invisibles, on fait de la télévision. Moi et mes porteurs de contenu, nous faisons des émissions de télévision. Un des rebondissements de cette réalité c'est que, si la *waitress* ne le fait pas, personne d'autre ne communique avec ces gens pour leur préciser la date de diffusion de l'œuvre à laquelle ils ont participé. Je le fais quand on me prévient moi-même, parce que voilà un autre détail qui peut facilement tomber dans l'oubli quand tout le bureau est mobilisé par l'effort de guerre accompagnant les projets du futur.

Il y a cependant une balle que je renvoie systématiquement dans le camp des maîtres de l'industrie. Je refuse de négocier des cachets malgré l'insistance que les producteurs mettent à refiler cette patate chaude à ceux qui ont gagné la participation des gens en empruntant la route de l'intelligence et des sentiments. Récemment, j'ai capitulé et j'ai accepté de citer des minimums dans le seul but de protéger mon monde contre l'attitude souvent offensante de certains administrateurs de budget. Je me fais un devoir, en cours de production, de vérifier si les contrats ont été signés et les gens payés. Souvent, on me ment pour avoir la paix, et le chat sort du sac lorsque quelqu'un appelle chez moi quatre, cinq mois plus tard à l'heure du souper pour se plaindre délicatement de n'avoir «rien reçu». Longtemps, on me gardait dans le noir quant à la somme d'argent engagée par la production envers telle ou telle participation. Lorsque les plaignants se sont mis à me citer des chiffres de leur propre chef, j'ai souvent pâli... de honte.

Avant, je disais à ces victimes de la production privée d'appeler le producteur. Je n'ai jamais donné le numéro de téléphone personnel d'un producteur, mais Dieu que ça m'a tenté. J'espère avoir accumulé quelque part des indulgences pour avoir résisté à pareil péché. Maintenant, je ne dis plus jamais à un participant négligé d'appeler le producteur. Je note les détails et je me mets à harceler le producteur moi-même. Ça m'écœure, mais je considère que les honnêtes gens qui nous aident à faire de belles émissions n'ont pas à subir toutes les mesquineries qui ternissent la pratique de notre métier.

Dans le genre d'émissions que je signe, il y a des archives, beaucoup d'archives. Ça aussi, ça se coordonne de «mon» bureau. Il faut identifier les besoins et les sources. Déposer des listes de recherches à entreprendre, sélectionner à partir de fiches ce qu'on aimerait visionner, demander des transferts de matériel. Sur plusieurs productions, j'ai eu la chance d'être appuyée dans cette démarche par une ratisseuse de fonds d'archives déterminée qui s'appelle Hélène Goyette. J'espère qu'elle ne m'en veut plus de l'avoir ni plus ni moins qu'abonnée à *Radiomonde*.

La recherche d'archives, avant même qu'on en voie une seule, ça représente des heures et des heures à l'ordinateur, des copies conformes à faire parvenir au producteur, qui jette un coup d'œil, signe parce qu'il faut en se disant : « On verra demain » et vous engueule comme du poisson pourri quand la facture aboutit sur le bureau de son comptable, qui s'écrie, ahuri : « Mais c'est quoi, ça ? On n'avait pas assez de tournage ? Une pareille somme pour des vieilles affaires ? »

C'est pas tout, mon bébé. Il y a les négociations de droits liés à tout ça. Les producteurs devraient s'en occuper minutieusement, ce que dans la plupart des cas ils ne font qu'avec le couteau sur la gorge. Il y a aujourd'hui des boîtes vouées à ce genre de négociations. J'ai souvent prié pour que mes producteurs y aient recours, car c'est vraiment une spécialité. J'ai aussi vu des producteurs chargés à bloc exiger que je leur donne sur-le-champ le nom de « la personne responsable » de notre dossier, soit aux archives nationales des différents paliers gouvernementaux, soit dans le circuit des fonds privés. Un appel non sollicité auprès de ces gens de la part d'un producteur prétentieux qui veut faire « accélérer les affaires » peut mettre un sérieux frein à la production, croyez-moi. Les rats de bibliothèque et les souris du fonctionnariat peuvent se permettre de dire au producteur privé de se mettre sa crise de nerfs vous savez où et, guerre entre le public et le privé obligeant, ils ne s'en « privent » pas : « C'est comme ça ? Retourne en dessous de la pile, espèce de désagréable ! »

Mea culpa! J'ai souvent écrit le scénario détaillé de comment j'allais assassiner mon producteur. Je ne suis pas passée à la réalisation, parce qu'à la dernière scène je me retrouvais toujours en prison, moi qui ai choisi — n'est-ce pas ? — la belle liberté du travail à la pige. Je me demande si ces projets auraient intéressé certains diffuseurs…

Pour en finir avec la délicate question des archives, sachez que, dans l'espoir de s'enlever quelques épines du pied, les producteurs se sont mis à préciser que les *waiters* et les *waitresses* ont le droit de dépenser une somme X en recherche et une somme X en droits. Le hic, c'est que, de deux, les coûts ne sont pas marqués sur des étiquettes collées sur les plans, et de un, surtout, cette approche va fondamentalement à l'encontre du principe même du recours aux archives. On ne booke pas des archives comme un invité de talk-show; on va les déterrer dans les cimetières. Il faut fouiller pour trouver. Il faut regarder et écouter pour s'informer, même si on ne retient pas le matériel en bout de ligne. Une somme massive d'archives sert dans les documentaires des canaux spécialisés et même de l'ONF à illustrer le propos comme des photos dans un magazine. Là où les archives prennent tout leur sens, à mes yeux, c'est lorsqu'elles nous permettent de donner la parole aux morts, de ramener des événements qui font partie intégrante du scénario, de confirmer *de visu* la justesse d'une information. Non. Vous ne voulez pas savoir. Dans ma relation avec les producteurs, j'ai constaté que les questions d'archives rejoignaient vite dans ma cour les problèmes de lieux de tournage.

Car, dans les paramètres que les producteurs fournissent aux *waiters* et aux *waitresses*, on spécifie aussi qu'il y aura quelques jours de tournage, l'allocation récente étant de trois jours pour une biographie qui fera quarante-cinq minutes d'antenne. Si le producteur a décroché un contrat de série ou de collection, ou s'il a réussi à faire passer ses productions autonomes comme indissociables d'une seule enveloppe budgétaire auprès des grands argentiers, il y a un peu de jeu. Mais si vous êtes seul à tourner ces jours-là pour cette maison de production, eh ben, vous êtes baisé, ou pour le moins coincé. Disons que, par miracle, tout votre monde peut se libérer à des heures différentes de la journée, en vous permettant de respecter les pauses syndicales de votre équipe, et ce, sur une journée de dix heures qui inclut les déplacements. Dans ma cuisine, je fais le calendrier. Je prie. Je jure. «Où est le directeur ou la directrice de prod? — Oublie ça, Waitress. Petit budget, petite misère. J'ai reçu ton plan ce matin, tu ne penses pas que tu devrais laisser plus de temps aux gars pour aller de là à là? — C'EST TA JOB, FAIS-LA, C... TU NE PENSES PAS QUE J'EN AI ASSEZ SUR LE DOS? ES-TU EN TRAIN DE M'ACCORDER LE DROIT DE REPOUSSER LE TOURNAGE?» Alors là, au bout du fil : «Hé! respire par le nez! On va s'arranger. Je paierai du temps supplémentaire, s'il le faut. Mais il me faut dire à l'équipe où se rendre. Tu ne m'as pas donné les adresses de tout le monde.» Waitress vient d'entrer dans la zone hystérie : «NON! FIGURE-TOI DONC QUE MES INVITÉS N'ONT PAS ENVIE QU'ON FASSE CIRCULER LEURS COORDONNÉES DANS INTERNET NI QU'ON TOURNE DANS LEUR MAISON. PUIS MOI, JE NE VEUX PAS VOIR UNE PLANTE VERTE DANS L'IMAGE. JE VEUX UN LIEU QUI CRÉE UNE UNITÉ. ÉCOUTE DONC, TU NE SAIS PAS LIRE ÇA, UN SCÉNARIO?» Du salon, la voix d'une petite personne qui a des antennes tout le tour de la tête : «Ça va, grand-maman? T'es correcte? — Oui, mon amour. C'est rien, je suis un peu débordée, c'est tout. Non, non. Grand-maman n'est pas fâchée.» Attention, Waitress. Ton toit, tu l'as bâti pour abriter les gens qui te sont les plus importants du monde. C'est leur maison, ici. La maison de production est au bout du fil.

Raccrocher au nez de l'autre ne règle rien. Si le producteur offre de déléguer, ça ne fera que doubler ma charge, parce que je n'ai pas le temps de faire la formation de «fils» ou de «fille de». La question rebondit sur les murs de ma cuisine : « Ben oui, déesse des *waitresses*, où est-ce que je vais tourner ça ? »

J'y pense. C'est ma job, penser. J'avais des idées. Je les ai même inscrites dans le scénario qui est sur le bureau du producteur depuis deux mois et pas encore payé. Dans le temps, des équipes de production les épluchaient, ces scénarios, et des gens fort compétents avaient pour mandat de coordonner les tournages. Pendant un an ou deux, quelques producteurs pratico-pratiques louaient un salon dans un hôtel ou un hangar et vous foutaient là pour la journée à enfiler les entrevues les unes après les autres. Après quelques marathons, j'ai fait ma diva. « Hé, les boys, y a des limites à tout ! »

La question reste, et pour la réponse, ça urge. « Où tourner ? Pense, Waitress. Pense. » Il faut encore que je soulève le maudit téléphone, ce qui, aujourd'hui, aggrave ma bursite. Le bar *Chez Roger* est pris. On n'a pas d'entente avec Hydro-Québec, alors il faut payer pour tourner au Monument-National. « Payer ? Mais je n'ai pas de budget pour ça », me dit mon producteur qui maintenant file doux et fait mine de partager les soucis de notre remplissage de commande. Moi, je boude encore : « Est-ce que c'est vraiment ma job ? » Là, je l'ai sauvé. « C'est toi la réalisatrice, il faut que tu fasses du repérage pour donner des directives à ton équipe. » Tiens donc. Waitress n'a pas envie de lâcher son bout : « Au fait ? C'est qui l'équipe ? » Producteur n'aime pas cette pointe. « On a envoyé le bon de commande par télécopie tantôt, mais tant qu'on n'a pas tous les détails, je peux juste mettre l'équipe en *stand-by*. Ça devrait être tel caméraman — je lui ai donné ton numéro au cas où il aurait des questions. Je te confirme tout ça par courriel. Si tu as d'autres problèmes pour le lieu de tournage, tu peux me rappeler ce soir sur mon cellulaire. Là, j'ai un *meeting*. »

J'ai le récepteur dans la main. Je suis devenue folle, je pense : Est-ce qu'on vient de régler quelque chose, ou quoi?

J'ai trouvé des lieux, youpi! Des arguments pas en béton, mais assez solides pour convaincre les détenteurs de clés qu'il y a logique et avantage à permettre telle entrevue dans tel lieu. Quelques télécopies dans lesquelles j'ai redébité mon histoire, des confirmations de part et d'autre, presque toujours une belle gracieuseté ou un dédommagement minime pour garder une personne-ressource sur place. J'envoie copie des ententes bouclées à mon cher producteur. Dring dring. «C'est quoi ça, il faut prévoir des fauteuils pour les invités? C'est un lieu public, y ont pas de chaises, câlisse?» Et ça continue.

Évidemment, une entrevue n'appelle pas toujours un lieu précis, mais c'est quand même étonnant le nombre de *bigshots* du virtuel qui ne savent pas encore que, pour tourner entre six et vingt entrevues en trois jours, il faut prévoir l'équivalent d'un studio quelque part.

Je ne vous entretiendrai pas de la difficulté de réaliser des séquences purement visuelles ou des scènes de reconstitution et d'évocation d'époque, lorsqu'on réussit à obtenir du temps et de l'argent pour les inclure. Le résultat est toujours heureux, même lorsque les contraintes nous coupent les ailes. Assise à mon ordinateur à partager avec vous ce que j'ai vécu ces dernières années dans les cuisines de la production télévisuelle, j'en tremble encore de rage et de découragement. Et pourtant, comme je suis fière de ces émissions! Toutes.

«Silence : on tourne!» Je laisse le caméraman et le preneur de son avec leurs métiers. Je vais m'asseoir sur la chaise de l'intervieweuse. Je fais ma débonnaire, mais j'ai l'estomac noué. Cette entrevue, il ne faut absolument pas que je la rate. Je ne tiens pas de fiches, je tiens le regard de la personne devant moi. Chaque fois, en me préparant, je me remémore les conseils de Jacques Bouchard, les défis lancés par André Caron, l'audace qu'aimait pousser toujours plus loin Franck Duval. Chaque fois, je pense surtout à la radio. L'intimité. La parole. La chaise de la réalisatrice est vide. La journaliste a fait ses devoirs. L'auteure écoute parler ses personnages. C'est le festin de Babette. Ce n'est pas du *fast food*.

Reality show : retour dans la cuisine. Le producteur a fait livrer par messager les copies VHS du matériel tourné et des archives transférées. De droite et de gauche sont arrivés des éléments iconographiques à faire numériser ou déjà gravés sur disque. Plusieurs réalisateurs ont maintenant le programme *Final Cut* qui leur permet de faire leur montage hors ligne dans leur sous-sol. Moi, je suis en retard sur la technique, ha ! ha ! J'avance et je recule les VHS. C'est comme traduire votre scénario en braille. Il faut le traduire en codes numériques. Comment les gens de cinéma qui essaient de convaincre les jeunes mordus de la télévision que le montage est une autre écriture vont-ils faire ? Dans les prévisions du producteur, pour un document de quarante-cinq minutes ? Cinq jours de montage, mesdames et messieurs. Numérisation et version haute résolution incluses. Laissez-moi vous dire que durant cette période-là la *waitress* pense en titi, parce que ce n'est pas sur sa job de réalisatrice qu'elle a le temps de penser trop trop. Il y a des monteurs qui y mettent du cœur et de l'imagination, mais la plupart entre les données dans l'ordinateur sans regarder le matériel, s'occupant entre-temps à travailler sur une autre «commande». Lorsque commence le premier assemblage, si vous réfléchissez une seconde de trop, ils vous regardent d'un air impatient :

« Ensuite ? » Ou alors ils se lèvent : « Bon ben, pendant que tu penses à ton affaire, je vais aller faire quelques appels. Veux-tu que je te rapporte un café ? » C'est au montage que le documentariste de télévision sait avec certitude qu'il ne fait pas du cinéma. Il faut tenir son bout. J'ai vu des monteurs doués devenir des robots. J'ai vu des monteurs qui poinçonnaient comme des musiciens de l'OSM se transformer en Vic Vogel généreux.

Pour toutes les autres questions à régler, incluant la musique, le producteur a passé un coup de fil pour dire à l'autre de vous appeler… chez vous, de préférence à l'heure du souper.

Aujourd'hui, c'est mon tour. Dring dring. « Cher producteur ? Aurais-tu une petite heure en fin d'après-midi pour que l'on regarde le montage hors ligne ensemble ? » Il l'a ou il ne l'a pas, il va s'organiser d'une manière ou d'une autre pour passer chercher une copie. Il va appeler tout de suite le diffuseur pour prendre rendez-vous. Il le fait même sur son cellulaire pendant qu'il vous fait des blagues sur son téléphone mains libres. Si j'écrivais un téléroman quotidien, je pourrais enjoliver la scène de détails amusants mais inutiles. Dans la réalité, plus souvent qu'autrement, le producteur cueille la cassette tout juste sortie du four et s'en va la regarder en compagnie du décideur assigné chez le diffuseur. À quoi bon émettre ses idées ? Il a donné un mandat à une *waitress* autonome à qui il fait confiance, et tout ce qu'il veut savoir, c'est ce que le diffuseur aura à dire. Il sait que son opinion ne pèse pas lourd dans la balance.

« Même quand ils se sentent carrément victimes d'une injustice dans le traitement d'un projet télé, les producteurs indépendants se tiennent cois… de peur de se retrouver sur une liste noire », écrivait Michel Girard dans *La Presse* du 19 juin 2001, dans un article traitant d'un aspect fort cinématographique de la production télévisuelle : « Quand l'*omerta* a force de loi, les producteurs sont à la merci des réseaux. »

Waitress prend un café en attendant l'appel. Producteur avait rendez-vous chez Diffuseur tout de suite après le lunch, il a promis d'appeler en sortant. Une heure, deux heures au plus après l'heure fixée pour la rencontre, le téléphone sonne. Additionnez deux à cinq minutes de politesses à la durée totale du document et vous avez la mesure exacte du temps que les patrons vont consacrer à analyser le travail auquel vous venez de consacrer des mois, voire des années. Vous, vous le savez que c'est un montage hors ligne, un *work in progress*. Vous avez déjà des notes, vous avez de belles idées pour peaufiner l'œuvre. En fait, vous en êtes à une étape de création où tout votre être crie l'envie de prendre un peu de recul, de soumettre le document tel qu'il est à des mordus du brassage d'idées plutôt qu'à des gens d'affaires. Mais il n'y a pas, dans ce genre de production, de tests auprès de groupes cibles, pas de remue-méninges avec des collègues. Le producteur et le diffuseur types n'ont ni le temps, ni l'argent, ni l'envie de partager ou de permettre cette démarche. Avec un premier assemblage fignolé auquel nous avons pris soin, dans les cuisines, de donner un vernis qui ne rappelle pas trop au spectateur éclair que les narrations, les effets, les sous-titres et ce genre de finition en général viennent normalement plus tard, le producteur est en mesure de déposer assez de « preuves » pour demander qu'on juge le cas. C'est comme d'attendre le verdict pendant que le jury est à huis clos, si je me fie à ce qui est décrit dans les *best-sellers* que je dévore pour me vider la tête des hauts et des bas de ma vie de *waitress*.

L'épreuve est de courte durée parce que les décideurs chez les diffuseurs ne vont pas en délibéré à cette étape comme ils le font sans doute avant de passer la «commande» initiale. «Elle» — parce que c'est presque toujours une femme, une seule par secteur pour ne pas dire une seule par réseau, qui décide d'absolument tout ce qui est accepté ou refusé à la diffusion —, «elle trouve ça correct, aurait peut-être... mais...». Ou alors : «Elle a décroché là, ce mot-là dans la narration l'a fait sursauter... Regarde, c'est rien qu'un petit ajustement.» Quand, vraiment, il y a un os, elle déclare qu'il y a «un problème de structure». Il y a des producteurs, m'a-t-on dit, qui se sont fait mettre dehors, qui sont restés avec leur cassette au fond de la serviette : une production refusée sans qu'on leur donne la chance de corriger le tir. Dieu merci, je n'ai jamais passé sous cette guillotine, car juste de subir un peu de couperet m'a souvent presque saignée. Il ne s'agit pour ainsi dire jamais d'un «petit ajustement». Ces quelques personnes placées avec un ciseau au-dessus du cordon ombilical qui lie les diffuseurs et les producteurs règnent en Salomon sur le monde de la production privée. Celles qui ont réussi à protéger leur fief contre toutes les attaques provenant d'autres civilisations sont devenues de véritables tyrans. Leurs noms sont cités dans les discussions entre producteurs comme de grandes références; une idée qui ne correspond pas à leurs goûts est morte, une personne qui a contesté leur opinion est condamnée. Les noms sont trop connus, les visages pas assez. Ces personnes protègent farouche-ment l'anonymat de leur énorme pouvoir décisionnel.

L'impuissance dans laquelle ce système jette le créateur est terriblement destructive. J'ai travaillé, il y a plusieurs années, sur un dossier étudiant la relation entre les émotions et le stress, dans le cadre d'une série consacrée au cerveau. Les spécialistes s'accor-daient pour dire que le stress atteint son maximum lorsqu'un être humain se trouve dans une situation sur laquelle il n'a aucun contrôle, une situation dans laquelle il ne peut prendre de décisions de son propre chef.

Combien de fois ai-je souhaité tourner, en détective privé, ces rencontres au cours desquelles les producteurs discutent d'un projet écrit ou d'un document visuel avec les diffuseurs ? Que se disent-ils ? Qu'est-ce qui est vraiment en jeu ? Échangent-ils des informations qui pourraient m'aider à évoluer en tant qu'auteure et réalisatrice ? Sont-ils à m'inscrire sur leur liste noire ? Suis-je exploitée à outrance pour le talent qu'on me reconnaît ? Je ne sais rien. Nous, *waiters* et *waitresses*, ne savons rien du cœur et du ventre de nos supérieurs qui tiennent notre destin entre leurs mains. Nous ne savons que ce que les nôtres, qui pénètrent à l'occasion dans les antres du pouvoir, nous rapportent.

Le producteur, de son portable dans son automobile, me parle d'un ton excédé. Il est au bord des larmes, lui aussi. Il espère des entrées d'argent, il n'est pas ravi d'étirer les heures dans la salle de montage : « Écoute. C'est ce qu'elle a dit. Penses-y. »

Penser. C'est ma job. Je ne perds pas de temps à imaginer que quelqu'un va m'envoyer des notes, va me faire des suggestions, va identifier, noir sur blanc, le problème. Vous remarquerez, d'ailleurs, que les décideurs du monde de la production privée mettent le moins de choses possible par écrit. Les écrits, ça reste. Une émission de télévision, ça passe.

Magnus, je te le concède, c'est du *fast food,* mais pas pour les auteurs et les réalisateurs. Ils paient ce *party* de leur santé physique et mentale. Ils gagnent mal, mais honorablement leur vie. Nos œuvres n'ont pas droit à des critiques sérieuses. Lorsque la direction du réseau Astral les convoque pour annoncer ses nouveaux virages, les journalistes font la petite pub en vrac de mise puis s'en vont. Mais les gens regardent. Ces documents ont valeur d'archives. Qu'en fera le réseau Astral lorsque les licences de diffusion seront écoulées? Qu'en feront les producteurs lorsque leurs droits d'utilisation d'archives seront révolus?

Il faut plus de documentaristes producteurs. Il faut que Radio-Canada, ce doyen dont le patrimoine comprend une des plus grandes banques d'archives de télévision du monde, rapatrie la production qui va assurer la continuité culturelle et artistique dans la mémoire collective.

Cours d'économie familiale

Le « milieu » formant, comme vous le savez, une belle grosse famille, quand on y est « d'abord ménagère » (salut encore, Luce Guilbeault), un cours d'appoint en économie familiale peut s'avérer utile.

Parlons argent. L'industrie de la production télévisuelle fait circuler beaucoup d'argent. Le duel le plus raffiné et le plus acharné causé par l'avidité et la cupidité que cet argent entretient dans le cœur des hommes est le jeu d'escrime dans lequel les diffuseurs et les annonceurs mesurent leurs forces. À ce niveau, les *waiters*, les *waitresses* et leurs employeurs immédiats sont des spectateurs dans le pigeonnier. Mais nous investissons tous dans le spectacle et lorsque les auteurs, en particulier, voient arriver la vague de placement de produits qui menace de submerger leurs scénarios, il y a émeute dans les estrades. Pour les plus élémentaires questions de survie, les créateurs ne peuvent pas et ne veulent pas accepter que les spécialistes en marketing qui ont mainmise sur la production télévisuelle réduisent leur apport à la télévision à un simple prétexte facilitant le « graissage de pattes » de l'industrie de la consommation.

En adultes consentants, les auteurs qui veulent remplir des commandes deviennent « créatifs » dans les grosses boîtes de pub comme Cossette et se font payer à l'échelle de leurs performances. Les auteurs qui ont choisi une prise de parole personnelle ont une vocation différente. Ils peuvent être comparés aux journalistes de combat qui arrivaient à conserver leur liberté d'expression tout en se pliant aux règlements des grands journaux.

Au fort des tempêtes soulevées par les budgets dont on rêve et les budgets qu'on n'a pas, il est intéressant de se retrouver nez à nez avec Séraphin. Ce personnage grippe-sou, superstar de notre radio, de notre cinéma et de notre télévision «canadiens-français» des années 1930 aux années 1960, créé par le journaliste de combat Valdombre né Claude-Henri Grignon, est devenu — grâce au flair du réalisateur issu de la pub Charles Binamé — le porte-flambeau de notre cinéma populaire de qualité des années 2000. L'enivrant succès au guichet de ce film devrait fournir, à ceux qui ne comprennent que les chiffres, la preuve incontestable qu'un bon métissage culturel entre les acquis du passé et les visions contemporaines peut donner au troisième millénaire des enfants forts. Saluons au passage celui qui a permis à ce personnage ratoureux, tiré par l'auteur Grignon des histoires qu'il amassait auprès de son père médecin dans les pays d'en haut, d'entrer dans la conscience populaire. Il s'agit de notre Orson Welles à nous, le grand réalisateur, auteur, comédien, animateur et poète Guy Mauffette, qui a ouvert les portes à l'écriture radiophonique au maire de Sainte-Adèle et à sa cousine Germaine Guèvremont en 1939. «C'est le début d'un long bail avec la maison d'État. Probablement le plus long qu'ait jamais connu un auteur pour le développement d'un même thème», écrivent Raymonde Bergeron et Marcelle Ouellette dans *Voix et visages, Radio-Canada 1936-1986*.

En jasant avec mes copines *waitresses*, nous nous sommes amusées, au printemps dernier, à donner le rôle de Séraphin à différents producteurs privés. Évidemment, nous ne nous arrachions pas le rôle de Donalda, mais avec Roy Dupuis dans la peau d'Alexis... Nous avons rigolé un peu, puis nous nous sommes senties drôlement déprimées. Des pingres, nous en connaissons trop !

J'ai déjà cité les chiffres du rapport Lampron sur les fonds publics. Voici un autre côté du prisme, tiré d'un article publié dans *La Presse* du 30 novembre 2002, sous la plume de Francis Vailles : « Beau magot pour les trois premiers dirigeants d'Astral : leur rémunération équivaut à 20 % des profits de la compagnie. Onze millions de dollars répartis entre le président et chef de direction Ian Greenberg, le président du conseil d'administration André Bureau et le vice-président, Sidney Greenberg... Il faut dire que l'entreprise a présenté des résultats fort enviables depuis deux ans. Les revenus sont passés de 283,4 millions en 2000 à 400,5 millions en cours de l'exercice 2002, terminé le 31 août. »

Astral, c'est une méga-entreprise. Consultez vos analystes économiques pour en savoir plus. Ce qui émeut plus particulièrement la *waitress* au fond de sa cuisine, c'est qu'un des « actifs » de cette machine à sous se trouve à être le réseau de chaînes spécialisées qui diffuse les œuvres sur lesquelles elle travaille nuit et jour depuis plus de huit ans. Cette expérience a provoqué un krach assez fort dans ses finances personnelles pour qu'elle se surprenne plusieurs fois par jour à chantonner « Ça va v'nir, ça va v'nir, découragez-vous pas », le leitmotiv d'un des plus grands succès de La Bolduc, laquelle est devenue vedette populaire au tournant des années 1930 grâce à son talent mûri dans les cuisines, sa première inscription au palmarès s'intitulant d'ailleurs *La cuisinière*.

La tendance se maintenait à l'été 2003 : «Astral en forte progression, écrit François Pouliot dans *Le Soleil*. Un bénéfice de 20,2 millions de dollars comparativement à 14,1 millions de dollars en 2002.» Astral explique, entre autres, l'augmentation de sa rentabilité par une hausse de 13 % des abonnements à la télé payante (Movie Network et Super Écran) et de 38 % des recettes publicitaires associées aux canaux spécialisés (Série +, Historia, Canal Z, Canal D, etc.).

Si vous le permettez, j'aimerais maintenant contribuer, dans la mesure de mes moyens, à la grande recherche de transparence qui préoccupe notre milieu de production télévisuelle. Je m'y emploie tout à fait bénévolement, personne ne m'a commandé d'étude, je le fais avec toute l'objectivité et la subjectivité que j'ai développées sur le marché du travail depuis que j'y ai fait mes débuts le 5 mai 1969. Y a rien là. La recherche et le développement, c'est un cadeau que je fais à notre beau «paysage télévisuel» tous les jours. Alors une autre tournée sur le bras — avec mes compliments, les amis!

Premier arrêt : le bureau du producteur. Vous avez été «convoqué». Il y a des contrats à signer, des attestations de citoyenneté canadienne, des engagements à être disponible. Si c'est pour des paperasses du genre, le «gros» producteur ne sacrifiera pas de temps pour vous saluer, son bras droit vous escortera au bureau du comptable ou de l'avocat. Il s'agit peut-être du grand jour où vous allez rencontrer, sans le savoir, sa douce moitié. Nous reviendrons sur les détails des paperasses. Mais aujourd'hui, vous avez peut-être été convoqué chez le producteur pour discuter d'un projet que vous lui avez soumis ou d'un projet dont il vous a lui-même glissé un mot et qu'il veut discuter face à face. Durant les années de vaches grasses, surtout en ce qui concerne les producteurs bénis d'un bon sens du *showbiz*, ces rencontres plus décontractées, au cours desquelles les questions monétaires étaient à peine effleurées, avaient lieu dans les restaurants. Mais avec la fonte des budgets, tout le monde s'est mis à boire son lait à la maison, au grand dam des patrons de bistrots qui récoltaient, avec les lunchs d'affaires, leur petite pointe du gâteau. C'était dans le temps où l'économie roulait mieux pour tout le monde.

Dans l'antichambre du producteur, les petites gens sont dans leurs petits souliers. Ne vous laissez pas intimider. Que le budget du projet en devenir soit considéré gros, petit, honnête, ridicule, peu importe. Une tranche importante de ce budget sera engloutie dans le roulement du bureau où vous venez de mettre les pieds. Regardez autour de vous, cherchez les indices qui pourront étoffer votre réponse à la question : « Sont-ils tous des morons ? »

Si on vous fait poireauter sur un banc dans l'entrée, bien que vous vous soyez pointé à l'heure exacte, il y a de fortes chances que le patron du jour veuille vous rappeler qui est qui dans votre partenariat largement subventionné par les fonds publics. J'en ai vu compléter la lecture de leur journal pendant que je regardais passer les quarts d'heure sacrifiés sur mon temps d'écriture. Mais puisque vous voilà dans l'antre de personnes de confiance à qui nos gouvernements accordent la discrétion de gérer de larges tranches des deniers publics et de nombreuses vies professionnelles, profitez-en pour examiner les mises en nomination, les prix, les photos de production, les affiches bien en vue sur les murs. Ce sont là les vraies cartes de visite de la boîte, alors notez bien les années de production. Les diplômes racornis ne valent pas plus cher pour le producteur que pour vous. Si vous reconnaissez dans plusieurs photos des visages qui vous donnent la chair de poule, armez-vous mentalement contre les vices cachés et les cadeaux empoisonnés ; il est important de savoir avec qui vous aurez à faire du terrain. Si vous repérez des visages de collègues fiables, vous pourrez les relancer pour des conseils : «Comment ça s'est passé pour toi avec lui ?»

S'il y a quelqu'un à la réception, l'auteur du projet peut se féliciter de contribuer à son salaire. Le télécopieur, le système informatisé, le papier, les cartouches, la machine à café : Tout l'équipement de ce bureau fera partie des coûts de production de votre projet à vous, même dans le cas où le vrai centre de coordination de production se trouverait dans votre cuisine.

J'ai tout vu. Des *penthouses* luxueux, avec des pièces de collection : téléviseurs d'époque, sculptures, tableaux, *juke-box*. Une pièce unique dans un chic immeuble du Vieux, pas un objet personnalisé, avec un bureau en métal de location, trois chaises chromées, des étagères en mélamine avec quelques cassettes, un téléphone pour reconduire les appels sur le portable. Il ne s'agissait pas d'un récent déménagement ; le producteur s'y sentait très bien, il répétait à toutes les deux phrases qu'il n'aimait pas la *bull shit*. Des anciennes usines, des maisons patriciennes. Le quartier huppé d'Outremont, le quartier voisinant Radio-Canada, TVA et Télé-Québec, le quartier industriel longeant le canal Lachine, le sympathique Quartier latin. Lorsque les producteurs choisissent leur adresse, ils cherchent à se «positionner» dans l'opinion des autres. Ce tape-à-l'œil est l'erreur numéro un. Puisqu'ils sont tous des producteurs de télévision à la remorque des diffuseurs, on devrait les foutre dans des bureaux cordés dans un seul édifice. Certains d'entre eux me font penser aux gens d'affaires qui collent chez leurs parents à trente ans et plus, contribuant de manière symbolique aux dépenses courantes, dilapidant leurs revenus sur les autos :

«Tasse-toi, mononcle», les portables, les ordinateurs et les vêtements indispensables à leur *standing*. Un jour, leurs baby-boomers de parents, qui sont plutôt généreux malgré tous les reproches qu'on leur fait, se voient forcés de leur lancer un ultimatum : «Ou tu contribues aux dépenses communautaires, ou tu t'en vas péter de la broue dans la vraie vie. Nous, on a fini de te subventionner!»

Reste qu'il faut l'accepter : Tout méritoire que soit le projet, il n'est à aucun moment considéré, par les bailleurs de fonds, que les sous débloqués pour la production de ce projet doivent être alloués en bloc au résultat final, à ce qui sera vu à l'écran. Appelons cette réalité «le dilemme de Fabienne». L'auteure de *Virginie* et de *Fortier* a fait le choix : Plutôt que de voir son talent faciliter le roulement du bureau d'un producteur qui n'était pas essentiel à son épanouissement professionnel, elle a récupéré cette partie du budget pour en contrôler la gestion. Si l'auteur est dans l'impossibilité d'emprunter cette voie, il est tenu, selon une loi non écrite mais très immuablement implantée dans les devis et dans les ententes officielles tout autant que tacites, de comprendre qu'un producteur a le droit de financer ses dépenses de bureau à même le budget de chacun des projets sur lesquels il appose son logo. Si ça vous offense, essayez de vous imaginer un scénario plus romantique. La corvée. La dîme. La part de sa récolte que le censitaire dépose à la porte de son seigneur. Une noble contribution au système communautaire, quoi.

L'aspect physique d'un bureau de producteur recèle souvent l'atmosphère psychologique dans laquelle se mènent ici les négociations contractuelles. À l'œil nu, il est évident que nombre de bureaux de producteurs ne sont pas des maisons de production, ce qui n'est pas nécessairement alarmant dans un contexte où les équipes sont formées de pigistes en collaboration avec des maisons de services. Dans les « grosses » boîtes, celles où il y a des salles de montage et des unités de production, le travailleur autonome doit être alerte : On essaiera probablement de faire de lui un employé, même en sachant que la collaboration ne sera que de courte durée. Pour une recherche, par exemple. Il faut, avant d'accepter, étudier les conséquences sur vos déclarations de revenus. Si, par ailleurs, on vous offre de devenir stagiaire, calculez vos risques. On a vu, ces dernières années, quelques stagiaires se faire jouer de mauvais tours par des maisons produisant surtout des talk-shows et des magazines : On vous fait faire trois mois de stage en guise de formation, sans rémunération. Lorsque vous avez acquis cette belle expérience : « Salut, *bye*, au suivant ! » C'est un monde d'affaires, il ne faut jamais l'oublier. Les producteurs, qui sont là d'abord pour l'argent, ne pensent qu'à l'argent : comment en faire, comment en cacher, comment en économiser. S'il y a un crédit d'impôt à ajouter à leurs avantages en embauchant des collaborateurs légèrement handicapés ou en remplissant une salle de stagiaires, l'avantage économique aura préséance sur de meilleurs *curriculum vitæ* et des projets plus coûteux.

Lorsqu'on gratte un peu plus fort, on constate que plusieurs bureaux de producteurs ont double emploi. Le producteur gère du même lieu les immeubles dont il est propriétaire, son portefeuille à la bourse, son commerce de bran de scie légué par grand-père ou sa tournée de spectacles. Il en a le droit, mais vous avez de votre côté le droit de vous lasser de soutenir des petites chambres de commerce pendant que vos aspirations les plus profondes s'en vont à vau-l'eau.

Toute *waitress* que je suis, j'ai la chance d'être protégée dans mes ententes contractuelles avec les producteurs privés et publics par la Société des auteurs de radio, télévision et cinéma (SARTEC), syndicat sans lequel les artisans de la production télévisuelle n'ayant pas de gros succès pour asseoir leurs négociations seraient complètement bafoués dans les droits durement acquis pour tous par les pionniers. Ça remonte à loin, la SARTEC. Nous avons fêté nos cinquante ans avant la doyenne de notre télévision, Radio-Canada. L'Union des artistes, par ailleurs, a commencé à protéger syndicalement les interprètes en 1937, à l'initiative du chanteur René Bertrand.

À ses premiers balbutiements, en 1945, la SARTEC s'appelait la Société des scripteurs, et son président provisoire était nul autre que l'imposant Ovila Légaré, auteur, chanteur, comédien, directeur de tournée — artiste écœuré de se faire exploiter par les producteurs privés. En 1948, l'association devient la Société des auteurs dramatiques. La présidence est assurée par le chroniqueur René-O. Boivin de *Radiomonde* et l'animateur-auteur Gérard Delage, avocat de formation, est «aviseur légal». Les auteurs (SAD) et les artistes (UDA) signent une entente selon laquelle les membres des deux associations s'engagent à ne travailler qu'avec les membres de l'autre association, et que pour eux. Dès 1949, il est établi que : «Les artistes de l'Union ne pourront jouer des textes qui ne seront pas écrits par les membres de la Société des auteurs dramatiques.» Cette année-là, au bout de la péninsule gaspésienne, dans une tempête de neige qui brouillait la ligne d'horizon entre le ciel et la mer, votre *waitress* est devenue un personnage de plus dans la saga qui se joue depuis des temps immémoriaux sur la grande scène nommée planète Terre. J'apprécie énormément, aujourd'hui, l'héritage que m'ont laissé ces ancêtres professionnels.

Pour les producteurs privés du troisième millénaire — dont l'ancêtre le plus direct est le lieutenant-
colonel Paul Langlais, le producteur privé le plus
influent de la radio des années d'or et cofondateur
avec J.-A. De Sève, en 1958, de Télé-International Corp
qui mettrait au monde Télé-Métropole, la télévision
privée à qui l'on doit aujourd'hui le réseau TVA de
Quebecor — pour les producteurs privés des
années 2000, donc, rien ne fait plus mal que la signature d'un contrat SARTEC. Un contrat UDA, passe
encore. L'allocation de l'argent impliqué est tangible.
Ça se signe rarement avant que la production soit
assurée et la contribution de l'artiste est d'une utilité
transparente pour qui baigne dans les impératifs de la
télévisibilité.

Le contrat SARTEC, cependant, est souvent le premier que le producteur aura à signer. Il ajournera cette
épreuve le plus longtemps possible. À sa décharge, il
est pris dans un cercle vicieux dont je vous entretiendrai avec un peu de mansuétude dans le chapitre
suivant. Pour l'instant, je n'ai de mansuétude aucune,
parce que nous parlons sous, voyez-vous. C'est un
sujet qui rend agressif même dans les ménages les
plus aimants. C'est un sujet qui porte le peuple à faire
la révolution et à renverser les dictatures, qui a fait
décapiter Marie-Antoinette et Louis XVI. C'est un
sujet que j'ai étudié à fond à l'occasion de mon retour
sur les bancs d'école, puisqu'il est directement lié à la
profession que je pratique pour gagner ma vie.

Ma job, c'est de penser. À l'étape de projet, si un
producteur s'intéresse à l'idée que je lui propose, il est
supposé démontrer son sérieux en signant un contrat
d'option lui permettant d'essayer de susciter de
l'intérêt du côté des diffuseurs. Mon projet lui fournit
une carte de visite ou, pour le moins, une carte de plus
dans son jeu. Dans le jargon industriel, c'est le

marchandage de produit. Ces contrats d'option, les producteurs ne les signent pour ainsi dire jamais. Ils les signent après avoir obtenu un son de cloche favorable d'un diffuseur, juste avant de déposer leurs demandes de fonds aux différents guichets gouvernementaux. Les diffuseurs, malgré tout ce qu'ils prétendent sur les tribunes où ils viennent défendre leur intégrité, participent joyeusement à l'arnaque. S'ils étaient rigoureux, aussi bien dans leur fonctionnement interne que dans leurs partenariats avec les producteurs privés, tout un niveau d'abus et d'incertitudes serait éliminé d'un seul grand coup de balai. C'est simple. Si à leur niveau absolument crucial ils acceptent d'étudier, de considérer, de discuter d'un projet, ils devraient exiger au préalable de voir un contrat d'option signé avec l'auteur concerné. Ça ne laisse pas de marge de manœuvre ? Ben justement. Ça remettrait une étampe de professionnalisme et d'authenticité sur la naissance des productions, et ça permettrait à tous les artistes et artisans, producteurs compris, d'arrêter de se faire systématiquement regarder comme des commis voyageurs lorsqu'ils frappent à la porte d'un éventuel acheteur.

Ça ne coûterait pas grand-chose, remarquez. La somme d'argent impliquée se négocie gré à gré et, si le projet trouve preneur, elle sera déductible du cachet d'écriture. Je ne ferai pas l'autruche : C'est le contrat lui-même qui fait peur aux producteurs et aux diffuseurs, pour des raisons… transparentes ! J'en ai signé quelques-uns quand même, quoique, dans ces heureux épisodes marquant mon parcours de travailleuse autonome, un producteur privé ne m'ait jamais versé un sou noir. Dans la colonne « Mieux vaut en rire qu'en pleurer », je peux vous dire que pas plus tard qu'en avril dernier un « gros » producteur qui a absolument adoré un projet développé sur vingt-neuf pages que je lui ai soumis en accord avec les personnes impliquées sur le plan du contenu, m'a candidement envoyé ce courriel : «Chère Waitress, je suis à préparer ton contrat d'option SARTEC et je ne sais pas quelle somme mettre. Un sou, cent dollars, mille dollars?» Qu'auriez-vous fait, à ma place? Je lui ai répondu que, présenté ainsi, je serais bien folle de ne pas demander mille. Le lendemain, son bras droit m'envoie un courriel à son tour : «Dans ce cas, Producteur propose cinq cents dollars.» OK d'abord. Trois mois plus tard, j'ai reçu ma récompense. Je me demande si le producteur a fait parvenir une copie conforme à la SARTEC. Car à toutes les étapes, c'est pratique courante ça aussi. Les producteurs signent avec les auteurs pour les apaiser, puis ils oublient ce contrat au fond d'un tiroir le plus longtemps possible, car ils n'aiment pas du tout que la SARTEC mette le nez dans leurs affaires, leur souligne des irrégularités, leur rappelle des échéances.

Parce que, je me répète, un projet sans producteur est sans promesse d'avenir, Waitress accepte donc de laisser aller son bébé sans contrat d'option. Nos grands-mères ne laissaient-elles pas partir leurs fils avec les curés pour leur permettre de faire leur cours classique? Il faut faire des sacrifices dans la vie, Waitress.

Le producteur a votre projet. Il le met dans sa valise pour les jours de pêche. Parfois, il vous avise qu'il a l'intention d'en glisser un mot à un diffuseur qu'il rencontre justement telle date. La plupart du temps, il ne dit rien du tout. Si vous avez essayé d'intéresser à ce projet plus d'un producteur, ce qui est tout à fait légitime quand on est déterminé à faire vivre ses idées et à gagner sa croûte, ils peuvent être plusieurs à jouer le même jeu, transformant à votre insu votre idée ou votre projet en vieille chaussette qui pue au nez des décideurs. Ça n'arriverait pas s'il y avait obligation de présenter un contrat d'option signé en abordant des négociations de contenu. Cependant, cette ligne de pensée est utopique. Côté monétaire, l'auteur est généralement seul à investir dans son projet tant et aussi longtemps qu'un diffuseur n'est pas dans le coup. Compensations rétroactives? Oubliez ça.

Dans les cas où le producteur a une idée et vous commande un texte de présentation, un synopsis, la situation n'est pas plus rose. Lorsque vous avez quelques succès d'estime à faire valoir dans le domaine concerné, je sais par expérience que les plus généreux accepteront d'attacher aux ententes une somme maximale de trois mille dollars — la SARTEC a fait, en toute confidentialité, une moyenne des cachets versés aux auteurs à différentes étapes d'écriture. Les membres ont beaucoup apprécié. Mes chiffres ont contribué à faire cette moyenne mais ne la représentent pas.

J'ai vécu des situations pénibles. Un producteur m'a appelée un jour de novembre me demandant de le rencontrer pour qu'il me fasse part de sa démarche des dernières années. Il avait une idée de série et voulait le scénario d'un épisode. C'était intéressant. J'ai fait la recherche, écrit un premier jet que lui et son équipe immédiate ont aimé. Assez, d'ailleurs, pour que ce texte se retrouve finalement chez plusieurs diffuseurs. Ce producteur n'est pas un vendeur de chaussures. Il a lui-même des prétentions de concepteur et d'auteur, il est éduqué et raffiné, et c'était stimulant de brasser les idées autour de la table dans sa «maison». Comme tous les producteurs de documentaires, il espérait, bien entendu, intéresser un diffuseur à une série ou à une collection afin de pouvoir travailler dans une certaine continuité

psychologique avec un minimum de sécurité financière. Or, j'avais justement une idée de série qui pouvait s'inscrire dans sa « démarche », son idée originale
laissant les décideurs assez froids. On a eu une réunion ou deux pour en discuter avec ses personnes de
confiance. J'ai étoffé la présentation. De leur côté, elles
ont formaté mon texte pour l'insérer dans un élégant
cahier relié aux couleurs de la maison, ajouté leurs
curriculum vitæ, résumé en quelques lignes le mien. Le
producteur et son bras droit, dans cette présentation,
avaient un prénom et un nom, des crédits de concep-
teurs. Moi, je n'avais qu'un prénom et mes années
d'expérience (plus nombreuses que celles de mes
nouveaux partenaires) ne figuraient nulle part. Pas
grave : L'important, c'est qu'on vise le même but !

Un diffuseur a allumé sur l'idée de base de ma
série. Cependant, nous venions d'entrer dans une nouvelle vague de documentaires subjectifs valorisant le
point de vue de l'auteur. Le diffuseur ne voulait pas de
série, mais a invité le producteur (je n'ai pas assisté à
leur rencontre) à lui présenter un traitement du même
sujet dans un format « unitaire ». Je hais ce mot. Il rime
trop facilement avec « sanitaire » et « utilitaire ». Mais
tout de même : un diffuseur intéressé à mon idée, et un
producteur sérieux qui est dans le coup avec moi !
Vous pensez bien que Waitress s'est garrochée sur son
ordinateur. Une version. Deux versions. Le bras droit
de Producteur m'appelle, tout excité, pour demander
une version anglaise, car le montage financier de tels
projets appelle souvent une coproduction avec les
amis de Toronto. Je l'écris, je fais réviser à mes frais
mon anglais de Gaspésienne par des amis intimes de
Shakespeare. Je livre. Bras droit me demande une
disquette. Pour m'encourager, le producteur fait mine
de respecter mes timides espoirs d'auteure rêvant
d'aborder, dans un documentaire, un fait de société

actuel, créant du coup une œuvre de référence historique. Il me promet qu'au festival de Banff et au festival
Hot Docs à Toronto, où nous planifions de nous rendre
tous les deux, il me présentera des gens et vantera mon
travail. Mais… au bout de six mois, toujours sans rémunération ou entente officielle aucune, j'ai demandé un
contrat d'option SARTEC. Quand ça a trop piétiné, je
me suis avancée à demander une somme globale et
forfaitaire de trois mille dollars pour l'écriture du projet
commandé qui n'avait pas trouvé preneur, pour
l'écriture du projet qui allait être déposé chez le diffuseur intéressé au Québec et l'autre visé au Canada
anglais. Trois textes, des heures et des heures de
recherche, de nombreuses réunions. Le producteur m'a
trouvée vraiment désagréable, m'a reproché mon ton
presque «juridique», m'a pleuré dans la face en disant
qu'il n'avait pas une telle somme d'argent. Pas grave,
que j'ai dit. On a signé un contrat d'option de zéro sou
pour le projet qui avait des chances d'aller de l'avant.
Le reste est allé dans la dégénération de nos rapports
humains et professionnels. «Et moi qui étais si content
de travailler avec toi», de me dire Bras droit. Justement.
«Travailler avec.» Il m'aurait offert un partenariat,
même hypothétique, j'aurais persisté. Mais de quel
droit un producteur peut-il me demander de travailler
pour rien et me reprocher de ne pas le faire? Je ne
connais pas la réponse. Certains de mes collègues
m'ont dit : «Ce n'est pas un vrai producteur.» Malheureusement, c'est un vrai producteur, très respecté de
ses pairs, et ce genre de comportement, lorsqu'on
s'aventure en dehors de l'écriture dramatique, peut être
observé souvent.

Cette boule dans la gorge passée, remettons-nous à
l'ouvrage. «Le temps, c'est de l'argent.» Le temps du
producteur se traduit en gains. Le temps de l'auteur se
traduit en pertes.

Vous avez, avec un producteur, convenu d'une entente. Les délais sont tels que vous auriez dû vous mettre à l'ouvrage hier, car les producteurs attendent toujours à la toute dernière minute pour officiellement démarrer les projets – cela pour économiser pendant que vous faites du développement sur le bras, et pour vous servir, en argument de négociation à la baisse, que le contrat ne couvre qu'un laps de temps somme toute assez court en considération des milliers de dollars qu'il va vous permettre de récolter. Si l'entente à signer est liée à une série, le producteur mettra de la pression pour vous faire accepter un *package deal*, un cachet forfaitaire, son argument étant qu'il vous offre, en bout de ligne, l'équivalent d'un salaire annuel à Radio-Canada. Ça prend des années avant que vous ayez l'aplomb de lui rétorquer que votre revenu annuel ne le regarde pas et que vous n'êtes pas en train de négocier votre argent de poche avec papa.

Pour retarder la signature et l'application des contrats après la poignée de main, les producteurs ont mille trucs. Le directeur de production, l'administrateur ou l'avocat a tous les détails, il va vous appeler dès qu'il aura une «minute». L'avocat a «préparé le contrat, mais il attend la signature d'un des associés actuellement en voyage», lequel associé ne manquera pas de se libérer pour monter sur le podium au gala des Gémeaux le jour où l'œuvre en devenir se montrera méritoire de ladite signature. «Le contrat est signé, on vous en a fait parvenir copie. Le courrier est lent, n'est-ce pas? — Oui, cher producteur, cher maître, cher bras droit des dieux, j'ai bien reçu copie du contrat signé il y a un mois, cependant je ne trouve pas dans l'enveloppe le chèque correspondant à cette petite clause : payable à la signature de la présente. — Ça, il faut demander à la comptabilité.» Ou : «La pratique chez nous, c'est d'émettre les chèques des pigistes une fois par mois : ça va aller au mois prochain, la comptabilité vient juste de recevoir sa copie du contrat». Dans les bureaux où ils ne sont qu'un, ou un et une douce moitié, après l'entente verbale, on est «trop débordé» pour retourner les appels, et après la signature du contrat on entraîne l'auteur dans un beau grand voyage de transparence, en copain-copain : «Le c... de diffuseur n'a pas encore émis mon (*sic*) chèque... Mon gérant de banque refuse de me faire une avance... La SODEC m'a encore envoyé un formulaire à remplir... J'attends des crédits d'impôt...» N'importe quoi.

Cependant, au début d'une production, l'auteur est essentiel. Alors le premier versement ne tarde pas trop quand même. Le cachet minimum commandé par un scénario documentaire dans les ententes SARTEC représente le maximum de ce qu'un producteur se réclamant d'un petit budget consent à payer. Ces dernières années, avant de découvrir le pot aux roses, je n'ai pas insisté pour essayer d'obtenir plus, bien que mon premier contrat de scénariste remonte à 1978 et qu'une vingtaine d'années de scénarisation en télévision devraient justifier un excédent à ce qui est redevable à l'auteur débutant. Le cachet minimum en question tourne autour de six mille dollars pour une œuvre qui représentera une heure de télévision, la durée exacte étant établie selon le nombre de minutes soustraites au contenu au bénéfice des messages publicitaires. Ce cachet est habituellement payé en trois versements, ce qui peut facilement s'étendre sur un an.

La recherche ayant échappé à la juridiction de la SARTEC, je n'ai jamais touché un sou pour les mois et les années que j'ai consacrés à développer, dans ma solitude d'auteure, des projets qui ont pourtant connu de francs succès à l'écran. J'ai fait la paix avec ces pertes sèches, me disant que, sans elles, je n'aurais de toute manière aucun scénario à offrir. L'énormité du prix que les artistes et les artisans ont à payer pour apporter à leurs œuvres la réflexion et la maturation dont elles ont besoin est actuellement étudiée par plusieurs associations du secteur culturel, dans le but d'amener les instances gouvernementales, surtout par le biais de mesures fiscales, à reconnaître l'urgence de mettre en place un filet de sécurité sociale des artistes. Je l'ai déjà mentionné, la solidarité veille. Waitress se sent suffragette.

Par ailleurs, le scénario d'un documentaire est forcément truffé d'intentions, si solide la recherche soit-elle et, à moins qu'on ne se donne comme mission au départ d'illustrer une longue narration, il faudra presque toujours, à l'autre bout de la mise au monde de l'œuvre, à l'étape du montage, se mettre à une tout autre écriture. Celle, justement, de la narration. Les artistes membres de l'UDA qui donnent voix et couleur à ces textes trouvent, dans cet acte profession-nel, des petits coussins à leurs finances. Certains auteurs sont payés à la minute, ce qui est déjà quelque chose, mais quelque chose sans commune mesure avec le temps que ça prend pour les écrire. Je ne sais pas ce qu'il en est des auteurs en général, mais tous ceux que je connais qui écrivent le genre de docu-mentaires que Magnus qualifie de *fast food* m'ont confirmé que cette étape importante de la finition d'une œuvre, celle où l'auteur met son empreinte finale, n'est jamais rémunérée en sus. Nous parlons de textes soutenant une histoire sur quarante-cinq à cinquante-deux minutes de temps d'antenne, dans certains cas quatre-vingt-dix. Nous parlons d'un style, d'un souffle. Nous parlons d'une habileté et d'un art. Ce sont de vrais textes que les comédiens sont heu-reux et fiers de dire. Un producteur que je n'ai pas assassiné «juste parce que je l'aime bien» m'a confié la logique de ce non-sens : «Écoute donc : t'es auteure. J't'ai vue faire : des textes, tu écris ça les doigts dans le nez.» Je vais faire plus attention à mes manières.

Autre chose avant d'en finir avec les contrats d'écriture et leur rémunération. Même dans le cas où le producteur n'a jamais pensé à votre sujet avant que vous lui déposiez un projet articulé d'un bout à l'autre sur la table, dès qu'il en devient officiellement le producteur, il vous traite comme un pigiste qu'il aurait choisi d'appeler au hasard le matin même. Une part du budget global devrait être alloué d'office à la personne qui a généré le projet. Le cachet d'écriture négocié au départ devrait être systématiquement majoré si le projet permet à un producteur en dehors des grandes zones urbaines de réclamer, avec ce projet, des crédits d'impôt additionnels. J'irais même jusqu'à dire qu'en ce qui concerne le cachet d'écriture, s'il est vrai comme le prétendent les producteurs que ce sont les bailleurs de fonds qui fixent les plafonds, eh bien, ces bailleurs de fonds devraient expédier eux-mêmes les chèques aux auteurs et arrêter de faire transiter cet argent par les poches des producteurs, qu'ils soient géniaux ou morons. Mais les bailleurs de fonds s'en lavent les mains : «Nous n'intervenons pas dans les relations entre auteurs et producteurs.»

La bonne nouvelle, c'est qu'un contrat d'auteur entraîne des droits de suite, perçus dans le cas des auteurs d'œuvres documentaires par une société française ayant juridiction au Québec, la SCAM (Société civile des auteurs multimédias), le pendant de la SACD qui veille aux auteurs dramatiques et qui a versé, par mégarde, des millions de dollars aux prête-noms de Cinar. Je n'ouvrirai pas ici la canisse de vers. Tous les affamés de la production privée tournent autour. Je vais cependant vous mettre au parfum

d'une petite récompense qui m'est venue récemment
à cause de la SARTEC et qui me laisse croire que le
destin, ou ma mère, ou les deux réunis dans l'intem-
porel, veillent sur la *waitress* au bord du suicide.

C'est classique, mais ça donne une idée du climat
dans lequel évolue l'auteur qui ne signe pas de fiction.
Radio-Canada a fêté, en 2002, ses cinquante ans et a
marqué l'occasion en remettant à sa grille-horaire des
émissions représentant sa présence au cours des ans
dans les événements et auprès des gens. J'ai été émue
et extrêmement honorée de constater que, pour représenter le formidable apport de *Femmes d'aujourd'hui*
dans l'émancipation des Québécoises et dans la
production de la maison mère, on avait sélectionné
l'une des émissions que j'avais bâties avec le réalisateur Pierre Duceppe à l'occasion du quinzième anniversaire, en 1981. Le scénario, lié par un monologue
interprété par Marie Tifo, invitait la femme à regarder
à travers les archives sa propre évolution. C'était en
septembre. Quelque part en décembre, en mettant de
l'ordre dans mes papiers, je me suis dit que c'était tout
de même curieux que je n'aie pas reçu de redevances.
Radio-Canada, quand même ! Et c'était écrit en toutes
lettres dans le programme : « Un monologue de
Carmel Dumas. » Je passe un coup de fil à la SARTEC.
Forcément, me suis-je dit, avec toutes ces reprises et
tous les auteurs impliqués, notre syndicat avait
concédé des droits en vertu d'une entente spéciale qui
m'avait échappé. Eh non. Si quelqu'un de Radio-
Canada avait communiqué avec moi, étant donné que
l'heure de diffusion était le matin, bien en dehors des
heures de grande écoute, le diffuseur aurait pu s'en
tirer, avec ma permission écrite, en me versant 30 %
du cachet original. En mai dernier, il a dû, en respect
des clauses de la convention SARTEC, verser 180 %
plus une pénalité. Il n'y a pas si longtemps, j'aurais

retourné le chèque. J'en ai déjà naïvement retourné un à la veuve de Gerry Boulet. Attaches sentimentales, voyez-vous. Pas aujourd'hui, les amis. Radio-Canada est un producteur comme les autres. N'empêche : Parfois, dans ce foutu métier de *waitress*, il y a un petit clin d'œil du destin qui vous sèche les larmes.

La question du scénario est réglée. Il faut maintenant le réaliser. Les réalisateurs, regroupés dans l'Association des réalisateurs et des réalisatrices du Québec (ARRQ), qui a pris racine dans le monde du cinéma et qui se démène comme un diable dans l'eau bénite pour arriver à signer une première convention avec les producteurs privés de télévision, sont repoussés de force dans les désagréables négociations gré à gré. Les premières fois que j'ai endossé seule cette responsabilité, je l'avoue en toute candeur, je n'avais pas la moindre idée de comment cette tâche était évaluée dans la pratique courante. Je n'osais pas non plus crier trop fort, car mon expérience en réalisation me venait du journalisme et mes connaissances techniques n'étaient pas très pointues. Durant plusieurs années, je me suis dit que mon symbolique cachet de réalisation me permettait de me perfectionner « sur le tas » en signant des œuvres honnêtes, sans avoir à verser cinq mille dollars à une école pour étudier avec d'anciens réalisateurs devenus profs tout en me coupant irrévocablement du circuit où j'avais réussi à me tailler une petite place. Aujourd'hui, j'ai très bien identifié mes lacunes et mon retour à l'école me mènera probablement auprès de professeurs qui m'aideront à les combler.

Pour les productions que j'ai signées en cours d'« apprentissage » de réalisation, les producteurs m'ont tous dit la même chose : « Tu fais tout. On a dix mille dollars dans le budget pour toi. » Enlevez l'incontournable cachet SARTEC, vous avez le billet gagnant. Les maisons de production liées à l'ARRQ par les ententes cinéma ont accepté de percevoir des cotisations professionnelles équivalant à 3 % des cachets des réalisateurs de télévision membres et à 5 % des cachets des non-membres. Ce qui signifie qu'il y a, depuis un certain temps, des réalisateurs qui ont le bonheur de travailler un peu plus que les autres qui rongent leur frein en titi de voir cet argent partir sans retour de bénéfices. C'est payer cher pour la solidarité et les producteurs le savent très bien, de telle sorte qu'ils multiplient quand ils le peuvent des contrats de réalisation bidon. Les dix mille dollars touchés par les *waiters* et les *waitresses* créant ces dernières années une heure de télévision pour un canal spécialisé étaient généralement redistribués comme suit : six mille dollars pour le scénario, trois mille dollars pour la recherche, la planification et les entrevues, mille dollars pour la réalisation. Enlevez ou ajoutez deux à trois mille dollars, je parie que la moyenne est juste. Nous parlons de budgets auxquels les producteurs collent des chiffres oscillant entre soixante-quinze et cent mille dollars. Ceux que je crois avoir été les plus honnêtes m'ont offert un cachet global de vingt-cinq mille dollars. Nous ne nous sommes pas rendus en production, mais ils m'ont du moins permis de me faire une idée plus juste de qui m'exploitait honteusement et qui seulement un peu.

Dans les « grosses » boîtes, il arrive souvent qu'on nomme à ce genre de production un producteur délégué qui vous tient distraitement à l'œil, qui garde le contact avec le diffuseur et qui va chercher sa bénédiction, ses corrections, ses refus. Cette personne bénéficie en partant d'un cachet de dix mille dollars — un cachet égal à celui de la *waitress*, sans les tâches. Elle bénéficie de surcroît, dans plusieurs cas, de déductions fiscales importantes, surtout lorsqu'elle ne fait pas partie de l'équipe permanente de la maison de production qui l'a mandatée.

Les cachets stipulés dans les contrats sont vus par les producteurs en général comme la concession à laquelle ils ne peuvent échapper et la carotte qui va vous aveugler. Lisez vos contrats, lisez-les plusieurs fois. J'y ai passé des nuits et je ne l'ai pas regretté. Ces bureaux ont des avocats qui ratissent les implications financières et juridiques des productions au peigne fin. Ils sont payés grassement pour garder les producteurs du bon côté des barreaux, quand ils ne sont pas associés de la boîte. Les regroupements professionnels ont d'ailleurs des avocats aussi et ces dernières années les réalisateurs et les auteurs ont compris l'importance de les consulter. La SARTEC et l'Union des artistes ont des contrats types, mais les maisons de production aiment ajouter des annexes, des clauses spéciales, etc. Les administrateurs calculent que vous allez signer leurs compositions les yeux fermés, juste pour toucher votre chèque. Les plus habiles vous font une belle conversation en tournant les pages, vous indiquant qu'il faut «signer ici» à mesure qu'ils repèrent les flèches autocollantes. Partez avec votre contrat. Prenez le temps de le lire privément. J'ai vu un bureau essayer de me refiler la responsabilité des droits d'auteur sur les archives. Je me suis encore récemment fait chiper des droits de suite comme réalisatrice et je n'ai pas encore trouvé l'erreur — pourtant, dans les autres productions de cette boîte, je remarque que les droits des réalisateurs pour des œuvres comparables sont bel et bien reconnus par la SCAM lorsque ce sont le producteur et ses associés qui réalisent. Exigez des engagements de la part du producteur aussi. J'ai exigé des clauses par lesquelles le producteur s'engageait à faire le suivi sur les droits. Ça devrait être implicite, mais il faut épeler. Oh, la liste des petits détails que l'on dresse trop tard est longue!

Bon. Cahin-caha, vous avez les précisions contractuelles. Maintenant, cher poisson, on va jouer au jeu « Cours après ton chèque ». Si vous êtes à la fois auteur et réalisateur, n'ayez surtout pas l'outrecuidance de vous attendre à ce qu'on vous fasse un versement sur la réalisation avant d'avoir fait tous les versements sur le scénario, même si vous êtes en tournage : « J't'ai pas donné un chèque la semaine dernière? Tu vis au-dessus de tes moyens ou quoi? »

Le dernier chèque peut prendre des mois à arriver, parfois il n'arrive jamais. Vous avez cédé. Le producteur vous a dit : « Ton nom est là-dessus, ma belle. » À ma connaissance, les seules fois où le producteur démontre un minimum de respect envers le fait que mon nom soit effectivement rattaché à une œuvre, c'est lorsqu'il a l'intention de me faire travailler encore un peu plus pour rien.

L'œuvre complète a été remise au diffuseur, le diffuseur a payé le producteur et le producteur a pris cet argent pour embarquer de nouveaux poissons dans le jeu « Cours après ton chèque ». Il y a même un producteur qui appelait mon chum pour lui dire : « Écoute, dis-lui pas tout de suite parce qu'elle va faire une crise de nerfs, mais son chèque a rebondi. Si tu passes au bureau, je vais t'en donner un autre. Il va rebondir aussi, mais je ne veux pas que son compte soit à découvert. » « COMMENT ÇA, CHUM? TU NE LUI AS PAS RACCROCHÉ AU NEZ? TU NE LUI AS PAS DIT QUE T'AVAIS DES CONNEXIONS CAPABLES DE LUI CASSER LES DEUX JAMBES? — Excuse-moi, mon amour. Je n'y ai pas pensé. » Pas grave. C'est ma job à moi ça, penser. Merci, chum, de me laisser tant de fois pleurer sur ton épaule. Moi qui fais des journées de travail de quinze heures minimum, il m'est arrivé d'avoir honte d'être obligée d'avouer à ce compagnon — qui ne m'a jamais dompée pour Julia Roberts même s'il en a caressé maintes fois l'envie — que j'étais coincée financièrement, que je ne pouvais pas faire ma part à la date promise. Je me suis fait humilier et menacer par les banques et les assureurs, qui n'accordent pas un iota de confiance à votre « travailleur autonome », j'ai dû chambarder les projets de vacances de tout le monde, me prêter de l'argent sur ma marge de crédit, je vous en passe et des meilleures car, de toute façon, je sais que, évoluant dans la même société de consommation et de libre entreprise que moi, vous savez très bien de quoi ça retourne. J'ai de la chance : Bon nombre de mes collègues ont dû encaisser tous leurs REER.

Ça, c'est pour les cachets minimums négociés en bonne et due forme, noir sur blanc, copies conformes déposées chez les bailleurs de fonds. C'est maintenant que Waitress commence à financer la production comme telle. Le bureau à la maison et tout le tralala, je vous en ai déjà parlé. Coscient n'existant plus, il est trop tard pour me plaindre du fait que, pendant une couple d'années, j'aurais dû charger, à cette boîte pionnière qui a engendré la très active Zone 3, des frais de location de bureau. Pour de petites boîtes, on peut toujours comprendre les problèmes d'espace. Pour des édifices au complet...

C'est rien, ça. Vous êtes en tournage. Parfois à des centaines de kilomètres de la maison de production que vous représentez. Pour les déplacements, tous les producteurs vont commencer par vous suggérer sur un ton décontracté de garder vos reçus. Sousentendu : « On te remboursera quand le cœur nous en dira. » D'autres vont faire des réservations avec des cartes de crédit qui sont refusées quand vous vous présentez à minuit avec une journée de tournage dans le corps qui ne vous laisse que quelques heures avant de reprendre le collier. Il faut débourser ou gueuler. D'autres s'inventent des petits règlements : «Chez nous, on n'avance que 80 % des allocations de déplacement et d'hébergement. On remboursera le solde quand vous remettrez vos rapports.» Le remboursement des appels interurbains, oubliez ça. Avec tout ce que Waitress a à faire, elle va dépenser ses énergies ailleurs que dans ce genre de paperasse!

Un jour, coup sur coup, j'ai vu plusieurs budgets de production. J'ai failli tomber en bas de ma chaise. Les imprévus, les locations de ci et de ça... Heureusement, j'avais lu dans le temps des prévisions de budget de femmes en instance de divorce, le genre de femmes qui n'ont jamais eu l'intention d'être collaboratrices de leurs maris. Avec l'appui de leurs avocates aux doigts rutilants de diamants, ces opportunistes hypocrites s'étaient emparées des lois que les féministes avaient fait adopter de peine et de misère pour protéger les femmes qui se faisaient cavalièrement abandonner avec des enfants à élever ou des vieux jours à assurer, sans reconnaissance financière aucune des années travaillées au foyer et des responsabilités à porter à bout de bras pour les années à venir. Ce qu'elles réclamaient au nom du «maintien de qualité de vie» et de l'éducation des enfants qu'elles refilaient dans les plus brefs délais aux hommes qu'elles avaient «lavés» allégrement aurait fait rougir Al Capone. Mais pas un producteur.

Des imprévus, hein? Ça m'a coûté cher, les imprévus de production. Jamais un dix dollars de petite caisse. Les cafés, les bouteilles d'eau pour les invités. Les petites attentions. Le bout de corde ou le pot de colle qu'il faut acheter sur-le-champ. Bien sûr, j'aurais pu chez chaque dépanneur exiger, comme apprennent à le faire religieusement les techniciens, un reçu pour chaque huard. La vérité, c'est que je trouvais ça trop minable. Tant pis pour moi. Les maisons de production peuvent en produire à volonté de ce genre de reçus, et en plus, il y a des sommes dans les devis qu'elles ne sont pas tenues de justifier par des reçus.

Mais vous n'avez pas encore dégusté la cerise sur le gâteau. Qu'on exploite une *waitress* comme moi trop niaiseuse pour apprendre à défendre ses droits avant que le mal lui soit fait, ça peut presque être considéré de bonne guerre. Je gagne quand même ma vie dans le milieu et, à titre de travailleuse autonome, je peux déclarer des dépenses professionnelles si je trouve un comptable qui comprend mon boulot. *Business as usual.* Mais il y a du vrai monde dans nos documentaires. Vous vous rappelez : trois UDA, trois non-UDA ? Je vais vous parler un peu de mes amis, les «non-UDA». Ils ne sont pas trois. Ils sont des centaines. Les plus coriaces — habituellement des professeurs ou des spécialistes qui connaissent la chanson — négocient de gros (!) cachets de deux cents à trois cents dollars. Mais les autres ! J'en ai dédommagé de ma poche parce que j'avais honte de ne rien leur offrir pour leurs déplacements, leurs efforts à se mettre sur leur trente-six, les petits sandwichs préparés pour l'équipe, leur cœur dans l'assiette. Le producteur m'avait dit : «Ils vont être contents de passer à la télévision.» Ou encore : «On leur donne de l'*exposure*, c'est bien assez.» Dans un cas où le producteur avait accepté de verser deux cents dollars à tous mes participants, lesquels m'avaient accordé plusieurs jours de leur temps et une matière formidable, je me suis retrouvée avec une série de petits vieux paniqués au bout du fil. Ils avaient reçu des papiers compliqués à signer comme quoi ils n'étaient pas employés de la maison de production en question, accompagnés d'un formulaire du ministère du Revenu qui compliquait sans bon sens leur déclaration de fin d'année. Ben voyons donc!

Encore une fois, ce que je vous décris ne tient pas du cas isolé. Mes compagnons de route à la caméra, au son, au montage, au mixage ont des histoires au même goût amer. Ces gens, on leur négocie leurs heures sans aucune marge. J'en connais qui attendent encore le paiement final sur des productions auxquelles nous avons travaillé ensemble et qui sont chez le diffuseur depuis plus d'un an. Alors les relations se corsent à la base aussi. J'ai vu un excellent directeur photo m'abandonner en pleine rue Saint-Laurent avec la pile de cassettes qu'on venait de tourner : Pas son problème s'il n'y a pas de directeur de production pour aller les déposer en lieu sûr, il n'est pas assuré pour prendre cette responsabilité. Et ce n'est pas encore la fois où j'ai eu l'air le plus fou. Je me suis habituée aux monteurs qui arrêtent pile à l'heure du lunch, même si l'inspiration qu'il vous faut pour régler un problème qui vous agace depuis des jours vient de se manifester. Si les auteurs et les réalisateurs n'ont pas la reconnaissance qu'ils méritent, imaginez-vous bien que le monteur s'est fait une raison depuis longtemps, surtout s'il est bon.

Un autre écueil financier auquel peut se heurter le réalisateur pigiste dans le milieu de la production privée se trouve dans les maisons de production liées à des diffuseurs ou financées surtout par le biais de leurs employés permanents, qu'ils soient syndiqués ou non. Il arrive souvent que l'équipe de tournage et de montage n'ait pas droit à du temps supplémentaire, alors le neuf à cinq de l'employé permanent oblige le travailleur autonome à étirer sur vingt jours des tâches auxquelles il avait prévu en accorder dix. Pour le pigiste habitué à faire des journées de plus de dix heures pour arriver, ces journées additionnelles réduisent le montant forfaitaire négocié en cachet quotidien famélique.

Cependant, nombre de fois, au montage et au mixage, on m'a fait de beaux cadeaux. On a donné de son temps, on a donné de la joie et du professionnalisme. Merci les amis, et merci surtout à Jean-François Roy et Michel Marier, qui m'ont appris tout ce que je sais du mixage. La première fois que je me suis amenée avec mon «*fast food*» dans leur studio, je ne savais même pas qu'on pouvait animer des photos avec du son. La dernière fois que j'y suis allée, ils commençaient à trouver que j'en demandais pas mal. Oui, on peut encore apprendre sur le tas.

Ce chapitre me déprime : je m'appauvris à chaque paragraphe! Le plus triste, c'est qu'il dilue l'amour du métier. La culture mercantile mène l'univers culturel de la production télévisuelle. On ne parle que de ça. Les producteurs et leurs bras droits, qui ne viennent jamais sur les lieux de tournage, qui ne rencontrent jamais face à face l'équipe et les forces vives des émissions, s'imaginent qu'ils font de la télévision. Rien n'est plus trompeur. C'est pathétique, à la longue. On est fier d'avoir fait sa part quand on a réussi à négocier un artiste à la baisse, quand on a réussi à obtenir gratuitement un bateau ou une salle de bal alors que nous avions convenu, sur le terrain, d'y aller d'un petit cent dollars. Croyez-moi, c'est sans fin. Lorsque, excédée, je demandais à un administrateur : «Dis-moi combien on peut mettre là-dessus, je vais m'organiser», la réponse, toute prête, enfonçait le clou : «Si je dis que je peux mettre tant, tu vas me dire que ça coûte tant. Essaie de voir ce que tu peux négocier de moins cher et on en discutera.» J'ai trop entendu d'administrateurs ou de prétendus coordonnateurs de production qui ne sont en fait que des «serreurs» de cordons de la bourse parler du budget d'une production comme s'ils avaient ouvert leur propre compte de banque pour la rendre possible : «J'ai tant... J'ai pas ça... Je vais pas lui payer ça...» Jamais de «nous». Jamais de «Comment va le tournage?»

Et puis, il y a la flexibilité des échéanciers. Ça monte et ça descend comme les indices du Dow Jones. On vous fait signer des lettres d'intention dans lesquelles vous vous engagez à être disponible de telle date à telle date pour telle production. J'ai vu des productions qui devaient être bouclées en six mois s'étirer sur deux ans. Les producteurs étaient pris par d'autres projets ou manquaient de «liquidité». Ils évoquaient évidemment d'autres prétextes pour retarder les opérations, trouvant souvent le moyen d'en rendre responsable quelqu'un de l'équipe : «Il ou elle est sur un autre projet... T'es pas prise ailleurs, Waitress?» Ça vous massacre les prévisions budgétaires dans la cuisine, les amis. Les victimes de cette insouciance chronique n'ont aucun recours — les producteurs vont congédier, remplacer avant de payer une pénalité. Si Diffuseur demande trois ou quatre remontages d'un document, retardant les versements sur des semaines ou des mois, les esclaves de la production télévisuelle n'auront aucune compensation financière pour améliorer l'œuvre, même si les corrections exigées sont souvent liées à un caprice de diffuseur qui avait mal lu le scénario ou pas véritablement pensé à l'œuvre avant de la voir dans une version presque finale.

Sortez vos mouchoirs. Ce cours d'économie familiale se termine sur une note triste. Mes producteurs m'ont toujours garanti qu'ils n'ont jamais «fait une cenne avec cette production-là». Dans les cuisines, on prend ça avec un grain de sel. Ceux qu'on aime bien, on leur tire un peu la jambe et on les attend au détour.

Ceux qui nous donnent l'impression d'être de la racaille, eh ben, on crache dans leur soupe. Reste que, de façon générale, on se tient coi. Tout le monde a peur de se retrouver sur une liste noire.

Parlant de liste noire... C'est ironique. Lorsque j'ai fait à rebours la route à obstacles parcourue depuis le succès de la série *Quand la chanson dit bonjour au country*, j'ai réalisé avec stupéfaction que les chances qui m'avaient été données depuis d'évoluer dans ma vie d'auteure et de réalisatrice pour la télévision étaient directement liées au fait que j'étais sur une liste noire à cause de mon roman publié la même année, *Le bal des ego*. J'avais commencé d'écrire ce roman pendant que dormait l'homme de ma vie, dont je venais tout juste de faire la connaissance : mon garçon qui aura bientôt trente ans. Il y eut plusieurs moutures, des urgences enfonçant constamment le roman dans un tiroir négligé. Lorsqu'il est paru, une quinzaine d'années plus tard, on en a dit que c'était un roman à clés, ce qui, selon la définition de Maurice Druon — n'ayez crainte, je ne cherche en aucune façon à me comparer à l'auteur des *Rois maudits* —, veut dire « un roman historique dont les personnages sont encore vivants ». Ce fut assez étonnant et très instructif de prendre connaissance, au jour le jour, des adaptations libres qu'on faisait dans les salons de mon roman, dont on a aussi dit énormément de bien. On a donné toutes sortes de raisons pour le mettre à l'index. Or, ce qui a vraiment causé son boycott et son retrait des tablettes des libraires est tout compte fait plutôt amusant quand on a fini d'en pleurer. Dans ce roman, figurez-vous donc qu'il y a un personnage nommé Rodrigue que j'ai affublé d'un petit zizi. Eh oui ! Tape ta main, pas fine. Or, plusieurs carriéristes « toujours vivantes » se sont fait, au moment de la parution, taquiner par des petits malcommodes : « Dis donc, le

Rodrigue, il fait penser un peu à ton Jules. Est-ce que c'est vrai que de ce côté-là il est pas fort?» La vengeance des femmes craignant qu'une queue trop courte dans leurs parages raccourcisse leur propre bras long fut sans merci.

Bon nombre de producteurs ont su plus vite que moi le sérieux de l'affaire. Le mot s'est donné : «Elle aura pus de jobs, unetelle a promis de couper les couilles au premier qui l'engage.» Ces producteurs ont pris le parti de me faire savoir que j'avais de la chance qu'ils fassent fi des ragots et apprécient mon talent quand même. Évidemment, comme *waitress* qui coûte pas cher et qu'on garde dans la cuisine, ça pouvait passer. Pour se faire pardonner par madame et étirer le plaisir de madame, le coupable n'avait qu'à avouer : «Elle me coûte des *peanuts*.» Madame était satisfaite : J'étais toujours en punition.

La morale de l'histoire, c'est que dans le «milieu» un bout de queue dans une culotte a une valeur négociable infiniment plus importante que vingt-cinq ans de métier sous le tablier d'une *waitress*. Alors, si vous avez peur de perdre votre argent, le plus prudent serait de garder vos mains dans vos poches.

Idées sous vide

On a mis les idées en récréation — les profs sont en journée d'étude. De la galerie où elle tue le temps en pensant, Waitress les observe. Elles sont si belles en liberté. Tantôt, un grand blond pas complètement rassurant s'amusait avec elles sur la glissade. C'était fascinant de les voir aller.

Producteur rejoint Waitress sur la galerie. Il veut juste la saluer en passant. Tu veux prendre un café, Producteur ? Pourquoi pas, Waitress. C'est pas mal tranquille, au bureau, ces jours-ci.

Producteur a l'âme à la confidence. Waitress a bonne oreille. Elle se moque intérieurement d'elle-même, sans amertume. Il n'y a pas si longtemps, elle aurait décroché la lune pour ce pauvre producteur. Ils regardent ensemble les idées qui courent. Ils avaient rêvé d'en regarder grandir ensemble.

Producteur et Waitress se demandent où sont allées toutes les idées disparues. À bâtons rompus, ils échangent les informations recueillies au cours de conversations fortuites. Telle idée est rendue chez untel : Elle a changé un peu mais, quand on la regarde de près, on la reconnaît bien. C'est sans l'ombre d'un doute celle avec laquelle ils s'étaient tant amusés. Producteur pleure la perte d'une autre idée : Il lui avait donné une bonne vie, à celle-là. Toute une série ! Diffuseur a distribué des copies de la série à la ronde, disant aux concurrents de Producteur : «Regardez. C'est ça qu'on cherche.» Waitress a de la difficulté à sympathiser – ce genre d'histoire ne la choque même plus, c'est du déjà vu.

Pour combler le malaise qui les sépare, Producteur et Waitress se remémorent le bon vieux temps. On se regroupait autour d'une table de la cafétéria de Radio-Canada, de l'ONF, de Radio-Québec, de Télé-Métropole, d'un bistrot. On carburait à l'énergie les uns des autres. Les éclairs de génie rebondissaient au milieu des banalités et des déclamations. On se régalait des spectacles quotidiens des grands exhibitionnistes qui se concurrençaient le soir venu dans l'acoustique résonnant de *L'Express* pour démontrer leur capacité de projection de voix. Waitress et Producteur accordent la palme à Daniel Pinard et se surprennent à presque regretter qu'il se soit fait si discret depuis sa grande sortie gaie. Producteur en a marre de passer sa journée avec des comptables, des gérants de banque, des vérificateurs, des paperasses. Entre lui et son conjoint associé, le torchon brûle. Il sourit, c'est presque un rictus, et un peu penaud il dit à Waitress : «Évidemment, c'est pas à toi qui passes ta vie dans la cuisine que je devrais me plaindre. Je ne te l'ai jamais dit, Waitress, t'as toujours été ma meilleure.»

Ça fait si longtemps que Waitress se débrouille avec ses problèmes de mère célibataire de ses idées que le compliment ne lui apporte plus de joie. Elle reste sur ses gardes. Si Producteur la portait en si haute estime, pourquoi ne lui a-t-il jamais demandé ce qui la rendrait heureuse ? Elle connaît la réponse. Producteur est un pissou. Il a toujours eu peur, et maintenant il a de plus en plus peur que les *waiters* et les *waitresses* le surprennent, les culottes baissées, à s'intéresser à une de leurs idées. Il ne veut pas se retrouver dans une position coupable, avec un mandat sur les bras, obligé de payer pour une idée qu'il apprécie en voyeur mais dont il ne sait ce qu'il ferait s'il fallait qu'elle lui reste sur les bras. Waitress s'en veut de s'être si souvent laissé flirter par Producteur alors qu'elle savait très bien qu'il n'était intéressé qu'à coucher avec Diffuseur. Sa cour intensive n'a pas porté ses fruits. Diffuseur ne lui a pas chuchoté sur l'oreiller les sujets qu'il aimerait qu'on lui présente sur un plateau. Diffuseur laisse venir.

Producteur, de toute évidence, s'est fait sérieusement rabrouer. Son orgueil est blessé. Il reconnaît qu'il aurait aimé connaître le succès, faire de l'argent. Waitress admet que ce n'est pas un péché. C'est bon pour le moral, le succès. Producteur a l'air d'un gars qui va craquer et qui n'a pas les outils pour recoller lui-même ses morceaux comme la *waitress* a appris à le faire. «Je ne sais pas ce que l'avenir me réserve, qu'il dit. Ce printemps, sept cent quatre-vingt-huit projets ont été soumis au Fonds canadien de télévision. Ils ont juste cent soixante-douze millions à distribuer. C'est évident qu'on va être nombreux à subir un rejet. Ça fait des années que je développe des projets. Mon garçon et ma fille ont vraiment du talent, tu sais, Waitress. Ces dernières années, nous avons investi beaucoup de temps et d'argent pour présenter des dossiers qui avaient de la gueule. Ça ne sert à rien. Je pense que je vais m'en aller vivre de mes rentes et cultiver des tomates. La vérité, c'est qu'on est trop nombreux. Faudrait que je m'associe à un autre, puis j'ai pas envie.»

Waitress ne sait pas quoi dire. Elle aussi a lu le persistant Paul Cauchon. Dans son texte, le journaliste précisait qu'il y avait eu quatre cent dix-huit demandes de financement pour des documentaires auxquels le Fonds réserve 49,7 millions de dollars. On peut en faire, quand même, des documentaires, avec une telle somme d'argent! Mettons 24,8 millions en talent et contenu, oublions l'autre moitié qui pourrait aider à faire rouler la *business*. À des petits budgets de cent mille dollars l'heure, ça fait deux cent quarante documentaires. Avec de meilleurs budgets, ça en ferait tout de même une centaine. Waitress sait que son sens des mathématiques est déplorable, mais c'est comme les chiffres de la loto ou les salaires des joueurs de hockey : ça fait rêver.

De fil en aiguille, Producteur s'informe du sort de Guilda. Il se rappelle qu'aux jours où elle était auteure et réalisatrice, Waitress a eu un grand amour pour Jean et son alter ego, la femme la plus libérée du Québec de la grande noirceur et de la Révolution tranquille. Guilda, la beauté fatale à la langue dangereusement bien pendue qui était en réalité un homme.

Oh, Guilda! Je vais vous raconter. Nous avons fait ensemble ce qu'on appelait alors un «docu-variétés», un genre pour ainsi dire exterminé. Il s'agissait de documentaires auxquels les producteurs aguerris à l'industrie du disque et du spectacle aimaient greffer une production de scène, un événement grand public capté en direct. Cet ajout faisait gonfler le budget de manière très intéressante car, à part les missionnaires du documentaire d'auteur qui disent devoir produire cinq œuvres par année pour assurer leur survie, les producteurs en général ne s'intéressent pas au documentaire ni à l'œuvre unique, sauf dans des cas extrêmes où entre en jeu l'estime ou le désespoir. Les budgets sont trop petits pour eux. Donc, le docu-variétés a permis un temps de contourner les réserves d'ordre économique du producteur et d'enrichir en même temps la programmation télévisuelle de beaux documentaires. Laissez-moi vous dire que c'est un

joyeux casse-tête que d'écrire le scénario d'un documentaire, d'étudier comment et pourquoi on va y
insérer des numéros de variétés, puis d'écrire un autre
scénario pour le spectacle de scène qui permette de les
imbriquer l'un dans l'autre au montage sans gâcher le
plaisir des spectateurs et en salle et dans leur salon.
Pour le réalisateur de variétés responsable de la captation de ces spectacles, les docu-variétés étaient de
beaux bonbons. Pour deux ou trois fois le cachet de
Waitress, réalisatrice de documentaires, ils n'avaient
que deux jours à consacrer à guider les troupes.

Il n'y a pas et il n'y a jamais eu au Québec, au
Canada et probablement dans le reste du monde
francophone, un maître travesti aussi doué et culotté
que Guilda. L'homme est un être d'une intelligence
vive, mordante et généreuse. L'artiste est de la trempe
de ceux qui veulent mourir sur une scène et qui en
tireraient probablement une salve d'applaudisse-
ments. Évidemment, avec tout ce talent souvent
frustré, Guilda a piétiné, dans ses redoutables talons
hauts, nombre d'ego sensibles. Par ailleurs, les numéros des dernières années au Théâtre des variétés et
aux *Démons du midi* commençaient à sentir un peu le
réchauffé. Mais va-t-on reprocher à un artiste de
75 ans d'entretenir avec tant de passion le feu sacré ?
Les archives qu'il a collectionnées depuis ses débuts
en Europe au temps de la guerre, à travers ses succès
fulgurants au cabaret *Chez Gérard* et la *Porte Saint-Jean*
à Québec, *Chez Paree*, *Aux Trois Castors* et à la *Casa
Loma* à Montréal, et plus encore, sont de véritables
trésors. Il a le film d'une audition passée dans les
années 1950 avec un producteur américain pour
doubler Marilyn — même Julia Roberts ne ferait pas
cet effet-là sur un marin.

Travailler avec Jean Guilda à réaliser sa biographie
pour Canal D a été un privilège et un bonheur. Ça n'a

pas été facile ni pour lui ni pour moi. De grands chambardements se dessinaient chez les producteurs et chez les diffuseurs. Les équipes se croisant à la porte, les nouveaux arrivants n'étaient pas très intéressés aux idées en marche laissées par les sortants. Enfin, nous avons ajusté le tir : Guilda oui, mais Guilda *et* le music-hall. Pas de problème. Penser, c'est ma job. Et à ce chapitre Guilda ferait une *waitress* du tonnerre. C'est une belle émission. On l'a diffusée sans faire de bruit, le soir des Oscars. Il y a eu de nombreuses reprises, de très bons commentaires ont circulé de bouche à oreille. Mais qu'en pensez-vous ? Si j'avais réussi à faire ce documentaire dans le même contexte que les créateurs du portrait de Lili Saint-Cyr — l'effeuilleuse qui a eu droit à ses *Beaux dimanches* et à une coproduction avec le Canada anglais —, est-ce que Guilda aurait eu droit à un peu plus de reconnaissance ?

Nous avons développé une relation de confiance. Jean Guilda m'a permis d'essayer d'intéresser un producteur à adapter son histoire pour le cinéma ou pour une série dramatique, comme les diffuseurs ont accepté ces dernières années de le faire pour Alys Robi, Willie Lamothe, Harmonium... Et c'est là que j'ai failli à la confiance que l'artiste m'avait accordée. Les producteurs qui auraient dû m'appuyer sont ceux qui ont produit le documentaire. Ils n'avaient pas la tête à ça, et certainement pas venant d'une *waitress*. D'autres producteurs étaient intéressés. J'ai écrit plusieurs versions du projet. Le principal intéressé m'a appuyée à toutes les étapes. Mais les producteurs ne voulaient rien investir. Et en plus : « Si on réussit à intéresser un diffuseur au projet, qui va écrire les scénarios ? Tu as une bonne plume, Waitress, mais tu n'es pas une auteure de fiction. » L'idée m'a effleurée d'appeler Fabienne pour qu'elle me recommande à

Réjean, mais il faut savoir dire aux idées qu'elles ont dépassé les bornes, n'est-ce pas ? N'empêche. Il n'était pas question qu'un autre auteur que moi s'empare de Guilda. On me lançait des noms : Lui ? Elle ? Des gens qui venaient de signer un succès honnête, sans plus. «Donnez-moi un conseiller en scénarisation, que je répliquais. Bottez-moi le derrière à chaque étape si ça s'avère nécessaire, mais ne m'enlevez pas Guilda.»

Évidemment, on me l'a enlevé. Au bout de deux ans, l'artiste s'est tourné vers quelqu'un d'autre. Le producteur qui m'avait le plus soutenue m'a appelée le matin de décembre 2002, où ce fut confirmé dans un journal : «T'as lu ? Avanti va faire une série sur Guilda. Je suis désolé. Mais tu as remarqué, je suppose... l'article ne mentionne aucun diffuseur. Je sais que les diffuseurs ne sont pas intéressés. Ce n'est pas pour Radio-Canada ce genre de sujet et, à TVA, ça les laissait complètement froids. Si Avanti avait une entente avec un diffuseur, ils auraient fait un communiqué conjoint. C'est pour te tasser, cette démarche. Mais je prends une part de la responsabilité. Je me rends compte que notre outil à nous, les producteurs, c'est l'argent. Ce n'est pas la première fois que mon côté un peu pingre me fait perdre un projet. Pour Avanti, quelques milliers de dollars, c'est rien. Bonne fin de journée.»

J'espère, cher et chère Guilda, qu'Avanti vous a donné un beau magot et que l'œuvre dont on dit maintenant qu'elle sera diffusée sur les ondes de Radio-Canada, diffuseur que mon producteur avait éliminé d'office, vous fera honneur.

C'est vrai que, chez Avanti, à qui les spectateurs d'été de Radio-Canada doivent le bonheur du feu de camp du dimanche soir sur l'île de Gildor, on connaît la valeur des sujets intéressants, des idées riches. Jean-Claude Lespérance, Jean Bissonnette et Richard

Martin, qui ont façonné le mode de fonctionnement de la boîte maintenant entre les mains de Luc Wiseman, sont des sommités dans le mariage de la direction artistique et de la production télévisuelle, ayant permis des succès comme *La petite vie, Un gars, une fille* et *Les détecteurs de mensonges*. Même s'ils ont officiellement quitté Avanti, il n'y a pas de producteurs en ville plus susceptibles d'avoir connu les années de gloire de Guilda et d'accorder à cet artiste son mérite et sa popularité véritables.

En mars 1994, je m'étais si suffisamment enhardie dans l'écriture d'émissions de variétés que j'ai trouvé l'aplomb d'aller frapper à leur porte avec une de mes petites idées que j'avais baptisée *La grande revue*. Je voulais la proposer à Martin et à Bissonnette, parce qu'il s'agissait un peu d'un *Bye bye du siècle*, et ces deux-là étaient des, sinon les, réalisateurs pionniers de la célèbre formule que Radio-Canada a réussi à jeter aux ordures. C'est dur à croire, je l'admets, mais en 1994 même Bissonnette n'avait pas dans son point de mire la tombée du 31 décembre 1999. «Je m'en veux de ne pas y avoir pensé moi-même», me dit-il, tout à fait candidement. Nous avons eu des discussions folles, avec des idées qui virevoltaient de tous bords et de tous côtés, la conversation constamment ponctuée des potins dont Bissonnette raffole et qui mettent Martin un peu mal à l'aise. On a rigolé, mais Biss ne perdait jamais le nord : «Faut ajouter ci, ça, faut tout couvrir...» Bel épisode dans la vie de la *waitress*. Bref épisode. Trois petits tours... et puis plus rien, jusqu'à ce que, six mois plus tard, je reçoive d'Avanti... UN CONTRAT! Avec cette petite clause : «Advenant le cas où la recherche ou des éléments du concept tels que des sketchs ou numéros seraient utilisés par le PRODUCTEUR dans un autre contexte ou une autre thématique, la CONTRACTANTE a toujours un droit

de premier refus à titre de conceptrice ou de scrip-
teure et une nouvelle négociation devra alors être
entreprise entre les parties.» Un premier versement
de mille cinq cents dollars, les amis. Avec un échéan-
cier en cinq étapes qui nous menait en 1999! Je l'ai
signé devant Luc Wiseman (aujourd'hui producteur,
entre autres, de la série sur Guilda) et j'ai encaissé
mon chèque. Je sais lire. J'avais compris. Je me suis
comptée chanceuse qu'on fasse les choses avec un
minimum de rectitude et j'ai attendu la suite, ma foi,
avec un brin de curiosité. En 1998, à l'antenne de Télé-
Québec, je vois surgir *Le jeu du siècle*, «un nouveau jeu
télévisé sur les personnalités et événements marquants du XXe siècle...» L'animatrice était Denise
Bombardier. L'auteur était Guy Patenaude, lequel
avait contribué à la rédaction de mon projet du 21 au
28 mars 1994, changeant le titre *La grande revue* pour
un plus joli : *Le cabaret du siècle qui passe*. Vous l'avez
deviné, le logo à la fin du jeu «du siècle» était celui
d'Avanti.

C'est la vie. Au moins, l'idée a fait son bout de
chemin, les rencontres avec les producteurs ont étoffé
ma connaissance du métier et j'ai touché un peu de
sous. Si mon idée originale s'était rendue à l'écran le
31 décembre 1999 pour saluer l'arrivée de l'an 2000, il
est bien évident qu'on aurait trouvé une façon efficace
et polie de me rappeler que je n'avais pas d'affaire à
rôder dans les talles des Jean-Pierre Plante, Yves
Taschereau et compagnie. Mais si la *waitress* ne fait
jamais rien d'effronté, elle va mourir d'ennui.

Auteur pour la télévision, c'est un métier à risques.
Quand je me suis mise à frotter l'envers de la
médaille, j'ai constaté que peu de gens en vivaient. Ils
bouclent leurs fins de mois avec des salaires de
professeurs ou de chargés de cours, ils ont un conjoint
qui les appuie financièrement, un héritage qui leur

permet de respirer, une carrière solide dans une profession qui leur inspire des scénarios. Puis, il y a les
auteurs qui écrivent pour d'autres, à la demande d'un
réalisateur ou d'un producteur, sous l'aile d'un auteur
principal. On ne peut pas tenir pour acquis qu'un
auteur doive systématiquement initier. L'auteur qui
se balade avec ses idées n'est pas en demande dans le
milieu de la production télévisuelle. Une idée, ça ne
vaut rien. Pour qu'elle puisse révéler sa vraie nature et
l'ampleur de son potentiel, il faut que l'idée entre en
collision avec des magiciens et des mécènes. Ça ne
court pas les rues. Elle est bien plus souvent victime
des voleurs de grand chemin, quand elle ne meurt pas
de faim, épuisée d'avoir tant voyagé, frappé en vain à
tant de portes. « Va-t'en, idée. Tu coûtes trop cher. Je
n'ai pas de temps pour toi. J'en ai déjà des centaines
comme toi dont j'essaie de me débarrasser. *Et cætera.* »

Mais les idées qui arrivent à faire leurs preuves
peuvent vivre vieilles. Parfois, lorsqu'on les voit à
l'écran, on a l'impression qu'elles nous supplient de
les tuer.

Les décideurs déclarent du haut de leurs tribunes
qu'ils cherchent des idées, des auteurs, de bons
scénarios. Ils se disent à l'écoute. Pas vrai. Lorsqu'on
les pousse un peu pour savoir comment ils accueillent
les projets et s'ils les analysent, ils répliquent tout de
go : « Avez-vous idée du nombre de projets que nous
recevons ? » Il faut qu'un projet entre par les fentes
dans les murs pendant que les décideurs dorment.

Les émissions auxquelles ont contribué mon instinct et mon acharnement d'auteure qui ont été les
plus appréciées du grand public n'auraient jamais vu
le jour s'il avait fallu les créer dans le contexte sectaire
d'aujourd'hui. Ce sont le choc des idées et le pouvoir
de discuter face à face avec les décideurs à différents
paliers qui soudent les convictions essentielles à ceux

qui ont le courage de finalement oser. Les décideurs du troisième millénaire ont peur de s'impliquer à ce point. Ils multiplient les barrières. Ils sont en haut là, comme des vieux Howard Hughes dans leur chambre d'hôtel : «Pas trop d'humains autour de moi, s'il vous plaît.» Zap. Zap. Zap.

Depuis cinq ans, j'essaie d'intéresser un producteur et un diffuseur à une série sur la révolution féministe, la révolution la plus importante des temps modernes, la révolution qui a fait changer des lois qui touchent à la vie intime de tous, qui a complètement changé nos mœurs. Toute révolution a ses revers. On peut l'analyser sans la nier. J'ai travaillé un temps avec le titre *$urvie en rose* puis, en l'an 2000, avec toute l'histoire du christianisme qui refaisait surface, j'ai trouvé. *L'amour entre foi et loi*, car au Québec le féminisme nous coince là. Je ne vous en dis pas plus. Si vous êtes déjà excédé par cet affichage public d'idées, félicitations. Vous êtes maintenant assis dans la chaise d'un décideur. Mettez-vous à l'aise. Mon projet ne verra jamais le jour parce que j'ai finalement compris qu'il faudrait, pour y arriver, travailler un an au moins à la recherche et au développement. J'en ai fait beaucoup, mais je n'ai plus le cœur d'écrire des projets de A à Z au fond de ma cuisine pour les retrouver trois ans plus tard au fond d'un tiroir ou dans les émissions des autres. Plusieurs producteurs trouvent l'idée riche, mais quel diffuseur va accepter de même prononcer, aujourd'hui, le mot *féministe* en prétendant que le contenu s'adresse autant aux hommes qu'aux femmes? Que va dire une étude de marché d'un projet «féministe»? C'est fou. Comme si le féminisme était juste une affaire de femmes! La Révolution tranquille — vous n'êtes pas tannés? Waitress veut faire le procès de Micheline Popovici. C'est inutile. Une idée peut prendre des milliers de directions. Pour être conséquent, il faut savoir dans quel contexte social, culturel et politique on veut l'offrir au grand public avant d'aller mourir avec elle dans un cul-de-sac. Voilà pourquoi les idées simples et faciles, qui demandent plus de gueule que de tête, sont si populaires. Voilà pourquoi Talent porte si souvent sur ses épaules la responsabilité de cacher les manques dans la cuisine.

Dans son texte sur la production télévisuelle publié dans *La Presse* du 19 juin 2001, l'analyste Michel Girard cite Philippe Lapointe, vice-président programmation à TVA : «On n'a pas les moyens de gaspiller de l'argent en développement. Quand un projet passe à l'étape de développement, on a fait nos devoirs... On part du principe qu'on ne peut pas gaspiller notre argent et celui des organismes publics.» Les *waiters* et les *waitresses* non plus mais, étant donné qu'à leurs yeux le développement ne représente pas du gaspillage, ils acceptent de vivre au-dessus de leurs moyens et de faire du développement pour le seul plaisir d'en faire, sachant très bien qu'ils sont comme des artistes de la rue et qu'en bout de ligne tout ce qu'ils peuvent espérer, c'est que le monde ordinaire mette de temps en temps une fleur dans leur chapeau : «J'ai vu ton émission, j'ai adoré. Qu'est-ce que tu nous prépares, ces jours-ci ?»

Lorsque monsieur Lapointe parle de faire ses «devoirs», il n'est pas cynique. Son propos est franc et réaliste. Il est évident que les auteurs n'ont pas à tenir des tierces personnes ou des organismes responsables de l'articulation première de leurs idées. Cependant, la notion de développement, dans le milieu de la télévision, est quelque peu triturée. Développer les scénarios de chacun des épisodes d'un téléroman ou d'un feuilleton ou d'une série lourde, c'est considéré normal dès que l'idée de base et les différents personnages qui la feront vivre ont accroché l'imaginaire des responsables des programmations. Une idée de talk-show ne se développe pas beaucoup; elle repose au départ sur Talent et le développement se fond vite dans la production quotidienne ou hebdomadaire. Développer une série informative ou documentaire n'entre pas souvent dans la vision que se font les décideurs en milieu télévisuel de leurs relations avec les auteurs. Ils sont habitués à ce que des équipes de recherchistes et de journalistes fassent ce travail de moine ou d'espion. C'est culturel et tout à l'heure la *waitress* vous expliquera ce qu'elle a appris ces dernières années en s'inscrivant à l'école mixte.

Cette décision majeure a découlé, bien entendu, d'une idée. Le genre d'idée qui fait penser aux parents à qui l'on apprend un beau matin qu'au lieu du petit Charles-René qu'ils avaient en tête la cigogne a décidé de déposer sur leur perron les jumelles Dionne. La besogne à faire prend tout à coup des proportions effrayantes. C'est clair, va falloir de l'aide. Le bébé dont il est question ici s'appelle *Fougues gaspésiennes* et a donné à sa maman bien du fil à retordre.

Il s'est pointé comme une belle talle de fraises au milieu d'un champ recouvert à perte de vue de fleurs sauvages. Pendant que je fouillais dans les annales de la vie artistique et culturelle du Québec afin de retracer mes figures de proue qui allaient ouvrir des portes encore une fois dans leur vie en permettant à Canal D de lancer chez nous un créneau populaire consacré à longueur d'année à des émissions biographiques, je n'arrêtais pas de revenir à une artiste unique au destin tragique nommée Suzanne Guité. Depuis une quinzaine d'années, je réfléchissais à une manière de porter son histoire à l'écran. Sculpteure, peintre, fille du pionnier du tourisme à Percé, elle fut, au début des années 1950, la fondatrice du Centre d'art à Percé, un lieu avant-gardiste de plus d'une manière et directement lié à l'émancipation des artistes des grandes villes qui ont fait éclater la Grande Noirceur. Georges Dor avait écrit au sujet de Suzanne Guité que c'était elle qui avait sculpté le rocher Percé. Elle est morte assassinée au Mexique en 1981, victime d'un amour trop violent.

Cependant, au-delà et à travers Suzanne Guité, c'est la Gaspésie qui ne me lâchait pas. Si belle et si dure. Si intelligente et audacieuse, méconnue dans sa richesse, trop connue dans sa pauvreté. Le berceau de la culture française en Amérique. Le pays qui a façonné La Bolduc et qui continue d'ajouter dans le firmament des étoiles des artistes taillés dans l'authenticité, Kevin Parent et Laurence Jalbert en haut de la liste. Des chanteurs, mais surtout des auteurs avec des têtes remplies de musiques et de visions du monde. Le pays où est né René Lévesque, grand journaliste, figure de proue du nationalisme québécois des temps modernes. Comment raconter la Gaspésie qui persiste et signe, qui n'a jamais cessé de donner des siens et d'elle-même au Québec et qui reçoit si peu en retour ? Comment raconter ce « pays dans un pays », comme l'avait défini le sociologue Marcel Rioux ?

Le premier scénario de ce documentaire culturel, je l'ai bâti autour des chanteurs de la Gaspésie, tellement porteurs de la culture populaire, tellement enracinés dans la vraie nature du Québec. À partir d'eux, je ceinturais la péninsule, je remontais dans le temps, je tissais un fil entre hier, aujourd'hui et demain. Je l'ai confié à un producteur qui pouvait m'aider à intéresser les artistes et dont l'équipe connaissait bien mon travail. Il l'a mis dans sa valise de projets. On était en 1997 — j'avais déjà commencé à bosser pas mal fort comme *waitress* au comptoir de ce que Magnus appelle le *fast food*, alors j'ai laissé filer le temps. Un jour, je me suis réveillée : «Coudonc, Producteur. *Fougues gaspésiennes :* pas de nouvelles ?»

Il m'a fait parvenir copie de la télécopie qu'il avait reçue du diffuseur. Dans ce temps-là, on n'était pas encore abonné en bloc au courriel. Il y avait plusieurs noms de décideurs du côté des coordonnées de l'envoyeur et toute une liste de projets soumis par le producteur énumérés dans les refus polis qui suivaient. *Fougues gaspésiennes* ne cadrait pas bien dans cette liste. Même Waitress voyait ça à l'œil nu. Les variétés et le documentaire culturel, ce sont deux mondes. J'ai compris plus tard l'insurmontable de l'affaire : À Radio-Canada, que je voyais comme le diffuseur naturel du document, tout projet comportant de la musique, de la chanson et des artistes est automatiquement renvoyé aux variétés. C'est culturel : À l'ONF, on sait qu'il est possible de faire des documentaires avec des Félix Leclerc, des Vigneault, des Jérolas... Même Magnus a trouvé des chanteurs assez engagés pour répondre aux critères du documentaire : *Les enfants de chœur* de l'Accueil Bonneau !

Waitress s'est révoltée. Elle a écrit à tous les décideurs dont le nom était inscrit en fières lettres dans l'en-tête de ce refus qu'elle ne pouvait accepter. «POURQUOI ?» demandait-elle, *grosso modo.* «Vous ne voyez pas ?...»

Miracle. Une personne a levé le téléphone. Je ne la nommerai pas parce que je ne veux pas que ses collègues la lapident pour son crime, mais cette personne, je lui suis d'une reconnaissance que je ne renierai jamais. Elle a semé en moi un tout petit espoir : «Le comité de lecture a adoré votre projet.» Elle avait des critiques précises à communiquer, des mises en garde, des voies à proposer. Mon projet avait été lu et il avait été aimé. À moi de corriger mon tir. Mon idée n'était plus sous vide. Elle respirait à pleins poumons. Il ne m'en fallait pas plus pour persévérer.

À Radio-Canada, qui avait été mon école durant tant d'années, on se demandait bien sûr, au printemps 1999, qui réaliserait ce documentaire d'auteur : « Un si beau concept, ça prend un artiste, ça prend un producteur qui s'implique à fond dans le contenu », m'avait dit mon sauveteur. « Chaque chose en son temps », me suis-je dit. Il me fallait d'abord retravailler le scénario, approfondir ma recherche. L'idée originale avait déjà, dans ma tête, évolué beaucoup. Il n'y avait qu'une manière d'arriver à formuler l'histoire d'amour impossible qui me hantait. Il me fallait retourner en Gaspésie, rencontrer des gens, me laisser imprégner par la vie d'aujourd'hui là-bas, à 950 kilomètres de ma cuisine. Mais je n'en avais pas les moyens. Il me fallait donc en chercher ou arrêter de téter et passer à autre chose.

« Coudonc, que je me suis dit, il y a des subventions qui existent. L'aide à la scénarisation, c'est justement pour ça, non ? »

Prête-nom

Je n'avais jamais de ma vie déposé où que ce soit une demande de bourse ou de subvention. J'avais quelques fois rêvé secrètement de mériter, comme la journaliste Nathalie Petrowski ou la muse Diane Dufresne, le droit d'aller me ressourcer dans un studio à New York ou à Paris grâce à notre ministère des Affaires culturelles, qui met ce genre de lieu de ressourcement si précieux à la disposition des artistes du Québec. Mais c'était comme n'importe quel fantasme d'évasion. Je me savais dépourvue d'un bagage professionnel pouvant justifier un tel honneur et, de toute façon, qui se serait occupé pendant ce temps-là des enfants et des factures? Cependant, l'aide à la scénarisation offerte par la SODEC, il me semblait, en 1999, légitime d'y aspirer.

En étudiant, avec des gens de bon conseil, les exigences requises, j'ai constaté que le documentaire consacré à Guilda me permettait de faire une demande d'aide pour l'écriture et la réalisation du long-métrage que j'avais en tête, car il faut avoir une première œuvre à montrer qui soit de durée égale à l'œuvre pressentie. La mouture originale de *Phénoménale Guilda, maître du music-hall* est de quatre-vingt-dix minutes. Ce petit acquis valait son pesant d'or et, encore aujourd'hui, il me permet de faire une certaine paix avec les souvenirs moins heureux de l'aventure.

N'eussent été les responsabilités que les producteurs avaient jetées nonchalamment dans ma cour afin de produire des documents pour les canaux spécialisés à moindres frais, ma route n'aurait pas croisé celle de Guilda. N'eût été Jean Guilda, qui a fait confiance à ce qu'il reconnaissait en moi de talentueux, la chance d'affirmer mon choix de réaliser des œuvres plus personnelles m'aurait peut-être échappé pour de bon.

Il fallait par ailleurs greffer aux intentions artistiques un devis. La somme maximale offerte par la SODEC, à cette étape nommée «volet 1», est de dix mille dollars. Je n'ai consulté personne, ce que j'aurais dû faire car l'élaboration de devis, c'est une profession en soi, et j'allais apprendre au cours des années suivantes comment les producteurs confiaient à des spécialistes le mandat de préparer les leurs. Dans le centième numéro du magazine *24 images*, paru à l'automne 2002, un texte d'Yves Rousseau intitulé *Les enfants gâtés* relaie une information qui m'aurait été, à l'époque, fort utile pour comprendre qu'il n'est pas nécessaire de limiter ses prévisions de dépenses dans le seul but de répondre au budget maximal proposé par les institutions, bien au contraire. Rousseau commente ainsi le phénomène des budgets gonflés : «[...] le producteur est en quelque sorte poussé par le système actuel, qui l'incite à donner à son budget une certaine inflation, puisqu'il est payé au pourcentage du budget, soit 10 %, quelle que soit la carrière du produit.» Sans exagérer mes prévisions, j'aurais pu, de façon réaliste, faire valoir les coûts importants d'une recherche d'un bout à l'autre de la Gaspésie et la valeur réelle de l'écriture en plusieurs étapes d'un scénario solide. Mais j'étais sous influence — à force de travailler comme une damnée pour un petit pain, j'avais développé le réflexe de me plier aux chiffres chétifs proposés par les émetteurs de chèques : «C'est tout ce que tu peux me donner, Grand Argentier, je vais m'organiser même si c'est nettement insuffisant.» J'ai donc perçu le dix mille dollars du volet 1 de la SODEC comme un plafond qu'il fallait respecter si je voulais qu'on prenne ma demande en considération. J'étais prête à combler de ma poche (ce que j'ai eu très amplement l'occasion de faire), cette aide financière représentant alors un moyen d'atteindre une fin et non une fin en soi. Je sais maintenant que le premier devis soumis aux institutions peut bloquer le cadre budgétaire des étapes à venir. Les incidences sont multiples.

La paperasse rassemblée, j'ai jeté la bouteille à la mer.

Contrairement à l'ONF et à Radio-Canada — des institutions pourtant très bien branchées avec Postes Canada qui s'avèrent incapables de faire parvenir des accusés de réception aux auteurs qui leur adressent des textes —, la SODEC envoie des avis pour confirmer l'entrée de votre projet dans son collimateur. C'est forcé, puisqu'il s'agit d'une demande de fonds. N'empêche, sur le plan humain, ça fait drôlement plaisir à une *waitress* découragée du manque total de suivi qu'elle observe tout autour d'elle de ressentir, tout à coup, un minimum de respect envers ses efforts et ses aspirations.

Je vous fais grâce des formalités pratiques qu'une coordonnatrice à la SODEC extrêmement attentionnée m'a aidée à respecter dans les délais prescrits. Un beau matin, j'ai été convoquée pour une rencontre avec la personne-ressource chargée d'analyser mon projet. Je me suis rendue rue Saint-Jacques le cœur et l'âme convulsés. Complètement novice quant aux procédures de la SODEC, tout mon être me criait que c'était aujourd'hui que vivrait ou mourrait *Fougues gaspésiennes*. Devant moi, des cahiers sous le bras, un être studieux à l'allure monacale. Je m'attendais à des critiques, des commentaires, des conseils. J'ai rapidement constaté que j'étais en salle d'examen, que j'avais en quelque sorte à défendre ma thèse.

La personne-ressource dissimulait à peine un sentiment que je ne saurais nommer : mépris? pitié? dédain? dérision? Elle avait regardé l'émission consacrée à Guilda, avait trouvé le document «bien fait». Elle me donnait l'impression de chercher en vain dans notre petit exercice de questions et réponses l'auteure que je prétendais être. «Où est le point de vue de l'auteur dans votre scénario?» Le genre de question qui vous mène droit au mur barbouillé en rouge du graffiti «Plus tu t'enlises, plus tu cales.»

J'avais pensé à la Gaspésie en masse, à ses gens, à son histoire, à sa culture. J'avais expliqué, dans la présentation de mon projet, que le mal à mon pays, aigu et révoltant, ressenti chaque fois que je le voyais dessiné en mouton noir sur le grand tableau du Québec, avait fait grandir en moi le désir ardent de signifier aux indifférents que ce pays et ses gens sont dignes d'amour, qu'ils sont de beaux survivants un peu fous, qu'ils ont la force du mât de fougue, le mât qui supporte le plus l'effort du vent. Mais je n'avais pas encore compris ce que j'ai eu amplement l'occasion d'assimiler depuis : Si tu veux signer des œuvres que le «milieu» considérera comme d'authentiques documentaires, Waitress, il faut que tu apprennes à inclure ton point de vue – et pourquoi pas ta bine? — dans ton plan de match. De plus, il est essentiel que tu dénonces, que tu accuses, que tu montres du doigt. À ce sujet, la personne-ressource du jour est restée coite.

Quand je lui ai parlé des difficultés, mais aussi des satisfactions vécues à réaliser les documentaires anthologiques et biographiques pour Canal D, je lui ai enfin tiré un franc rictus. Mon orgueil professionnel me dictait de me sauver en courant, mais ma mansuétude de *waitress* me mit en garde contre le danger d'offenser une personne qui me semblait profondément accablée. J'ai fait glisser la conversation en sens inverse. «Comment gagnez-vous votre vie?» lui ai-je demandé, après qu'elle m'eût confirmé qu'elle était bien à poursuivre le développement d'un thème complexe et riche dont je m'étais tout à coup rappelé qu'il lui était cher depuis plusieurs années, étant lectrice assidue de journaux et de magazines. «C'est difficile», répondit-elle. Certaine d'être recalée, j'ai pensé avec dérision que mes efforts d'écriture aidaient au moins quelques lecteurs de projets à Radio-Canada et à la SODEC à gagner leur croûte. En rentrant chez moi, complètement démolie, j'ai eu envie de rappeler à la SODEC pour dire : «Oubliez ça. Oubliez-moi. Restez avec vos chouchous!» Mais un nordet violent, une révolte, une colère, une détermination plus têtue que jamais à mener ce projet à terme, envers et contre tous, ont pris le dessus.

Quelques jours plus tard, j'ai reçu un appel d'une personne s'identifiant comme étant Louise Lantagne. Elle m'annonça que je recevrais six mille dollars et non dix mille dollars. Elle me communiqua aussi des réserves reflétant (me suis-je imaginé?) les discussions qui avaient dû diviser les décideurs. Il m'était clair que cette aide à la scénarisation, je l'avais par la peau des dents. «Vous n'êtes pas carrément éligible au volet 1. Ce volet est pour assurer la continuité de travail des scénaristes chevronnés. On veut quand même encourager votre parcours de recherchiste. Vous aider à faire un premier traitement, pour trouver un producteur, et puis vous pourrez revenir pour la version finale.»

Évidemment, j'étais soulagée, mais toutes les petites pointes par en dessous donnaient à mon bonheur de poursuivre le développement de mon projet un goût amer. «Chevronné», selon le dictionnaire, vient avec quelques galons d'ancienneté. De l'expérience. Riez de la *waitress* si le cœur vous en dit, mais à cette époque-là je croyais en avoir. Puisque je tenais une personne clé au bout du fil, je n'ai pu m'empêcher de lui demander : «Qu'est-ce qu'il faut pour être considéré scénariste chevronné ? Ça fait plus de vingt ans que je suis scénariste.» La réponse ne se fit pas attendre une seule seconde : «Ben écoutez, vous êtes pas Léa Pool, quand même!» Je suis restée estomaquée. D'où est-ce qu'elle sortait ça, nom de Dieu ? Maintenant que j'ai étudié cette petite anecdote sous tous ses angles, je sais : c'est culturel. Madame Lantagne, à l'instar de beaucoup d'autres ténors du milieu qui doivent assimiler, depuis la prolifération de la production privée, l'enchevêtrement de la créativité télévisuelle et de l'expression cinématographique, privilégiait dans ses références de qualité les repères cinématographiques. La tendance promet de se maintenir car, dans la nouvelle équipe mise en place à Radio-Canada par Daniel Gourd, madame Lantagne est depuis la rentrée grande responsable de l'ensemble des productions dramatiques internes et externes, incluant le cinéma canadien. Quant à Léa Pool, qui n'a rien à voir personnellement avec cette remarque de madame Lantagne, je me demande si elle n'était pas justement recherchiste à Radio-Québec du temps où j'y travaillais comme scénariste et journaliste.

Il reste qu'en 1999 j'avais signé le scénario de plus de soixante-quinze émissions de télévision, incluant une trentaine de documentaires, dont des œuvres primées. J'avais été journaliste et signataire des textes de centaines de reportages d'un bout à l'autre du Québec, dans les milieux franco, en Europe et au

Pérou. J'avais écrit des scénarios de fiction pour les réalisateurs Michel Préfontaine, Bruno Carrière, Valmont Jobin et Robin Spry. J'avais contribué, à titre de recherchiste et journaliste, au documentaire de Jean-Claude Labrecque et Michel Moreau *Histoire des trois*. J'avais écrit les textes narratifs de centaines d'œuvres produites par les grands diffuseurs et l'ONF. J'avais été de l'équipe fondatrice de Télé Festival, la télévision du Festival des films du monde. J'avais publié un roman jugé marquant par les uns et torchon par les autres. Je n'avais réalisé en solo qu'une dizaine de documentaires, mais comme journaliste sur le terrain j'avais travaillé contenu et structure dans une continuité indéniable. À titre de directrice artistique sur de nombreux gros plateaux de variétés, j'avais guidé des artistes interprètes, veillé à ce que les concepts prennent vie en harmonie avec les contraintes techniques. Franchement, en création pour la télévision, mon expérience tenait la route aux côtés de celle d'une Léa Pool, et mon projet plus personnel, *Fougues gaspésiennes*, se situait sans équivoque dans une évolution logique pour une auteure espérant imprégner ses nouvelles œuvres d'une certaine maturité. Cherchez l'erreur.

La SODEC a néanmoins consenti à « encourager ma démarche de recherchiste ». J'en suis reconnaissante, parce que j'ai foi en la recherche, cette pierre angulaire actuellement confinée au tiers-monde de la production télévisuelle (je ne peux me prononcer sur son statut dans le milieu cinématographique). Pour mémoire, j'aimerais rappeler ici que le 16 avril 1968, la SAC (ancêtre de la SARTEC) a formé un comité chargé de préparer la première négociation avec Radio-Canada des recherchistes et documentalistes. Il était composé de Gisèle Bergeron, Jacques Keable, Claude Piché, Gilles Richer et Richard Pérusse. En 1973, la

Société des auteurs a défini trois catégories de recherchistes : ceux qui font la recherche pure, ceux dont la présence est coupée lors de la diffusion et ceux dont la présence est nécessaire au micro ou à l'écran. En 1975, la SARDEC a intégré quarante recherchistes de l'émission *Femmes d'aujourd'hui*. Mais dès le 1ᵉʳ mars 1976, les recherchistes ont perdu leur statut de travailleurs indépendants. Au bout d'une longue route, en 1993, la Société des auteurs a rendu les armes, permettant à la Société Radio-Canada d'englober les recherchistes dans la restructuration de ses unités syndicales. Ce n'est pas d'hier, les amis, qu'on envoie promener les recherchistes !

Permettez-moi de renouer avec les connaissances de base que vous avez pu accumuler ces dernières années au sujet de la production privée d'émissions de télévision dans les journaux et les bulletins de nouvelles. Vous savez qu'au cœur du scandale Cinar il y a une histoire de prête-nom. Pour répondre aux exigences des lois canadiennes régissant le fisc et les subventions à la production, les actionnaires majoritaires de Cinar, Micheline Charest et son mari Ronald Weinberg, ont tout simplement inventé un auteur canadien pour signer officiellement des scénarios écrits et payés aux États-Unis. L'invention canadienne — baptisée Érica Alexandre en hommage aux enfants des associés conjoints — étant le prête-nom de l'auteur américain, si les contrats avaient été soumis en bonne et due forme à la SARTEC comme il se doit, le personnage fictif aurait peut-être été démasqué. Il ne l'a été à aucun palier décisionnel jusqu'à ce que des auteurs fassent sortir le chat du sac. De telles incongruités laissent croire à Waitress que dans les bureaux feutrés des fonctionnaires et cadres veillant sur la production privée télévisuelle mieux vaut ne pas être connu du tout que méconnu. Mais ce qui paraît encore plus insidieux, c'est la confiance aveugle qui est accordée presque systématiquement à un producteur roulant sur l'or. Les individus générant cet or sont des quantités négligeables.

Intéressante, tout de même, la notion de prête-nom, ce phénomène qui n'a rien de criminel en soi et qui est défini ainsi dans *Le Petit Robert* : « Personne qui assume personnellement les charges, les responsabilités d'une affaire, d'un contrat, à la place du principal intéressé. » Or, dans ses allers-retours des tables à la cuisine, la *waitress* a fini par remarquer l'extrême popularité dans le clinquant milieu de la production télévisuelle de ce qui pourrait s'appeler « le prêt et l'emprunt » de noms. Si ça ne vous fait pas image, prenez un générique d'émission et allez voir toutes les personnes dont le nom s'y trouve. Demandez à chacune d'entre elles de vous esquisser, dans ses mots, le contenu de l'émission en question, fouillez un peu afin de cerner sa propre contribution, demandez-lui ce qu'elle sait du projet original et de la manière dont il a été transposé à l'écran. Étant donné que la plupart des gens qui « font » de la télévision la regardent peu, à moins que l'émission n'ait été racontée en long et en large dans les journaux, la marge de tricherie des heureux figurants au générique ne sera pas large. Vous aurez l'heure juste, pourrez définir à la minute près quand, comment et pourquoi chacun a contribué à l'œuvre.

Ce qui me ramène au sort ingrat réservé à la recherche et aux recherchistes. Le mot *recherche* soulève un petit peu moins de hargne chez les mordus des études de marché que le mot *recherchiste*, mais à peine. Pas grave : Le penchant intellectuel du roseau pensant est aussi tenace qu'une mauvaise herbe. Ce qui ne nous empêche pas de reculer au début des années 2000 dans les aberrations qui ont finalement provoqué la révolution féministe des années 1960. Les revendications des recherchistes de *Femmes d'aujour-d'hui*, menées à l'époque par Francine Dufresne, étaient liées à la stérilisation de leur apport au contenu. Leurs visages n'apparaissaient pas à l'écran et les questions qu'elles posaient sur le terrain étaient reprises en studio par l'animatrice Aline Desjardins. L'argument, c'est qu'en plus de maîtriser l'art de se montrer naturelle devant une caméra, la vedette fidélise le spectateur, le rassure. C'est le même argument qui justifie la présentation des documentaires sur le réseau Astral par des animateurs qui ont la cote dans les études de marché visant à conquérir un auditoire masculin, mais qui n'ont contribué en aucune manière à l'œuvre elle-même. Comment nier la crédibilité des Pierre Nadeau, Gilles Proulx, Claude Charron, qui sont, à la production privée, des sommités aussi inébranlables que Jean-François Lépine et Bernard Derome à Radio-Canada, Pierre Bruneau et Jocelyne Cazin à TVA? Lorsqu'on est issu de la culture télévisuelle, on peut accepter, même le cœur serré, ces prérogatives du métier et du diffuseur. On se résigne même à passer l'éponge sur le fait que bon nombre de réalisateurs de télévision sont de véritables « morons » quant à la cueillette et à l'organisation de contenu, plus doués pour le *flash* visuel et le commandement des troupes techniques. Lorsqu'on se réclame du cinéma d'auteur, c'est inacceptable. Waitress, en 1999, était assise sur la clôture. Le cinéma lui était zone interdite, un territoire qui lui apparaissait occupé par des maîtres formés à l'ONF ou issus des services d'émissions dramatiques. Après la douche froide infligée à ses illusions par les distributeurs de fonds à la SODEC, elle s'est dit qu'il était temps d'aller à la découverte du territoire du documentaire d'auteur généré par la production télévisuelle.

Le destin a fait semblant de jouer son jeu.

Je revenais d'un séjour fructueux dans l'automne gaspésien lorsqu'un producteur que je ne connaissais que de nom me tendit la main. Le nom avait une aura respectable, évoquait quelques succès lointains mais honorables. En route vers le cul-de-sac où nos projets communs nous ont finalement menés, nous nous sommes retrouvés un bout de temps au milieu des manifestants brandissant les pancartes «Haro au *fast food*, vive le documentaire d'auteur!» Le producteur m'a aidée à ne pas paniquer, m'a poussée à inclure, dans mon écriture trop objective, les émotions que je communiquais en conversation. Mais le moment venu de franchir la ligne entre le sujet d'intérêt public et ma vie privée, j'ai su avec certitude que *Fougues gaspésiennes* avait des droits d'aînesse, lesquels je ne pouvais mettre en péril. J'en ai informé les personnes touchées par mes choix, incluant d'éventuels diffuseurs qui avaient fait, avec Producteur au nom respectable et Waitress décidée à retourner aux études, des petites excursions en éclaireurs.

Plus je m'enfonçais dans ces voyages de reconnaissance, plus je me heurtais à une autre question que les gens de la SODEC avaient sans doute jugé futile de soulever auprès de quelqu'un qu'ils ne considéraient même pas scénariste : «Qui va réaliser?»

C'était une bonne question. Elle était un peu restée en suspens depuis le «J'ai pas de problème avec ça» de Ti-Clin, quatre ans plus tôt. Pour les séries documentaires *Figures de proue* et *Vocation : journaliste*, j'avais travaillé avec les jeunes et astucieux réalisateurs Sylvain Lampron et Daniel Couture dans une complicité que je comparerais en rétrospective à une coréalisation avec d'excellents directeurs techniques. Ayant réalisé les montages hors-ligne de la série biographique destinée au Canal D, la maison de production m'avait concédé le crédit de réalisatrice

documentaire. Par la suite, je suis devenue officiellement réalisatrice sur d'autres productions, en
conservant ni plus ni moins l'attitude de la journaliste
qui réalise ses propres reportages, tout en m'aventu-
rant dans des libertés plus esthétiques. Vous pensez
bien que ça n'impressionnait pas fort les décideurs qui
se sont finalement retrouvés à déterminer le destin de
Fougues gaspésiennes. Pour les rassurer, je me suis mise
à la recherche d'un producteur capable de convaincre
le diffuseur que je serais bien encadrée et soutenue.
Oh boy!

Ça fait que... nous sommes entrés, mine de rien,
dans le troisième millénaire, quelques jours après la
grande virée de Waitress en l'honneur de Claude
Blanchard. On a beau être quelque peu blasé par la
routine des résolutions du jour de l'An, un tournant
de siècle doublé d'un nouveau millénaire, ça ne
rajeunit pas ceux qui se sont énervés en chantant *The
age of Aquarius*. Waitress a levé les yeux vers les
étoiles, elle a embrassé son chum, elle a fait une prière
pour ceux qu'elle aime, elle a regardé les gens du
showbiz autour d'elle qui n'étaient que des amis
superficiels et elle s'est dit : « Arrête de dilapider ton
talent. Ce n'est pas important que les autres le pensent
petit ou grand ; il faut que tu y croies et que tu lui
confies le meilleur de toi-même. »

Waitress avait compris depuis un bon bout de
temps qu'être réputée polyvalente auprès des grands
patrons ne lui conférait aucunement l'image d'une
personne talentueuse ayant plusieurs cordes à son arc.
Elle conseillerait aujourd'hui à la relève de ne pas
traîner à la polyvalente plus longtemps qu'il ne faut.
L'ère est au positionnement. La mode est au placement de produit. Chères forces vives de l'avenir,
consultez votre conseiller en orientation avant qu'il
soit trop tard !

École mixte

Apprendre « sur le tas » peut devenir une déviation professionnelle et, certainement pour ceux qui se sont frottés et piqués au journalisme, « le tas » a longtemps représenté le champ d'honneur. Les vieux routiers aimaient dire à la blague : « Tout mène au journalisme, mais le journalisme ne mène à rien. » Il y avait souvent une pointe de fierté dans cette déclaration — ou était-ce une fausse humilité de la part de gens sachant qu'ils s'amusaient trop à faire un métier enviable qui les possédait comme un démon? Le journalisme, avouons-le, offre une sacrée bonne loge sur le spectacle de la vie. De plus, le journalisme est une arme. Une machette dans la jungle. Même aujourd'hui, il est facile de mesurer le pouvoir du plus inculte des journalistes, les abus se trouvant généralement du côté de l'inculte qui se pense instruit. En autant que l'on se réconcilie avec cet aspect désagréable du journalisme qui en fait trop souvent un métier facile pour les baratineurs juste bons à gagner leur vie sur le dos de ceux qui se compromettent par candeur ou par conviction, le journalisme reste une formidable école.

Pendant que je faisais la *waitress* pour Canal D, à travailler nuit et jour dans le but de servir aux téléspectateurs ce que Magnus qualifie de *fast food*, je vivais, sans m'en rendre compte, dans le passé, plongée dans les archives comme mes amies *waitresses* dans *Gabrielle* et *Adelaïde* de Marie Laberge. Je fréquentais ainsi les maîtres, nos premiers auteurs étant évidemment mes préférés. Entendre Félix Leclerc raconter comment la radio lui avait permis «de prendre du métier, d'écouter des disques, des chansons, d'apprivoiser le micro». Regarder, fascinée, le duel d'esprit entre Fernand Seguin et Claude-Henri Grignon au *Sel de la semaine* — interroger le père spirituel de Séraphin, c'était tout un bail même pour le brillant Seguin, qui se résigna à laisser discourir le monument national : «Je suis un autodidacte dans toute l'horreur ou la grandeur du vocable... Je n'ai pas d'études primaires ni d'études secondaires. Je n'ai aucun diplôme et c'est sans doute à cause de cela que j'ai été nommé à la Société royale du Canada...» Grignon la trouvait bien bonne. Lui, le gars des pays d'en haut, «académicien».

La route du gigantesque Yves Thériault semble tout aussi invraisemblable. Il a commencé à écrire à vingt-six ans, en répondant à un avis de recherche dans un journal pour un écrivain capable d'écrire des histoires d'amour et d'aventures. L'auteur d'*Agaguk*, dont le talent s'est finalement affirmé grâce au radioroman, répétait souvent en entrevue : « Au fond, je me suis fait tout seul...» Le surdoué et tragique Hubert Aquin, pour sa part, a été tour à tour journaliste, réalisateur, scripteur, animateur, traducteur, producteur de films et scénariste. Le pionnier du radio et téléroman Louis Morisset fut d'abord journaliste, avant d'entrer à CKAC comme publicitaire et comédien ; et Roger Lemelin, le papa de notre premier téléroman, *Les Plouffe*, était, on le sait, chez lui dans les grandes salles de rédaction. Dans les exploits de ces héros de ma vie d'adulte, la polyvalence me semblait souvent servir, aux heures de doute, de bouclier à leur talent. La liste des exemples est sans fin et, ma foi, d'autant plus encourageante lorsque, à travers ces échos du passé, on plonge dans un roman puissant comme *Un dimanche à la piscine de Kigali* de Gil Courtemanche. Ce journaliste aguerri aux politiques internationales n'en a pas moins fait des détours dans les univers de Roch Voisine et du cardinal Paul-Émile Léger, si opposés ces deux personnages fussent-ils dans le firmament des étoiles.

Question piège : Est-ce que la polyvalence serait une qualité chez l'homme et un défaut chez la femme ? Pour lui, plus de galons à l'épaule ? Pour elle, plus de rides au visage ?

Dans l'estime de la *waitress*, la femme qui serait probablement côte à côte avec la regrettée Luce Guilbeault si elle avait eu le bonheur de la rencontrer en personne, c'est Jovette Bernier, l'auteure qui a signé et livré durant dix-huit ans, à partir de 1938, à la radio de Radio-Canada, l'émission *Quelles nouvelles*, composée de saynètes humoristiques et de billets qui faisaient le tour de tout avec finesse et simplicité. *Quelles nouvelles*, à l'instar de sa série radiophonique *Je vous ai tant aimé*, a aussi été portée au petit écran. Décrivant le bonheur que ressentaient les comédiens à dire ces textes, Juliette Huot parlait de «petits bijoux». De 1963 à 1971, on retrouve Jovette Bernier auprès d'un autre auteur de télévision issu du journalisme : Guy Fournier. Elle était dialoguiste et il était scénariste du téléroman *Rue de l'Anse*, alors réalisé par l'artiste Pierre Gauvreau, qui deviendrait lui-même auteur de télévision une quinzaine d'années plus tard, écrivant *Le temps d'une paix* pour se battre à sa manière contre la paralysie professionnelle que lui imposait une grève. Guy Fournier, auteur prolifique coiffé de succès, féministe drôlement tordu, est aujourd'hui une des voix les plus fortes du comité des sages qui tient la garde sur le sort du gala des Gémeaux et de la production télévisuelle dans son ensemble.

Contaminée par ma recherche, lorsque j'ai compris qu'il était urgent d'arrêter de faire systématiquement la *waitress* pour des calculateurs et de retrouver le nord de ma route d'auteure, j'ai tout naturellement opté pour l'apprentissage «sur le tas». Bébête que j'étais. Apprendre sur le tas, quand il y a pénurie de maîtres, ça n'a pas plus de bon sens que de se dire pigiste quand il n'y a plus d'employés. Maintenant, je sais. Ça me fait une belle jambe! Attendez que je vous conte la fois où j'ai eu l'air le plus fou, vous allez comprendre la magnitude de mon erreur. Pourtant, s'il y a une réalité mal dissimulée dans le monde de la production privée, c'est bien que la majorité des producteurs et des décideurs chez les diffuseurs ont appris et continuent d'apprendre leur job sur le tas. C'est alarmant, parce que le «tas» qui permet à ces maîtres improvisés de s'en tirer avec des erreurs d'amateurs, eh ben, il est principalement composé de *waiters* et de *waitresses* se faisant manger la créativité sur le dos par ces nouveaux parasites du «paysage télévisuel» qui jouent du prête-nom comme Ti-Jean Carignan du violon. Car qu'est-ce d'autre que ces passages d'une société, d'une institution, d'une maison de production à l'autre, que l'addition de prête-noms à des gens qui se cherchent comme n'importe quel pigiste? La gigue des carriéristes. Certains gravissent vraiment des échelons. Plusieurs ne font que transporter leur *bluff* d'un point stratégique à l'autre. Leur CV pourrait se résumer en ces mots: «Anciennement des productions ci ça, maintenant acheté par ça et ci, anciennement de la Société générale, de l'ONF, de Téléfilm ou de la SODEC qui survivent sans moi, maintenant responsable principal de l'avancement de ma carrière, bientôt conseiller tous azimuts. Swingnez votre compagnie!»

Cependant, en me réveillant comme tous les chrétiens de la Terre dans le troisième millénaire, tout habitée par mes résolutions arrosées au champagne et à la mélancolie, j'ai jeté sur ce beau paysage virtuel un regard rempli d'optimisme. Je me suis dit : « Fais le tri. Vise l'essentiel. » Évidemment, l'essentiel, c'était *Fougues gaspésiennes*, ce documentaire que je modelais et remodelais depuis trois ans et à l'endroit duquel la SODEC venait de me permettre de consacrer deux mois de recherche pointue. Tous les jours de ce mois de janvier, j'ai passé trois à quatre heures au téléphone et à l'ordinateur à documenter et à écrire une version plus étoffée qui me permettrait — comme me l'avait suggéré madame Lantagne — de me mettre à la recherche d'un « bon » producteur. Je déposai cette première version de scénario à la SODEC le 2 février. Je m'attendais (ha! ha! ha!) à ce que mon moine de l'examen préliminaire, ou pourquoi pas madame Lantagne elle-même, me revienne avec des commentaires. J'ai plutôt reçu un dernier chèque, qui fut grandement apprécié mais qui me laissa avec une étrange impression de vide.

L'essentiel, sur mon tableau de résolutions, c'était aussi de continuer à gagner ma vie. Je n'ai jamais cherché à me dérober à cette obligation envers moi-même et envers ma famille, même s'il s'agit, pour ce faire, de remplir des tâches qui ne me sourient guère. Mon petit cours d'économie familiale vous a sans doute permis de comprendre qu'il est difficile, voire impossible, pour un auteur de télévision, de prévoir ce que l'industrie de la production télévisuelle aura à lui apporter financièrement dans une fenêtre de temps précise. Le projet le plus prometteur au départ peut être freiné en plein élan, tandis que l'endormi dans un coin peut soudainement sortir de sa torpeur et faire un sprint qui le mène premier à la ligne d'arrivée. Or, il y avait justement un projet de série — auquel un producteur avait réussi à intéresser les dirigeants de

Canal D — qui avait l'heur de combiner mes passions thématiques et les possibilités de création correspondant à mon désir d'évolution professionnelle. Je l'avais articulé, deux ans plus tôt, à la demande du producteur en question. « J'aimerais, m'avait-il dit, faire l'histoire de la radio. » Début janvier 2000, il rappliqua après plus d'un an de silence absolu : « Ça y est, on repart ! »

Il n'était pas le seul producteur à se rappeler ainsi au bon souvenir de la *waitress* : Début janvier, les retardataires cherchent tous à rattraper le train qui va leur permettre de faire une demande de fonds à Téléfilm en mars. En maugréant pas mal, mais motivée quand même par l'espoir de mettre ce précieux projet sur les rails, je l'ai donc placé parmi mes priorités, me libérant sur demande pour les réunions organisées dans le dessein de monter une équipe. La question sans réponse, vous l'avez deviné, c'était : « Qui va réaliser ? » De peur que je ne soulève cette possibilité moi-même, le producteur m'avait précisé tout de go, sur un ton catégorique : « Ça ne peut pas être toi, ton nom ne passera pas à Téléfilm Canada. » Ce n'était pas la première fois que j'entendais « passer » cette remarque au-dessus de ma tête, mais j'aimerais quand même bien savoir quels sont les critères de Téléfilm pour accepter ou refuser un réalisateur. Existe-t-il une marge de confiance permettant aux gens de métier d'évoluer ? Faut-il sortir d'une école ? Faut-il passer un test ? Faut-il être recommandé ? Un collègue ayant séjourné un certain temps au sein de l'institution m'a récemment parlé des fameuses « listes noires » sur lesquelles se retrouvent, pour différentes raisons, des auteurs, des réalisateurs, des producteurs. « Souvent, m'a-t-il dit, les gens ne le savent pas. S'ils étaient au courant, ils pourraient défendre leur cause et être retirés des limbes. » Je n'ai pas, à l'époque, cherché de

raison au fait qu'on m'écartait d'emblée. Tout bonnement, j'ai cherché à aider le producteur à rallier la
personne idéale. Qu'il me pardonne de le relever, car il
s'en était immédiatement excusé, mais figurez-vous
qu'il n'a pas retenu les noms avancés, stipulant qu'une
«autre femme» ne serait pas mieux vue. Je ne sais si ce
fut à cause des maigres cachets de *waitress* attachés à la
mission ou pour une autre raison, mais aucun professionnel du sexe approuvé n'embarqua cet hiver-là
dans l'aventure. Tant et si bien qu'à compter de la mi-
février ce beau projet retourna, sans tambour ni trom-
pette ni même un message du producteur, sur la
tablette. Waitress continua de vivoter financièrement,
remplissant de petites tâches par-ci par-là, travaillant
sur d'autres projets substantiels avec un producteur
sans le sou que vous avez déjà vu passer dans ces
pages et cherchant une maison d'adoption pour ses
Fougues gaspésiennes.

Dur hiver. Ensoleillé quand même grâce aux
membres du conseil d'administration de la SARTEC
que j'avais le bonheur de retrouver régulièrement. La
somme de leur expérience combinée et leur foi abso-
lue en l'importance de l'auteur dans la cité médiatique
m'ont donné ce que notre association donne à tous ses
membres et avec une attention plus alerte en cette
période trouble où les guerres intestines ébranlent
tant de vocations créatrices : un sens de la dignité et
une source d'information. Et il y eut encore plus car,
au hasard d'un tirage, j'eus au mois de juin de cette
année-là le privilège d'agir avec mes collègues
Dominique Drouin et Bernard Montas comme «prête-
nom» de la SARTEC au grandiose festival de
télévision de Banff. C'est routinier pour les salariés
des institutions d'aller faire du *shopping* à ces événements, les uns en profitant pour s'instruire, les autres
en profitant pour se faire connaître, tous jouissant de

comptes de dépenses souvent assurés par les deniers publics, puisque tout ce qui relève de la télévision et du cinéma québécois nous ramène au même pot aux roses, épines incluses. Nous devions, nous aussi, notre allocation d'auteurs, si modeste fut-elle, à la collectivité. Elle s'avéra bien suffisante pour circuler dans l'abondance ambiante.

J'étais allée à mes propres frais, le mois précédent, au festival Hot Docs à Toronto, le plus important rendez-vous international du cinéma documentaire du Canada, poussée par un besoin viscéral de voir les œuvres des autres et d'ailleurs, d'entendre discuter les cinéastes de leurs visions. Après des années de travail solitaire pour des producteurs volatils qui avaient fait de mon autonomie créatrice mon pire ennemi, j'étais devenue affamée de nourriture intellectuelle. Par ailleurs, découragée par la ronde stérile de producteurs réputés sérieux que je faisais depuis quelques mois, je cherchais de façon concrète à cerner comment les auteurs parviennent à réaliser eux-mêmes leurs œuvres ou alors comment chacun avait trouvé son âme sœur. Je ne me suis jamais de ma vie sentie aussi isolée professionnellement qu'à cet événement qui ressemblait trop à un congrès d'ego. Dans les débats publics, chacun y allait de son laïus sur le thème « mon documentaire a plus de profondeur que le tien ». Lorsque la réalisatrice Sophie Bissonnette (*Près de nous, Un souffle de colère, Le plafond de verre, Quel numéro, What number?*) s'est levée pour appuyer l'importance du documentaire engagé, elle a rappelé à l'assistance que, lorsqu'elle avait fait ses premiers pas dans le genre, « faire un documentaire était un privilège ». Elle m'a aidée à comprendre le malaise qui m'habitait : Une auteure condamnée à se laisser considérer *waitress* de télévision par toute une congrégation de gens qu'elle croyait être des pairs ne peut tout simplement pas se trouver d'instinct, à sa place dans un rassemblement d'êtres privilégiés. Et pourtant. Ce que je savais alors, que je sais encore plus aujourd'hui, c'est que le privilège de créer des œuvres qui interpellent le cœur et l'intelligence commande une certaine déférence envers ceux qui semblent plus démunis. Les êtres évoluant dans un contexte social plus modeste que celui des privilégiés de l'Univers sont d'ailleurs souvent les acteurs principaux des documentaires dits engagés.

L'équilibre n'est pas facile à trouver et les artistes fonceurs que j'écoutais discourir dans la Petite-Italie de Toronto en ce splendide mois de mai 2000 m'ont injecté une saine dose-choc d'antitélévision. Je me suis rendu compte que l'isolement dans lequel m'avait jetée la production privée m'avait aussi complètement coupée des brasseurs de cages qui forment l'élite des sociétés et des professions. Sur mon écran intérieur, leur monde de cinéma d'auteur incarnait le paradis terrestre. Penchés au-dessus de la masse humaine, ces anges gardiens, purs et durs, avertissaient les auteurs des dangers de croquer la pomme télévision. Quelqu'un dans l'organisation — le destin me l'a confirmé personnellement — avait pensé à mon dilemme car un des débats majeurs du festival posait la question qui torture tant d'êtres humains pour les raisons les plus diverses : « Comment écouter votre cœur et survivre ? » Un joyeux luron dans la salle énonça d'entrée de jeu la réponse qui s'était dégagée de bien des témoignages entendus au cours de la semaine : « Siphonnez vos parents riches. » Mais que faire si sa voie intérieure n'est pas pavée d'une fortune familiale ou des largesses d'un mécène ?

La vérité, c'est que la décision de faire un trou dans mon budget pour assister à ce festival tenait par-dessus tout à mon envie de voir et d'entendre les cinéastes qui y étaient honorés pour l'ensemble de leur œuvre et qui avaient accepté de guider cette discussion : Chris Hegedus et Don Allen Pennebaker. Ce dernier est le réalisateur du documentaire *Monterey Pop*, véritable film-culte pour les *waitresses* qui associent automatiquement les Mercedes Benz et le Southern Comfort à Janis Joplin. En prime, il y avait, dans la salle, le légendaire Albert Maysles, qui, avec son frère décédé David, a signé entre autres le film *Gimmie Shelter* avec les Rolling Stones. Pennebaker et Maysles, c'est le cinéma-vérité fait hommes. Eux en Californie, Godard en France, Gilles Groulx et Michel Brault au Québec.

Que disaient-ils, ces vieux fous des années Kennedy ? Même après *Monterey Pop*, Pennebaker était dans la dèche financière. La mort prématurée de Janis, de Jimi Hendrix et des frères Kennedy allait lui permettre de récolter des droits inattendus sur son matériel exclusif, mais s'il ne les avait pas gardés précieusement, ces droits, les bénéfices seraient allés à quelque producteur. Le sexagénaire Maysles recommanda aux cinéastes d'apprendre à doser entre les œuvres commandées et les œuvres d'auteur, parce qu'il est « toujours difficile d'aller chercher l'argent des autres pour faire le documentaire qui vous tient à cœur ».

Les discussions, tout au cours de la semaine, revenaient toujours à l'idéal des purs et durs : la fichue caméra-vérité, sans intervention artificielle, voire sans scénario. Chris Hegedus, as monteure, remit les pendules à l'heure : « Le mot *vérité* vous peinture dans un coin. N'oublions pas qu'il s'agit d'un film. Il faut une structure. Quelqu'un doit construire l'histoire. » Beaucoup plus jeune que son mari et père de ses enfants, Hegedus est entrée dans la vie de Pennebaker à un moment où, malgré sa prestigieuse réputation, le cinéaste se trouvait au plus bas. Ses études tout juste terminées, elle voulait que le maître la prenne comme stagiaire. Il lui a donné la pellicule tournée durant la confrontation des féministes Germaine Greer et compagnie et Norman Mailer, lui demandant si elle pouvait «faire quelque chose avec ça». Elle en fit un incontournable de l'époque, un témoin en direct absolument unique de la guerre des sexes, le documentaire *Town Bloody Hall*. La protection que ces imposants conjoints associés donnent à leur intégrité créatrice est simple : bien s'entourer mais travailler avec le moins de gens possible et s'accrocher à ses droits.

En écoutant D. A. Pennebaker parler de Janis et de Jimi, je pensais à Gerry Boulet. Lorsque l'ancien chanteur-vedette d'Offenbach accepta ma proposition de lui consacrer un documentaire avant que le cancer l'emporte, aucun décideur ne voulut endosser mon projet. Actuellement à la tête du Service français de l'ONF, André Picard, qui dirigeait alors TQS, m'avait dit, sur un ton dérisoire : «Puis quoi? Je vais avoir autant de téléspectateurs qu'il vend de disques?» Après la mort de l'artiste, tout le monde s'est emparé de notre touchant documentaire *Rendez-vous avec Gerry*, dont on trouve des extraits dans plusieurs hommages. Les droits appartiennent au producteur Guy Latraverse, lequel avait très bien mesuré le pari. Il est à noter que la télévision américaine avait, en cours de tournage avec Hendrix, retiré son appui à Pennebaker. Pour qui cherche la vérité dans ce nouveau monde de la production privée où l'auteur, cet éternel travailleur autonome, se sent un peu comme un aborigène menacé d'extermination par les conquérants, ces informations fortifient l'âme. La foi, le flair et la persévérance des vrais documentaristes ne courent pas les corridors flanqués de bureaux d'administrateurs.

Nous avons eu et avons encore le genre d'équipe Pennebaker-Maysles-Hegedus au Québec, grâce surtout à l'ONF. Le milieu de la production télévisuelle a tout de même donné des ailes à quelques alliances fortes dans le privé, comme celle de la maison de production Macumba international fondée par Raymonde Provencher (*Nés de la haine/War babies*) et Patricio Henriquez, issus de *Nord-Sud* à Télé-Québec. Mais lorsqu'on fait le tour, on se bute rapidement aux impératifs des grandes institutions et d'un système subventionné qui bloquent les initiatives plus personnelles. L'auteur Michel d'Astous, voix calme et sage dans la mêlée, répète souvent sur les tribunes qu'il nous faut, au Québec, « restaurer les auteurs au centre du système ». Les auteurs de fiction ont une longueur d'avance sur les auteurs documentaires, les premiers sachant très clairement où se situe la frontière entre la télévision et le cinéma, les autres encore orphelins, déchirés entre leurs ambitions et leurs idéaux, paniqués devant la vulgarisation du genre sur les ondes des canaux spécialisés et le désistement de l'ONF sur le terrain plus engagé et expérimental.

M'étant, en 2000, improvisé une sorte d'école mixte de cinéma, de télévision, de production privée et de production publique, en écoutant les discussions à Hot Docs, à Banff, et plus tard aux rencontres Post-Input à Radio-Canada, je devenais plus convaincue que jamais de l'importance quasi primordiale pour un auteur de documentaires de rechercher la plus grande autonomie technique possible afin de garder ses œuvres pour ainsi dire sous son toit. J'ai donc tenté, à travers ma quête de perfectionnement « sur le tas », de mettre les leçons recueillies en application. Pour *Fougues gaspésiennes*, j'explorais depuis plusieurs mois la possibilité d'intéresser un producteur qui serait aussi un allié dans la création — non seulement pour cette aventure précise, mais aussi dans l'élaboration de séries. L'idéal, me semblait-il, serait un directeur photo. J'en ai rencontré plus d'un. Cependant, là encore, je me suis retrouvée, indécise et méfiante, à la même fichue de fourche mentale : à droite, télévision et à gauche, cinéma. Sur les deux territoires, les directeurs photo sont des monstres, pas tous sacrés.

C'est paradoxal, mais cette année-là, alors que je cherchais à tâtons une voie vers l'écriture de scénario plus personnelle, j'en ai finalement appris plus sur les hauts et les bas de la vie de producteur que sur la vie d'auteur. Les rebondissements de nos gestes professionnels démontrent parfois de façon presque cruelle la justesse de perception des créateurs, portés à canaliser dans leurs œuvres les événements que leur annoncent leurs antennes intérieures. Le producteur qui m'a permis, en 2000, ma plus stimulante expérience nouvelle en écriture était un producteur important, scénariste et réalisateur de grande expérience, à la veille de rencontrer son Waterloo. Le projet dans lequel il m'a impliquée portait sur les catastrophes ! Les autres producteurs qui flirtaient avec moi, et surtout avec mes idées, avaient tous leur propre agenda et, de réunion en réunion, ils me laissaient l'âme broyée, les aspirations écrasées. Le phénomène social lié au féminisme devenait, entre leurs mains expertes, une série sensationnaliste qu'il fallait adapter aux goûts internationaux. *Fougues gaspésiennes* était un jour un document touristique, l'autre un prétexte à faire quantité de capsules sur les artistes de la péninsule. En peu de temps, les partenaires que je recherchais me mettaient sous le nez tous les risques qu'ils seraient appelés à prendre au nom de mon idée originale, se permettant, sous ce prétexte, de tirer un peu plus fort sur la couverture du concept, de la réalisation, de tous les obstacles éloignant une maison de production qui vivote des droits d'auteur en liberté dans la jungle qu'elle aimerait bien capturer et transformer en trophées.

Des leçons précieuses me restent des conférences à Banff et à Toronto. Juste d'observer «mes» producteurs parmi les leurs fut très instructif, dans certains cas pathétique, dans d'autres stimulant. Les parvenus étaient faciles à démasquer, car si Hot Docs paraissait aux yeux d'une *waitress* ayant passé trop d'années enfermée dans la cuisine une véritable mecque de cinéastes, elle eut un plaisir fou à se balader tout à fait incognito à Banff dans le colisée des producteurs et l'emporium des diffuseurs.

Banff, lovée entre les fières et pures Rocheuses, est une ville qui oblige même les plus enragés de la course à revenir à hauteur d'homme, à respirer à pleins poumons, à se rappeler que l'éternité n'est pas l'œuvre de l'industrie télévisuelle. Deux mille délégués y étaient réunis pour cette vingt et unième édition de séminaires, de simulations de marché, de projections et de compétition. Ils venaient de Singapour, du Japon, d'Australie, de Suède, d'Hollande, du Danemark, de Nouvelle-Zélande, de Finlande, d'Allemagne, de France, d'Italie, d'Argentine, d'Angleterre, du pays de Galles, d'Israël, de Thaïlande, de tous les centres nerveux de la production des États-Unis. Le Canada était, bien sûr, l'hôte. À ma descente de l'avion, mes réflexes de journaliste se sont réveillés en sursaut. Quelle aubaine! Quel observatoire privilégié! Vingt ans plus tôt, j'avais été saisie d'un semblable engouement en couvrant pour la radio de Radio-Canada le festival de cinéma de Cannes. Pendant des jours et des jours, la qualité de vie intellectuelle remonte de plusieurs crans. Tout autour, des têtes fortes, des gens qui représentent ce que leur pays peut avoir de spécifique et de combatif sur le champ de la diffusion culturelle. C'est vraiment le choc des idées. On sent les courants chauds converger des différents pays et, lorsqu'ils s'entrechoquent dans une salle, ça crée un remous profond qui aura forcément des répercussions aux confins de la planète.

Ces gens ne parlaient pas cinéma. Ils parlaient télévision. Télévision publique et télévision privée. La responsabilité des uns et des autres. Lorsqu'ils abordaient le documentaire, les oreilles de Waitress se dressaient. Trop peut-être. Car dans le murmure marchand elle s'est tout de même accrochée à des phrases porteuses d'espoir.

L'auteur, réalisateur et producteur torontois Paul Jay, signataire de *The Blues Brothers take Las Vegas* et *The Never-Referendum*, était là pour dénoncer la situation locale dans un débat titré : Le documentaire indépendant est-il assiégé? «Ce n'est pas le documentaire indépendant qui est assiégé. Ce sont les cinéastes, affirma-t-il. Il est de plus en plus difficile au Canada pour les artistes de faire des documentaires. Nous avons fait de nos cinéastes des contracteurs, des bailleurs de fonds... Tous les créateurs souffrent du même syndrome : Que veulent les diffuseurs? Si vous n'aimez pas ce que j'ai dit, ce n'est pas ce que je voulais dire.» Sa belle colère fit bondir les tenants de différentes écoles. Pas facile de mettre le documentaire dans une boîte!

S'est élevée tout à coup la voix de Steve Seindenberg, le producteur du documentaire du cinéaste Werner Herzog sur son acteur fétiche Klaus Kinski, *My Best Enemy*. Voilà une œuvre issue de l'école mixte s'il en est, s'est dit Waitress, qui avait été fascinée par ce documentaire incestueux et vibrant. Et que disait-il, le monsieur de Grande-Bretagne? «Le vrai problème, c'est qu'il y a beaucoup trop de producteurs à travers le monde qui courent après beaucoup trop peu de temps d'antenne. Je ne vois pas où ça nous mène, ces histoires de création et d'artistes. Nous ne créons pas pour nous-mêmes. Nous sommes des artisans. Une part de ce que nous produisons est créatif, une autre ne l'est pas. Nous devons donner aux diffuseurs ce dont ils ont besoin. Nous, nous ne mettons pas tous nos œufs dans le même panier.» En apportant beaucoup de nuances, il a continué en plaidant l'importance non seulement de produire différents genres de documentaires, mais aussi de savoir relâcher un peu la laisse afin de permettre à un auteur d'aller un peu plus de l'avant quand il semble mûr pour le faire.

On retient, j'imagine, ce qui nous touche de plus près. Ces paroles résonnent encore dans le désert que l'auteure en moi cherche à traverser.

À certains moments, à Banff, j'ai eu envie de me lever et de protester haut et fort contre l'invasion de notre territoire par les forces étrangères. C'était toujours au beau milieu d'une séance de simulation de marché, sorte d'encan d'idées au cours duquel une équipe monte sur scène et pitche, en quelques minutes, son projet. Dans la salle, on réagit : «Idée moche. Idée formidable. Budget trop modeste. Quel auditoire visez-vous avec ça? Mélange de genres malheureux. Etc.» Cours intensif extrêmement révélateur sur les priorités des uns et des autres, sur le genre de discussion qui doit se tenir à huis clos chez nos diffuseurs lorsqu'ils préparent leurs programmations. Cependant, ce qui me mettait en rogne, c'était de voir arriver de l'autre côté de l'océan des idées qui devraient être les nôtres. Une série sur les cabarets nous viendrait des États-Unis, alors que Montréal, «ville ouverte», bilingue, folle de musique et de spectacle, pourrait faire encore mieux, encore plus international? Une série venue de Nouvelle-Zélande sur la télégraphie, alors que notre pays est le berceau des communications sans fil ? Jour après jour, j'entendais des équipes venues d'ailleurs avec leurs filons, à la recherche de financement complémentaire canadien pour réaliser leurs projets. J'aurais voulu renverser le jeu et leur dire : « Voilà, des idées, nous en avons plein la cour. Ce qui nous aiderait, ce serait votre marché. » Évidemment, la réalité est tout autre, et je ne m'embourberai pas dans l'analyse de nos politiques culturelles — d'autres l'ont fait et continuent de le faire avec une compréhension des subtilités que je ne posséderai jamais.

Au retour, je n'avais plus le cœur à aucune concession.

Dur automne. De l'écriture personnelle. De l'écriture, encore, pour les autres. Tandis que j'étais à Banff, un producteur de variétés m'a appelée avec un beau projet « dans le sac ». Eh oui ! je me suis laissé embarquer. Vous l'avez deviné, ce projet n'a jamais vu le jour. Sur ma table de travail, un documentaire que je voyais comme la suite logique de *Fougues gaspésiennes*, *Montréal maternelle*. Chez les producteurs, de nombreuses discussions concernant Guilda, d'autres concernant le féminisme. Alors que j'aspirais à une certaine stabilité créatrice, à un partenariat solide, je me suis vue transformée malgré moi en girouette. La « transparence » des producteurs m'est devenue un fardeau. Je n'entendais plus parler que de chiffres, que des goûts d'une telle ou d'une autre appelée à trancher dans le choix des projets soumis aux diffuseurs, que de la lourdeur des efforts à fournir pour une œuvre unique, aussi importante que pour une série qui est au moins prometteuse d'un certain retour financier. Aux réunions convoquées pour préparer une rencontre avec un diffuseur, je me retrouvais à tracer, avec les producteurs, des budgets sur le coin de la table. «Combien tu penses que ça va coûter en archives? Peux-tu te débrouiller avec dix jours de tournage? Moi, je charge mille dollars par jour comme directeur photo, plus la location d'équipement. Faut aussi prévoir les imprévus. Ton scénario, c'est combien, déjà, les tarifs de la SARTEC? Combien tu penses que ça vaut, vraiment, ton travail? Pour le producteur, il n'y a rien à cette étape — tout va dans le développement!» Un tourbillon, qui m'a au moins éclairée sur la valeur marchande de certains actes professionnels. Je n'en suis toujours pas revenue de l'improvisé de l'affaire. Lorsque nous arrivions à franchir une étape auprès des décideurs, c'était: «On a fait bonne impression. Ils veulent qu'on leur soumette un remaniement. Tu as bien présenté le sujet. Je pense qu'ils sont intéressés.» Ou alors, le contraire: «Je ne trouvais pas ça clair, ton affaire. On est mieux d'aller d'abord en développement. De toute façon, si on développe trop nous-mêmes, ils vont nous donner une plus petite licence.» Évidemment, il me fallait encore, toujours, écrire et récrire. Lorsqu'on frappait un mur? «Ton» projet a été refusé, c'est à «toi» de le retravailler. Ou alors: «Réoriente de cette manière. C'est ça qu'ils veulent.» QUI ÇA, «ILS»?

En bout de ligne, j'ai fait le ménage des producteurs qui grappillaient depuis des mois mes énergies, me laissant croire qu'ils encourageaient ma démarche d'auteure alors que Toronto et Banff m'avaient démontré qu'ils menaient eux-mêmes, sur le grand échiquier, le combat de la dernière chance. Le cœur gros, après quelques efforts additionnels d'écriture pour réagir aux commentaires d'un diffuseur par-ci, de Téléfilm par-là, je leur ai souhaité bonne route. Leurs aspirations profondes étouffaient trop les miennes et, malgré le respect que j'éprouvais pour la détermination de ces gens, je ne voyais aucune raison de continuer à m'investir dans leurs rêves plutôt que dans les miens. L'un d'eux m'a dit : «Ceux qui ont voulu me tasser dans un coin l'ont regretté.» Bof, s'est dit la *waitress* tannée de bosser sur le bras, je n'en suis pas à un regret près. «Tu n'étais seulement qu'une aventure, chantait Gerry à la radio au fond de la cuisine. Sur mon cœur de pierre, une égratignure.» Quand on est dans la *business* de la couenne dure, il ne faut pas s'attendrir sur près d'un an de bonne foi contaminée par un brin de mauvaise. Je suis restée avec l'impression de m'être salie quand même.

Mi-octobre, je suis retournée aux sources. Chère Gaspésie! Halloween sous la neige et des airs country qui m'arrivent tout à coup d'Acadie. Un producteur qui pense à moi, qui offre à la *cow-girl* rêvant d'être auteure de documentaires la chance de gagner honorablement sa croûte en écrivant une série de variétés pour la télévision. Ce sera la série animée par Patrick Norman, *Pour l'amour du country*. En décembre — ah ben! «un revenant» —, mon producteur de la série radio, qui s'était évaporé dans l'intersidéral de la production télévisuelle, me dit : «Waitress, remets ton tablier. Il faut que tu écrives les scénarios pour une série de quatre épisodes.» Et puis quelques jours avant Noël, le 20 décembre exactement, une rencontre avec Cécile Bellemare et Céline Lavoie à Télé-Québec pour défendre *Fougues gaspésiennes* aux côtés d'un producteur qui en a profité pour laisser sa carte de visite mais qui n'a pas prononcé un traître mot sur le documentaire que je rêvais de tourner au bord de la mer. Ces dames ont eu l'élégance de me laisser raconter l'histoire d'amour avec laquelle j'espérais toucher le Québec dans son ensemble.

Le jour de l'An 2001, ça n'a pas été facile pour Waitress de regarder ses résolutions de l'an 2000 dans les yeux. Elle avait un peu honte d'elle-même. Sans savoir exactement ce qu'elle avait à se reprocher, elle avait l'impression d'avoir mené sa barque tout croche. L'apprentissage « sur le tas », les amis, oubliez ça. Il y a d'autres façons de faire. Il faut planifier. Mais c'est comme pour les femmes qui étaient, dans les années 1960, prisonnières de leur rôle de collaboratrices de leurs maris : Comment se libérer si on n'a pas d'autonomie financière ? Ce ne sont pas les cachets d'écriture spéculative de projets pour la télévision qui font vivre la madame, n'est-ce pas ? Il y avait donc un juste retour des choses que le country me permettait encore une fois, dans ce virage difficile que j'avais entrepris, d'assurer ma survie matérielle. Ça m'a donné le courage de continuer à me battre pour *Fougues gaspésiennes*.

J'ai laissé tomber tout espoir de partager ma barque avec un producteur réputé dans le domaine du documentaire d'auteur ou aspirant à le devenir. J'avais plusieurs fois soulevé puis reposé le récepteur de téléphone, pesant le pour et le contre d'entrer en communication avec le producteur de Matane, caméraman des grands espaces ayant œuvré auprès de Cousteau, Vic Pelletier. Mes réserves me venaient de ce qu'on m'avait dit qu'il travaillait à un documentaire sur Suzanne Guité, mais surtout de mon malaise d'arriver sur son territoire dans mes bottines montréalaises. Après avoir pris connaissance des budgets pressentis par les différents producteurs pour mon projet documentaire, qui leur arrivait somme toute tout cuit dans le bec, je n'avais plus le droit moral d'hésiter. Si quelqu'un devait faire un sou noir avec ce projet, il fallait que ce soit quelqu'un en terre gaspésienne et non un opportuniste des grands centres.

Dans Internet, j'ai cherché Vic Pelletier, question de voir où il en était. Le site de sa maison de production n'était pas accessible, cependant je suis tombée sur une entrevue dans laquelle le caméraman, réalisateur et producteur disait que son plus grand désir était de «faire travailler son monde». J'ai aimé. S'il disait vrai, j'avais quelque chose de concret à offrir. Le 4 janvier, je place l'appel. Il me rappelle, me demande si mon projet est prêt à aller en production, me dit qu'un diffuseur lui a justement demandé s'il avait un documentaire d'auteur à proposer. Le 13 janvier 2001, je lui fais parvenir mon scénario. Le 31, il m'envoie un courriel, se disant intéressé à le produire. Il me demande de le tenir au courant d'où j'en suis avec Télé-Québec. Je comprends qu'il y a une zone grise à éclaircir : Même si aucun producteur n'a versé le moindre sou ni signé l'ombre d'un contrat à l'endroit de ce projet, il a quand même circulé sous différentes bannières. Je fais les démarches nécessaires pour dédouaner tout le monde. Vic Pelletier s'arrête à la hâte pour me saluer dans la cafétéria de Radio-Canada le 8 février, question qu'on se voie la bouille l'un et l'autre. Le 1er mars, il me fait savoir que Lina Allard à ARTV «embarque», qu'elle est même prête à le faire seule, que Télé-Québec soit de la partie ou non. Contrairement aux gens de Télé-Québec, madame Allard connaît mon travail. Cependant, Télé-Québec ne se retire pas. Le diffuseur ne veut pas l'œuvre intégrale, ne veut qu'une version de cinquante-deux minutes, et exige la première vitrine. Soit. C'est la ronde des paperasses, l'option SARTEC à zéro sou, et on attend la réponse de Téléfilm.

Il y a quelque chose de complètement dément dans les cycles de financement, de production, d'attente et de travaux forcés qu'impose aux créateurs le système de production privée. L'année 2001 se déroula, pour votre *waitress*, dans un véritable tourbillon. L'école mixte n'était plus théorique. Elle était devenue pratique. Une commande pour le secteur des variétés de

Radio-Canada en passant par une région qui est, en réalité, un royaume : le Nouveau-Brunswick. Une idée originale de série proposée des années plus tôt par un producteur, développée par l'auteure, maintenant à mener en production, destinée aux spécialistes du *fast food* que Waitress voulait initier à sa cuisine un peu plus fine puisqu'elle devenait aussi réalisatrice par défaut. Un documentaire d'auteur qui entrait dans les corridors de production éclairés par les bénéfices que les hautes instances subventionnées par l'État sont tenues d'accorder aux régions. En rétrospective, de la folie pure, une route suicidaire. Les journées de dix-sept, dix-huit heures ont repris de plus belle. Scénariser toute la série consacrée au country qu'on veut toujours nouveau. Scénariser toute la série sur l'histoire de la radio. Préparer le terrain en Gaspésie et à Montréal au cas où le tournage de *Fougues gaspésiennes* débuterait, comme je le souhaitais, à l'été.

C'est ce qui s'est produit. En quittant Moncton, le 15 juin, j'ai immédiatement commencé à préparer le tournage hypothétique de *Fougues gaspésiennes*. À Matane, le 10 juillet, j'ai rencontré brièvement Vic ainsi que notre directrice de production, qui était à la veille de partir en vacances. On m'y annonça qu'à l'autre extrémité de la Gaspésie, à New Richmond, mon caméraman attitré accepterait de me rencontrer durant ses propres vacances. On attendait mon calendrier : « C'est ton projet. Nous, on t'écoute. »

Avec l'aide de mes proches, j'ai arpenté la péninsule d'un bout à l'autre deux fois, repérant les lieux de tournage, reprenant contact avec les principaux intervenants, gardant un œil journalistique ouvert sur les gens et les événements susceptibles d'enrichir la qualité contemporaine d'un documentaire culturel à portée historique. Passionnant et stressant.

L'intelligence et les émotions constamment en état d'alerte. Ma mère, qui avait alors quatre-vingt-huit ans, remettait régulièrement en perspective les histoires que me contaient les uns et les autres. Elle avait commencé à enseigner dans les petits villages de la côte à seize ans. Elle savait que ce documentaire était ancré dans mon héritage familial et que je m'étais mise sur les traces de mes contemporains qui étaient les enfants de personnes clés de la Gaspésie de mon enfance, notamment les Bernard-Pouliot et les Tommi-Guité. Après tant d'années dans l'abstrait, ce documentaire se matérialisait à une vitesse folle. Le 29 juillet 2001, au pied du mont Saint-Pierre, j'ai enfin rejoint mon équipe. Le temps était incertain. Il n'y aurait pas de vol en plein air. Deux garçons descendirent du véhicule. J'avais rencontré Camério, Éli Laliberté, deux semaines plus tôt à New Richmond. C'était la première fois que je posais les yeux sur Antoine Laroche, un être que je sais maintenant être exceptionnellement doué. Il est né le même jour, la même année que mon fils. Il n'avait jamais été preneur de son de sa vie. Voilà l'équipe avec laquelle je tournerais ce documentaire, pour lequel ma propre compétence avait été grillée sans merci par les gens de la SODEC, de Radio-Canada et de Télé-Québec. Des mois plus tard, le comptable des productions Vic Pelletier reconnaissait qu'il s'agissait bien d'une «équipe réduite». Je ne suis jamais arrivée à lui faire dire qu'il s'agissait, de fait, d'une équipe on ne peut plus minimaliste.

Mais nous avons été heureux. Et débrouillards. Ça fait drôle, en rétrospective, de penser qu'Éli avait fixé notre première rencontre dans un petit bistrot qui s'appelle *Têtes heureuses*. Ça lui va. Éli est chez lui avec les gens et la nature de la Gaspésie. Il me laissait doucement (mais il fallait que ce soit doucement) le bousculer et, en retour, il mettait une grande souplesse dans tous les rapports humains. Appliqué, imaginatif, constamment concerné par la qualité du tournage et par le bon roulement de la production dans son ensemble, Antoine nous mettait de temps à autre un peu de plomb dans la tête. Un bel été. Nous faisions un film. À vrai dire, personne ne se souciait de nous outre mesure : Les décideurs étaient en vacances.

En septembre, tandis que le monde entier s'ajustait à l'idée que des terroristes aient pu démolir le World Trade Center de New York, faisant des victimes de guerre en zones civiles et privilégiées, nous nous sommes retrouvés au bord de la crevasse, dans les hauteurs de Percé, à parler du conflit entre la mer et la terre avec l'éminent écologiste Pierre Dansereau. Le jour suivant, c'était au tour du vieux médecin de campagne Lionel Rioux de nous parler du triste destin des expropriés de Forillon, morts de peine comme des arbres déracinés dans des logements minables bâtis à quelques kilomètres des terres que leurs familles cultivaient depuis des générations. Le tournage s'est terminé à l'hiver. Dans les froids de la Saint-Valentin, nous nous sommes transformés en gardiens du phare de Cap-des-Rosiers. J'avais écrit un scénario d'ouverture, soumis en bonne et due forme, mais nous nous sommes quand même ramassés, mon chum et moi, à courir à la dernière minute la lampe Coleman pour assurer l'éclairage de nuit et la perche pour jeter les fleurs au bout du cap. Un ami m'avait calligraphié les lettres sur lesquelles se trouvait inscrit le titre du documentaire. J'avais apporté tous les accessoires. J'ai su plus tard, en cours de montage, que chez Vic plusieurs personnes avaient jugé mon scénario d'ouverture trop farfelu pour être pris au sérieux. On s'est débrouillés « sur le tas ». Éli et Antoine ont redoublé d'ingéniosité, et mon chum n'a pu rien faire pour m'empêcher de tourner malgré une fièvre qui me gardait brûlante et grelottante.

Le tout, tout dernier tournage, fut avec Kevin Parent, au bout du quai de Carleton, en plein mois de mars, alors que nous étions déjà en montage. Je l'avais tellement harcelé qu'il a eu pitié de moi. Merci à Kevin et merci à Céline Péloquin qui me pardonnait de revenir constamment la relancer comme une vieille groupie fatigante. Allez donc présenter un documentaire contemporain sur la Gaspésie sans le sourire dévastateur de Kevin Parent, même s'il est né à Greenfield Park ! J'en ai été étonnée, mais j'aurais dû le savoir : L'auteur-compositeur-interprète est allé droit aux émotions qui accompagnent l'appartenance à la Gaspésie. Leurs fougues, les Gaspésiens les ont tous à fleur de peau. Comme il arrive avec tout documentaire, notre tournage a bousculé, changé des vies. D'une saison à l'autre, lorsque se ramenait notre «équipe réduite», la réflexion de nos participants s'était approfondie. Nous avons donné la parole et nous avons reçu en retour. Il y eut aussi, comme dans toute exploration d'univers, des blessures encourues de part et d'autre. Certains artistes, que j'espérais intégrer, ont vu ce documentaire comme un cadeau du ciel qui leur permettrait de pousser plus loin leur propre créativité. J'ai dû fermer des portes, laisser des gens déçus.

Mon équipe réduite s'est enrichie à Matane d'un joueur majeur nommé «Emma». Il s'agissait, plus exactement, de Marc-André Perreault, un monteur sceptique et pas du tout intéressé à se faire bousculer qui s'est néanmoins révélé d'une perspicacité et d'une générosité formidables. Sa récompense pour m'avoir endurée, il l'a eue le jour où il s'est retrouvé avec Jean-François Roy et Pierre Flynn pour le mix final. C'était beau de les voir aller, ces gamins perfectionnistes, emballés par le plaisir de travailler ensemble.

Je saute, bien sûr, mille détails. Ces semaines à Matane, pensionnaire à l'*Auberge de la Seigneurie*, travaillant de jour avec M.-A. et de nuit à l'ordinateur dans ma chambre, notant à partir de copies VHS du travail en évolution les corrections et ajustements à apporter le lendemain, revoyant en parallèle les archives sélectionnées des années plus tôt pour la série sur la radio dont il fallait maintenant préparer le tournage. Aucun contact humain en dehors des aubergistes, à l'exception d'un couple d'amis qui m'a invitée deux ou trois soirs à souper. À la maison de production, Marc-André et moi restions dans notre cocon, les autres bossant tout autour à leurs propres projets, la plupart du temps trop pressés pour saluer. Un soir, après avoir bravé des vents violents pour traverser le centre-ville de Matane, j'ai reçu, sur mon cellulaire, en entrant dans ma chambre, un appel du réalisateur Bruno Carrière qui était sur son cellulaire à Paris. Il voulait m'informer que le scénario du long-métrage de fiction *Au bout du vent*, que j'avais écrit pour lui quinze ans plus tôt à partir d'une œuvre développée d'abord avec l'auteur Jacques Paris, suscitait encore de l'intérêt et irait peut-être en production. Le destin se moquait de moi, jouait effrontément avec mes nerfs. Cet appel, on ne peut plus inattendu, a tout de même renforcé ma foi en ma vocation d'auteure. Inutile de préciser qu'il n'y a pas eu de suivi. Une directrice de production impliquée m'a dit : « Que veux-tu ? En attendant, il faut travailler pour vivre ! » Eh oui !

J'ai travaillé ces années-là sans répit, en arrivant tout juste à joindre financièrement les deux bouts. Fin mars, de Matane, j'ai organisé les premières journées de tournage de la série sur la radio, qui ne s'appelait plus *La grande synthonie* et pas encore *Fidèles aux postes*. Nous avons commencé, avec des scènes évocatrices d'époque jouées par cinq comédiens, le 9 avril. La surprise qui m'attendait était de taille, car voilà que je me suis retrouvée avec un véritable directeur photo, Marc Gadoury, qui ne se déplace pas sans son assistant, Gilles Laliberté, le père d'Éli (qui avait tourné *Fougues gaspésiennes*). École mixte, que je vous dis. Sur la série destinée au Canal D (elle fut éventuellement programmée à Historia à cause du repositionnement à l'intérieur du réseau Astral), nous avons soigné l'image comme si nous avions fait du cinéma. Si je n'avais pas eu à me fendre en vingt pour arriver à tout coordonner, j'aurais mieux savouré le bonheur. Il n'en fut pas moins immense.

À travers les sessions de tournage et de montage, je retrouvais, tard le soir, Pierre Flynn, et parfois Gilles Bélanger, les compositeurs de la trame musicale originale de *Fougues gaspésiennes*. Un autre univers. La rigueur et le perfectionnisme sur de belles mélodies. Ces deux-là m'ont pardonné une erreur impardonnable : On ne demande pas à deux compositeurs de travailler ensemble. Qui fait quoi ? J'ai confié à Pierre, le sombre lumineux au grand souffle créateur, la responsabilité de tout dépatouiller, jusqu'à l'enregistrement avec Laurence Jalbert de la chanson *La Gaspésie* de Félix. Le respect de ces artistes envers les attentes d'une réalisatrice ! La finesse avec laquelle ils apportent leur âme à l'univers des autres ! Leurs musiques soutiennent la trame émotive du scénario d'un bout à l'autre.

Le lundi 10 juin 2002, en rentrant de notre première journée de mixage sonore, au lieu de joindre comme j'avais coutume de le faire ma mère au téléphone, j'ai eu au bout du fil sa tendre amie paniquée. Aller-retour dans la nuit pour veiller sur une vieille dame perdue au milieu de rangées et de rangées de civières dans l'urgence de l'hôpital de Hull. Le lendemain, on a bouclé le mix. D'autres allers-retours entre la salle de montage et l'antichambre de la mort. Le 27 juin, dans un corbillard blanc, celle qui m'a inculqué mes fougues gaspésiennes est retournée au pays de nos ancêtres. Puisant dans mes dernières réserves, j'ai poursuivi le montage de la série sur l'histoire de la radio, véritable casse-tête d'archives, de témoignages, de scènes évocatrices donnant, une fois assemblé, le portrait d'un univers sonore à l'impact populaire incommensurable. Le montage de *Fidèles aux postes* s'est étiré jusqu'à Noël. C'est ça, la folie de la production privée. Il faut se tuer à l'ouvrage pour des revenus de crève-la-faim dans l'espoir de ne pas se casser la gueule et de mener à bonne fin des œuvres auxquelles on donne le meilleur de nous-mêmes sur de longues années, même si les producteurs, les diffuseurs et les téléspectateurs ne s'y arrêtent que quelques heures.

Il y eut tout de même une accalmie. Le 12 septembre 2002, la *waitress* a cru, un bref moment, qu'elle avait gagné son pari, qu'elle avait retrouvé sa place d'auteure dans la production télévisuelle et qu'elle avait réussi un virage majeur qui lui permettrait d'apporter à de nouvelles œuvres des acquis qui lui vaudraient une plus grande confiance de la part des décideurs, voire de meilleures conditions de travail.

Ça s'est passé à New Richmond, dans la baie des Chaleurs, à l'ouverture du festival de cinéma Prise 10, qui fêtait son dixième anniversaire, en collaboration avec Télé-Québec. Première représentation publique de *Fougues gaspésiennes*, sur grand écran, dans une salle de théâtre bondée. Que peut espérer de plus un auteur de documentaire, si ce n'est qu'on présente la version intégrale de son œuvre ? C'est certain que la version de cinquante-deux minutes, exigée par Télé-Québec, était et restera une version amputée, même si elle a été pensée soigneusement pour ne pas en faire un document brutalement hachuré. La version des concessions. La version « télévision ». Mais le public a jugé sur ce qu'il a vu. L'accueil fut touchant, enthousiaste, étonné et appréciatif. Les gens ont applaudi longuement, ont fait la file pour dire merci et pour confirmer combien ils reconnaissaient l'âme gaspésienne dans ce documentaire qui leur faisait du bien. Le cinéaste Jean-Claude Labrecque, qui était présent dans la salle, s'est exclamé : « Il faut absolument que tu présentes ton document aux Rendez-vous du cinéma québécois. »

Ça semble si loin et si éphémère. Si gaspésien, en fait.

Résultats contestés

Les rois et maîtres de la production télévisuelle, ce sont sans conteste les diffuseurs et j'aurais dû prévoir, à l'occasion de mon retour à l'école, que la leçon la plus dure me viendrait de ce côté-là — non sans avoir à me taper de surcroît quelques cours complémentaires de la part des producteurs, concentration servitude. Je vous le dis tout de suite, l'année 2003 venue, j'étais recalée partout et je n'ai formulé de résolution aucune. Je me suis félicitée en douce de ne pas avoir fait de *burnout*. Je suis, depuis, des cours de cuisine de ma petite-fille, ce qui fait que dans quelques mois je serai en mesure de foutre le bordel là où le cœur m'en dira.

Je devrai bientôt — promesse oblige — vous décrire la fois où j'ai eu l'air le plus fou, alors rappelez-vous qu'au début de cet essai vinaigré aux épices de pamphlet, je vous ai fait part de mon insignifiance au sein de la foule de gens talentueux qui œuvrent dans un milieu possiblement favorable à l'éclosion d'une génération spontanée de morons. Je ne me cite aucunement en exemple. Cependant, je sais que nombre d'auteurs ont vécu, vivent et vivront les mêmes déceptions que moi. Ils sont en danger. C'est ce qui me laisse croire à l'importance de poursuivre cette douloureuse mise à nu. S'il est vrai que l'on peut apprendre de ses erreurs, je n'ai aucune raison d'abandonner ma quête d'évolution maintenant. Mon dernier bulletin est assez désopilant pour entretenir encore quelques espoirs! Ceux qui ont envie de me crier de rentrer à la maison et de me taire, ne perdez pas votre temps à vous égosiller. Tout ce que vous pourriez me dire, j'en ai déjà plusieurs copies conformes.

Lorsque *Fougues gaspésiennes* a eu son émouvant baptême de l'écran à New Richmond, j'avais encore beaucoup de boulot sur la planche avant de terminer la série *Fidèles aux postes* qui m'aura, elle aussi, préoccupée pendant quatre ans. Au tarif horaire, cette série bat de quelques dollars le fabuleux record en bas de l'échelle longtemps maintenu avec les séries *Vocation: journaliste* et *Biographies québécoises,* alias *Figures de proue.* Qu'importe, ça valait l'effort, c'est une série historique et culturelle, de facture très accessible et pourtant recherchée, dont je suis fière et que j'ai hâte — à l'heure où j'écris ces lignes — de voir soumise à la curiosité des téléspectateurs. Je connais depuis assez longtemps la politique du réseau Astral et la pratique des producteurs au chapitre de la promotion de ce genre d'œuvres pour n'avoir jamais espéré, à titre d'auteure et de réalisatrice, que cette série connaisse un rayonnement très vaste. À une certaine époque, le grand réseau de canaux spécialisés permettait aux producteurs d'aller chercher une deuxième vitrine à la télévision générale, mais voilà une autre époque révolue, chaque diffuseur protégeant son territoire bec et ongles. C'est normal. Plus vite chacun affichera de franches couleurs, plus vite nous y gagnerons tous.

Cependant, d'autres facteurs me semblent importants. L'histoire de la radio, c'est une histoire liée aux médias, à leurs vedettes. La série fera son bout de chemin; la plupart des intervenants ont eu droit à une rémunération professionnelle modeste mais juste. Il est déjà extraordinaire que le réseau privé Astral accorde une vitrine de cette importance à un phénomène culturel profondément lié à CKAC-*La Presse* et à Radio-Canada. Aujourd'hui, les décideurs de Canal D ne prendraient même pas le projet en délibéré. Le cas de mon documentaire sur la Gaspésie est complètement différent, en commençant par le fait qu'il a pris son envol sur les ailes de Télé-Québec. Rappelez-vous : «la télé des régions», «l'autre télévision», le réseau de télévision public que Maurice Duplessis a pensé pour faire un pied de nez au fédéral qui les lui pompait avec Radio-Canada, la station des branchés qui a réussi, sous la gouverne de Mario Clément, à grappiller 3 % de l'auditoire. Souvent, au fond de ma cuisine, je me tourne vers le sud-est de la métropole et je crie, juste pour le *fun* : «Coudonc, bébé, est-ce que je suis toute seule à devoir rendre des comptes dans cette histoire?»

Avant même que ce projet devienne, dans ma tête, un documentaire d'auteur, je voulais mettre mon expérience dans les médias au service de la voix fière et combattante de la Gaspésie et des Gaspésiens. Je voulais, pour nos annales nationales, reprendre le tour de la Gaspésie là où l'abbé Maurice Proulx nous avait laissés dans les années 1930 et 1950 et documenter le fait qu'il n'est pas nécessaire, par exemple, de tuer son père pour survivre aux épreuves de la Gaspésie. On peut, à travers l'exil et le retour aux sources, trouver dans cet immense pan de pays si beau et si dur son équilibre, son inspiration, son initiation aux forces de la nature. Pour mémoire, il ne me semblait pas non plus inutile de rappeler aux autres régions et aux grands centres que la Gaspésie avait donné et donne toujours beaucoup à la société québécoise dans son ensemble. Comme l'a perçu le critique du *Devoir* Martin Bilodeau, qui avoue y avoir appris comment la

Gaspésie avait été «l'un des plus bouillonnants centres culturels de la Révolution tranquille», c'est un documentaire qui raconte la Gaspésie «des amoureux, des hédonistes, des artistes». Les colères qui y sont exprimées sont réfléchies et apprivoisées. Elles n'ont plus vingt ans. Vic, qui aime bien *Fougues gaspésiennes* mais pas au point de l'inclure dans les œuvres illustrées sur la carte de Noël 2002 de sa compagnie, m'avait pourtant prévenue : «Les diffuseurs apprécient ton regard positif, mais la mode est à l'*Aurora borealis*», c'est-à-dire à la dénonciation comme dans *Erreur boréale* de Richard Desjardins. Comme dans *Faut-tu que j'tue mon père* de Nathalie Synnett, qui a démontré que les jeunes vivant en Haute-Gaspésie traversent des crises d'identité et de révolte aussi violentes que les jeunes de la ville et des autres régions.

Ce documentaire d'auteur a fait quelque bruit, a même décroché les honneurs du meilleur espoir documentaire aux Rendez-vous du cinéma québécois, ce qui l'a porté à l'affiche du Ex-Centris. Bien sûr que je suis jalouse. Mais surtout fâchée. Je reste convaincue que nos deux documentaires auraient eu un impact plus profond si Télé-Québec et les Rendez-vous du cinéma québécois les avaient offerts à l'attention du grand public côte à côte. Ils sont, de bien des manières, complémentaires et, au-delà de la carrière individuelle des auteurs concernés, le fait qu'ils aient été tournés la même année offrait une occasion unique de créer l'événement, de provoquer un débat, de semer dans les médias la nécessité d'aller au-delà des œuvres et de revoir la réalité gaspésienne sous un éclairage contemporain. Les documentaires ont ce pouvoir. Encore faut-il que ceux qui les diffusent voient plus loin que leur nez en l'air.

Je ne trouve pas les mots pour décrire la frustration que j'ai ressentie et que je ressens encore à n'avoir aucun pouvoir décisionnel sur la vie après la remise de la copie zéro d'une œuvre, quelle qu'elle soit. On ne parle pas à l'auteur, on ne nous consulte pas, si ce n'est que pour nous demander à l'occasion un texte de dernière minute qui résume le contenu de l'émission, les responsables des relations avec la presse des diffuseurs n'ayant évidemment pas le temps de tout regarder eux-mêmes. Ainsi, dans son communiqué concernant *Fougues gaspésiennes*, la direction de Télé-Québec m'a appris que j'étais une «journaliste gaspésienne» qui signait sa «première réalisation». Lorsque j'ai signalé à ces chers partenaires que je n'appréciais pas ces erreurs, on m'a répondu : «Comme vous écriviez dans la présentation du projet que vous étiez née au bord de la mer, en face du cap Gaspé, et que vous demeuriez une de ces exilées toujours en mal du pays, nous avons cru, à tort semble-t-il, que nous pouvions vous considérez [*sic*] comme gaspésienne. Vous nous voyez désolés si accoler le mot *gaspésienne* à la désignation de journaliste puisse être préjudiciable à votre carrière.» Journaliste où, en Gaspésie? Fouillez-moi. Je leur ai répondu, à ce sujet, que j'aurais préféré «gaspésienne» tout court. Et il me semble encore que si on veut mettre l'accent sur un regard journalistique au détriment de la démarche plus personnelle, celui d'une personne qui a une feuille de route comme la mienne dans le reportage culturel en dehors de la Gaspésie risque d'être plus large que celui d'une journaliste encore en région qui en serait à sa première réalisation. À ça, on m'a répondu. «[...] Je vous accorde volontiers que nous avons erré en désignant *Fougues gaspésiennes* comme première réalisation. Nous aurions dû, pour reprendre vos mots, indiquer qu'il s'agissait plutôt d'un *premier documentaire vraiment personnel*. Veuillez accepter nos excuses pour cette confusion. Il nous reste à souhaiter que votre éloquente feuille de route, bien connue du milieu, soit garante de la pluralité de vos compétences.» Moi aussi, madame, je le souhaite, et je vous remercie d'avoir refilé copie conforme de cette information à vos nombreux collègues. Mais trêve de nombrilisme.

J'ai joui en cours de tournage de l'appui de gens qui ont donné d'eux-mêmes avec une ouverture d'esprit carburée à l'espoir de rapetisser l'écart entre leur réalité et celle du reste du pays. C'est ce que j'avais défendu auprès de la SODEC et auprès de Télé-Québec. C'est ce qui a été accepté. C'est pour mener ce projet à terme que les Productions Vic Pelletier se sont vu accorder le budget de deux cent vingt-cinq mille dollars qui a permis à Vic de «faire travailler son monde». Dans la chaîne que je m'étais imaginée, j'ai tenu parole. À bout de bras.

Pour la suite, j'avais les bras coupés. C'est à ce moment-là que certains producteurs et diffuseurs sortent l'artillerie, qu'ils mobilisent l'attention des médias, qu'ils cherchent à donner à l'œuvre les meilleures chances de faire son impact. Plus on se dit engagé, plus la chaîne devrait être solide, bien ancrée aux deux extrémités. Malheureusement, peu de producteurs de télévision osent poser aux diffuseurs le genre de colles qui remettent vos intentions et votre intégrité en question et dont ils se font une spécialité. Les diffuseurs ont carte blanche et tiennent ceux qui nourrissent leur programmation dans le noir. C'est connu, souvent décrié. Le sort des œuvres que les créateurs leur confient dépend entièrement de leurs humeurs, de leurs besoins, de leurs intérêts. D'accord, ils ont des droits, mais le poids des droits, ce sont les devoirs qui les accompagnent. Les diffuseurs ne prennent jamais la peine de vous faire une critique sérieuse et utile du travail accompli. La critique, ils laissent ça aux journalistes, se lavant du coup les mains de leurs propres responsabilités envers l'évolution du talent des créateurs et de la vie culturelle. Ils ne vous font jamais part des cotes d'écoute ou des commentaires reçus. D'ailleurs, ceux qui acceptent les projets ne voient pas nécessairement l'œuvre accomplie. Ça tombe dans «un autre département». Au moment où une œuvre arrive à l'écran, son producteur et son diffuseur sont assis à table à discuter de leurs projets futurs. Le producteur a perçu son argent, il n'a pas de temps ni d'argent à investir dans le succès d'estime. Il ne se préoccupera plus jamais de l'œuvre à moins qu'elle ne soit bénie d'un succès retentissant. Il est à parier qu'il négligera de vous prévenir s'il la vend à une autre chaîne ou s'il la distribue sur cassettes ou en DVD. Le diffuseur lit ses cotes d'écoute et ses rapports d'études de marché et se demande quelles décisions prendre pour ne pas perdre sa position dans les mois qui viennent. À l'occasion, il met ses beaux habits et se rend à un événement subventionné pour rappeler qu'il y participe. Au suivant!

Il n'y eut, sous forme de communiqué émis par les Productions Vic Pelletier et Télé-Québec, aucun suivi à la prometteuse soirée d'ouverture du festival de cinéma de New Richmond, ce qui est non seulement regrettable dans la vie de *Fougues gaspésiennes*, mais aussi dans le rayonnement d'un festival régional qui séduit et informe un public fidèle depuis dix ans. C'est inconséquent, point à la ligne. Et ceux qui saignent à longueur d'année sur la survie de la culture francophone en région le savent bien mieux que moi. L'ironie, c'est qu'il n'est pas certain que la réussite de cette première représentation n'ait pas nui à court terme à la vocation première de l'œuvre, car je soupçonne qu'elle a semé, dans la tête de la direction de Télé-Québec, l'idée que *Fougues gaspésiennes* mettrait une belle étoile dans son cahier si jamais quelqu'un s'avisait de montrer «l'autre télévision» du doigt en plein milieu du rendez-vous préélectoral des régions. Ça s'appelle récupérer du capital politique.

La diffusion originale avait été fixée au 19 décembre dans le programme *Grands documentaires — Société de Télé-Québec*. Le 16 octobre, Vic m'appela pour m'annoncer qu'elle avait été devancée au 11 novembre et me demander si j'étais prête à me rendre en Gaspésie, les gens de Télé-Québec en poste à Carleton souhaitant organiser un autre visionnement public. Évidemment, je n'allais pas laisser tomber le bébé, mais j'aurais bien aimé savoir quels efforts seraient fournis pour attirer l'attention des médias dans les grands centres, à Québec et à Montréal. J'ai accepté de faire une fois de plus les deux mille kilomètres aller-retour pour assister à cette présentation publique le vendredi soir 1er novembre, dans la salle de spectacle de la Vieille Usine de l'Anse-à-Beaufils, un lieu culturel à vocation touristique qui est loin d'être un rond-point d'activités les soirs d'automne. Ce fut, encore une fois, une soirée magique. La salle était bondée. Lorsque j'avais appelé à Carleton, une dizaine de jours après l'appel de Vic, pour savoir si le rendez-vous tenait toujours, on m'avait appris que seulement deux personnes avaient répondu à l'invitation, qu'aucun rappel n'avait été et ne serait fait et que personne n'avait contacté personnellement les intervenants. Je me suis mise sur le téléphone, j'ai envoyé des invitations écrites, j'ai organisé un souper pour les membres de l'équipe et le représentant de Télé-Québec dans ma maison gaspésienne et j'ai apporté des amuse-gueule pour accompagner le vin offert par Télé-Québec après la représentation.

Les Gaspésiens, ce soir-là, m'ont écrit des messages précieux : «Merci pour ce lot de beauté et d'émotion.» «Dynamisme et alliance du passé, présent et futur. Quel magnifique tour de force réussi. Merci pour toute la beauté créative et toute la simplicité, si naturelle aux Gaspésiens. Enfin un film qui nous fait faire le plein de belles émotions, qui ne cultive pas la victimisation, la misère gaspésienne. Absolument magnifique. J'ai réalisé à quel point nous étions-avions un potentiel de créateurs extraordinaires. Il s'agit de solidifier, de réunir chacun des maillons de la chaîne afin d'alimenter, développer, fortifier notre richesse humaine incomparable. Je considère votre film comme un déclencheur qui amène une prise de conscience...»

Plus que jamais, je voulais que ces voix aient leur écho à travers le Québec. Évidemment, elles l'ont eu. Je ne sais pas à quel point, mais il reste que Télé-Québec a encore des téléspectateurs. Des appels et le bouche à oreille m'ont confirmé que le document avait été vu et apprécié de plusieurs. C'est le cas aussi, je me dois de le souligner, pour les œuvres diffusées sur Canal D. Oui, les œuvres font, bon gré mal gré, leur bonhomme de chemin.

Je n'étais pas réconciliée avec cette réalité de la télévision à l'automne 2002 et je me suis plainte du sort réservé à mon «film» tourné en Betacam. Ma foi, pendant quelques semaines, je me suis prise pour Jean-Claude Labrecque, presque pour Léa Pool! Mon ire a commencé à fomenter le 29 octobre, la veille de mon départ pour la Gaspésie, lorsque le hasard m'a mise dans la même pièce que les décideurs de Télé-Québec. C'était au grand colloque organisé par l'Académie du cinéma et de la télévision et par la SARTEC sur le thème *Publicité et fiction, où sont les frontières?* Pas facile à délimiter et un autre flamboyant exemple du dynamisme de la SARTEC dans le milieu de la production télévisuelle. La collègue

Francine Tougas, dans son billet à ne jamais manquer dans *Info SARTEC*, nous décrit ses émotions devant le plan de match des «vendeurs du temple». «Placement ou intégration de produits, pratiques publicitaires invasives, j'ai entendu des choses étonnantes qui ont suscité chez moi des réactions parfois médusées, parfois indignées, dans tous les cas fortement teintées d'une incrédulité douloureuse, genre : "Veux-tu ben me dire comment on a pu en arriver là?" [...] Premier constat, qu'on se le dise : Les vendeurs sont en croisade, sur le sentier de la guerre commerciale, engagés passionnément dans l'établissement de plans de campagne inédits et révolutionnaires.»

Cent trente créateurs, décideurs et observateurs avertis ont assisté à ce colloque révélateur. Parmi eux, plusieurs représentants de Télé-Québec que je connaissais à peine, mais qui sont venus vers moi lorsqu'ils m'ont entendue parler avec mes collègues de mon voyage en Gaspésie et de mes inquiétudes quant à la promotion de *Fougues gaspésiennes*. «Faites-nous confiance un petit peu», me dit l'un d'entre eux que je savais être au téléphone avec le producteur quelques minutes auparavant, à le rassurer qu'il y aurait envoi de cassettes aux différents médias. Ce geste élémentaire était jusque-là, à dix jours de la diffusion, resté en suspens, le producteur et le diffuseur se renvoyant la balle. Un autre employé de Télé-Québec s'est approché pour me dire : «Vous savez, l'envoi de cassettes, c'est bien suffisant. Les visionnements de presse, ça attire un ou deux journalistes, mais c'est surtout un *party* pour les amis». Je n'ai pas eu le temps de lui dire qu'il y avait deux cent mille Gaspésiens à Montréal, deux fois plus que dans toute la Gaspésie, et qu'en plus nombre de participants majeurs au documentaire comme Pierre Flynn, Gilles Bélanger, Laurence Jalbert, Kevin Parent, Françoise Graton, Pierre Dansereau,

Gilles Pelletier, Julie et Paul Daraîche, Nicole Leblanc, Antoine Cyr, Marie-Maude Fleury-Labelle, Jean-Michel Paré et Nelson Minville habitent Montréal ou ses environs et auraient peut-être apprécié l'occasion de voir l'œuvre achevée. Simple politesse du diffuseur envers des êtres humains qui ancrent leur programmation dans la société. Cette remarque a poussé un autre intervenant de Télé-Québec à venir me dire qu'il y avait eu une petite controverse au sujet de la diffusion devancée en catastrophe de mon documentaire. Cette personne trouvait un peu «simpliste» qu'on ait voulu à tout prix l'accoler au Rendez-vous des régions et m'a confirmé qu'à l'origine un visionnement de presse avait bel et bien été prévu, mais que les délais étaient trop serrés. À tout ça, on m'a éventuellement répondu aussi : «... Le changement de date nous semblait judicieux car la production pouvait bénéficier de la visibilité médiatique que générait la semaine des Rendez-vous des régions. Le changement s'est fait suffisamment à l'avance pour que nous puissions établir une campagne de promotion comme c'est l'usage, c'est-à-dire un envoi massif de cassettes et de communiqués de presse à tous les journalistes concernés tant en région qu'à Montréal. *Fougues gaspésiennes* s'est, par ce biais, retrouvé dans les télé-sélections de Raymonde Bergeron du *TV-Hebdo*, ce qui est plutôt rare pour un documentaire. Et toutes les grilles horaires donnaient un rendez-vous juste. Avoir diffusé à la date d'origine (le 19 décembre) n'aurait pas mieux servi cette production car tous les journalistes télé seront en dehors du pays cette semaine-là pour un événement de promotion d'une autre chaîne.» C'était la parole du diffuseur. Rendons grâce au seigneur.

En passant, contrairement à «l'usage», Télé-Québec n'a pas annoncé le lundi de la diffusion dans les pages des grands journaux montréalais. Le diffuseur a puisé dans ses budgets régionaux pour justifier son rôle dans le reste du Québec à l'occasion du Rendez-vous national des régions : « Télé-Québec, miroir des régions. *L'Effet Dussault* sur la solidarité rurale le 7, *Droit de parole* sur Murdochville le 8, *Rue des parlementaires* sur le développement du Nord québécois le 11 », le même jour que le « témoignage lumineux » d'une « journaliste gaspésienne », votre *waitress* de télévision qui s'adonne à être l'auteure de *Fougues gaspésiennes*.

J'ai reçu, le soir de la diffusion, des appels qui m'ont chavirée. De beaux appels. Celui de Madeleine Francœur, la coordonnatrice à Gaspé du projet Emploi Canada qui m'a permis de rencontrer de jeunes décrocheurs déterminés à retrouver la lumière au bout du tunnel m'a tiré des larmes. C'est là qu'on sait que toute la merde est sans importance. C'est là qu'on sait que ça compte, que le vrai monde est à l'écoute. Et c'est dans de tels moments qu'on en veut encore plus à des institutions comme Télé-Québec de ne pas rendre à ces gens leur dû.

Mon erreur majeure a été d'oublier qu'il s'agissait effectivement pour mes partenaires principaux d'une simple heure de télévision parmi des centaines d'heures de télévision. Dans ma tête, je faisais un film. Toute ma démarche s'apparentait à ce que je connaissais du cinéma documentaire. Les réactions du grand public à la représentation au festival de cinéma Prise 10 et les commentaires élogieux des nombreux professionnels qui avaient vu l'œuvre là et à la télévision m'ont ensuite laissée croire que *Fougues gaspésiennes* pourrait provoquer, dans ce circuit, un certain intérêt. J'ai donc demandé à Vic de soumettre le documentaire aux Rendez-vous du cinéma québécois.

Comme diraient mes enfants, c'est là que j'ai capoté. Au mois de janvier, le matin de mon anniversaire, l'ami Jean-Claude Labrecque m'appelle gentiment pour m'offrir ses vœux et me demande si *Fougues gaspésiennes* sera présenté aux Rendez-vous. Je me suis dit que si le président d'honneur de la soirée des Jutra ne pouvait répondre à cette question, ça tombait dans le cours 101, où poser la question, c'est y répondre. J'ai immédiatement envoyé un courriel au producteur et dans l'heure son assistante m'a répondu : «Désolée.» C'est elle qui avait vu passer le refus une dizaine de jours plus tôt. Nombre de réalisateurs m'ont appris depuis que c'est pratique courante ça aussi — les producteurs n'acheminent pas vers les principaux intéressés la correspondance qu'ils reçoivent des différentes instances décisionnelles. Toujours est-il que... j'ai lancé les commentaires suivants dans le désert où s'asséchaient mes dernières énergies de créatrice :

«À l'équipe des Rendez-vous [...] J'ai appris hier que vous n'aviez pas vu la pertinence d'inscrire *Fougues gaspésiennes* aux Rendez-vous du cinéma québécois. La raison, me dit Nancy, la secrétaire de Vic, tient au fait qu'il y a eu trop d'inscriptions. Je m'excuse, mais je ne peux accepter une explication aussi vague [...] Les animateurs radio sur la côte, très critiques, n'ont eu que des éloges, le grand Jack, entre autres, recommandant à tous les Gaspésiens et Gaspésiennes de voir ce film absolument. MAIS VOILÀ. Montréal, où habitent deux cent mille Gaspésiens, s'en fout [...] J'ai le cœur complètement brisé. Et j'ai honte, car je me sens porteuse d'une trahison, celle des beaux branchés de Montréal envers les isolés, les moutons noirs de la Gaspésie (si quelqu'un d'entre vous avez regardé le document, vous avez entendu Laurence Jalbert, Marie-Josée Cyr, Sylvain Rivière, Marie Pouliot...[...] Bien sûr, sur un plan personnel et professionnel — je serais hypocrite de le taire ou de le nier — ce serait un grand honneur que d'avoir une œuvre au programme des Rendez-vous [...] Ce qui me motive dans ce cri de détresse que j'envoie comme ça sans savoir si quelqu'un prendra la peine de me lire, c'est que c'est pour la Gaspésie que je pleure le plus, pour ce droit de parole que mon pays d'origine n'obtient jamais que dans la colère ou le superficiel [...]»

Mon message a été lu. Par erreur, le bureau des Rendez-vous l'a même relayé à des collègues qui ont communiqué avec moi pour savoir si on m'avait répondu. Finalement, oui. La directrice générale de l'événement, Ségolène Rœderer, qui est venue au Québec «par amour et pour le cinéma» au début des années 1990, a eu la gentillesse de me revenir quelques jours après la clôture de l'événement :

«[...] Je comprends votre tristesse de ne pas avoir été sélectionnée par les Rendez-vous, et je dois vous dire que celle-ci est partagée par beaucoup de vos confrères et de vos consœurs qui ont réalisé des documentaires qui n'ont pas été retenus. Depuis sept ans maintenant, les Rendez-vous sélectionnent environ 50 % des œuvres qui leur sont soumises, ce qui fait une moitié de malheureux, fâchés ou blessés. C'est désolant, c'est un héritage que nous avons reçu en prenant la barre des Rendez-vous et que nous voyons difficilement comment renverser. Nous avons l'idée de produire un répertoire de toute la production de l'année, dont nous montrerions une partie en salle pendant l'événement montréalais [...] Mais en attendant, à partir du moment où il y a sélection, il y a choix. Nous essayons de réunir en comité des gens sérieux, dévoués, aimant le cinéma et connaissant le milieu. Ceux-ci établissent des critères et des paramètres leur permettant de trouver une ligne directrice, de montrer les films qui semblent les plus capables de lier fond et forme, propos et cinéma. Il n'y a pas de choix par sujet, par région, par auteur. Il aurait pu y avoir cinq films traitant de la Gaspésie et nous n'en avons pas choisi un au profit de l'autre. Je ne peux malheureusement pas vous donner ici les raisons exactes pour lesquelles votre film n'a pas été retenu. Les décisions se prennent en huis clos et nous ne pouvons revenir à chacun personnellement. Sachez cependant que votre film a été vu, apprécié, discuté, malgré le choix final de ne pas le sélectionner. Que dire d'autre? [...] »

C'était la parole du rendez-vous du cinéma d'auteur. Rendons grâce au seigneur.

Et maintenant, mesdames et messieurs, imaginez-vous un bon roulement de tambour, car voici, pour votre plaisir, votre agrément et, bien entendu, votre divertissement, un petit numéro dont j'ai piqué le titre à je ne sais quel auteur futé : « La fois où j'ai eu l'air le plus fou ».

Au printemps 2003, je me suis dit : « OK, Carmel. T'es une *waitress* de télévision. Le monde des cinéastes, documentaristes, privilégiés, oublie ça, c'est pas ta place, il est trop tard pour recommencer ta vie professionnelle à zéro. » Après un autre impardonnable moment de faiblesse et d'immaturité durant lequel j'ai langui pour les bras de maman Radio-Canada, je me suis résolument ramené les pieds sur terre. Les canaux spécialisés, ça reste un créneau drôlement attirant, un rendez-vous bien circonscrit avec un auditoire cible. Depuis l'arrivée de Canal D dans le paysage télé-visuel, j'ai nourri d'une bonne centaine d'heures de télévision le réseau Astral qui rediffuse à gogo, écrivant et réalisant seule quinze de ces œuvres origi-nales. Lors de différentes rencontres, des hauts placés du réseau ont exprimé leur satisfaction vis-à-vis de la série *Fidèles aux postes*, au programme d'automne 2003 d'Historia. Malgré toute leur bonne foi et tout leur professionnalisme, la plupart des producteurs derrière ces œuvres, à l'exception évidente des producteurs de variétés concernés par les émissions ayant un volet du genre, n'ont pas investi personnellement autant de temps et d'argent dans ces productions que moi. Il me semblait que la route de l'évolution me menait vers la production de séries documentaires pour les canaux spécialisés. Pourquoi ne pas défendre moi-même mes idées ? Pourquoi ne pas discuter face à face avec les diffuseurs des sujets qu'ils aimeraient voir traités ? Pourquoi ne pas monter moi-même mes équipes ? Pourquoi ne pas m'entourer au lieu d'attendre qu'un autre producteur me plante toute seule au milieu d'une production avec tous ses problèmes en plus des miens sur les épaules ? Je ne me prenais plus pour Jean-Claude et Léa, je reluquais les gants blancs de Fabienne ! Allez-y. Riez. Fendez-vous la rate.

J'ai touché un mot de cette logique à des décideurs du réseau Astral. L'un d'eux m'a dit : «Ça fait long-temps qu'on se connaît, mais qu'est-ce que tu fais maintenant ? » J'ai commencé à essayer de me racon-ter, mais j'ai été perturbée par un gros sanglot qui a débloqué dans ma poitrine d'un coup sec, me faisant constater que je l'étouffais depuis des mois. Je l'ai ravalé de peine et de misère. Cette chère personne a vu que ça filait pas fort du côté de la pauvre *waitress* sans tailleur griffé. Elle m'a gentiment demandé : «Quel âge as-tu, maintenant? Ta candeur me touche. Il faut que tu comprennes que la télévision, c'est une *business*. Tu ne peux pas continuer à te promener comme ça avec tes idées. Essaie de te faire engager par un producteur. C'est sûr que tu devras sacrifier tes droits d'auteure, mais au moins tu auras un revenu stable jusqu'à la retraite. Il y en a plus d'un qui aurait besoin de gens comme toi.»

Je respecte la compétence de la personne qui m'a ainsi mis les pendules à l'heure. Voilà. C'est la fois où j'ai eu l'air le plus fou. Comment vous sentez-vous dans mon cul-de-sac? Ça va bien? Bon! Je vais vous chanter une petite toune et ça va comme ceci : «La cow-girl fait le tour de la montagne...»

Leçon d'histoire

Je me doute bien que les leçons apprises à l'occasion de mon retour à l'école, vous les connaissiez par cœur. « La » *waitress*, « le » producteur, « le » diffuseur, « les » décideurs, ce sont des archétypes, des personnages familiers à n'importe quel « paysage » professionnel, transcendant les genres féminin et masculin. Dans cette éternelle hiérarchie, chaque génération a le droit et le devoir de prendre sa place, de créer ses courants et d'imposer de nouvelles vagues, de participer au renouvellement apparent de la pensée humaine. Il y a, juste visible à l'œil nu et distrait, tellement de talent au Québec, c'est époustouflant.

Là où se rencontrent les mondes de la production télévisuelle et cinématographique, il se produit actuellement une révolution technologique aussi importante que lorsque la radiophilie a gagné les cœurs dans les années 1920 et lorsque la télévision, dans les années 1950, a renversé avec l'image les acquis des mots. Nous sommes à l'ère pointue du numérique. Nous avons, dans les années 2000, un nouveau langage à assimiler. Un langage qui force l'auteur en audiovisuel à apprivoiser la technique comme il a dû, au cours des ans, apprendre à travailler à l'ordinateur et se résoudre à communiquer par courriel des dossiers complets à des producteurs qui ne lui avaient donné aucune garantie morale ou contractuelle sur ses

droits. Aux derniers Rendez-vous du cinéma québécois, j'étais au nombre des artisans à se rendre à
l'atelier de maître du cinéaste accompli Michel Brault,
l'homme de la lumière, qui devait nous parler, justement, de l'effet du numérique sur le cinéma. Tout ce
qu'il en a dit, pressé de se prononcer par des collègues, c'est que c'était « merveilleux », que ça permettait de voir son image au moment même du tournage
plutôt que d'attendre, en se tordant les mains, de
visionner les *rushs*. Il s'est plutôt attardé longuement à
revivre avec ses élèves du jour ses exploits de jeunesse
à l'ONF auprès de Gilles Groulx. Leur classique, *Les
raquetteurs*, a pu être tourné parce qu'un joyeux luron
avait ajouté quelques zéros au nombre de bobines de
pellicule inscrit sur le bon de commande. Essayez
donc de vous en tirer avec ça chez un diffuseur ou un
producteur des années 2000 ! Ensuite, il s'est appliqué
à nous raconter comment ils avaient collé du son au
montage, ayant évidemment tourné principalement
du matériel silencieux. Naïf peut-être, mais quel plaisir que d'écouter cet incorrigible voyou conter ses
exploits avec l'ardeur d'un ado. De plus, il nous a livré
quelques notions très précieuses sur les particularités
de l'éclairage. Ça faisait drôle, dans le contexte, d'entendre par ailleurs des jeunes flos se lever pour lui
poser une question, déclarant d'emblée : « Je suis
Untel, Unetelle, cinéaste. » « Cinéaste ? » que je me suis
demandé à quelques reprises. Je réserve mes doutes,
car il est certain que parmi les jeunes qui sont nés dans
la potion magique des micropuces, il y a des cinéastes.
Ils n'ajoutent pas de zéros aux bons de commande
parce qu'il n'y a plus de pellicule. Ils ont beau jeu de
se faire du cinéma toute la nuit sur les ordinateurs du
producteur parce que, de un ça ne coûte rien et de
deux la plupart des producteurs ne connaissant rien à
cette technique révolutionnaire et ne les prendront

donc jamais les culottes baissées. Ce sont les mêmes jeunes que j'ai souvent entendus déplorer le fait qu'ils ne puissent faire un stage avec les techniciens de Radio-Canada pour apprendre, une fois pour toutes, où était l'erreur qu'ils se faisaient reprocher par les responsables du contrôle de qualité. «Coudonc! ils diffusent l'émission quand même! C'est quoi, le problème?» Le jour où Waitress fera du cinéma ha! ha! ha!, elle espère avoir de ces jeunes passionnés pour l'assister et veiller à la direction photo. Pourquoi ne ferions-nous pas équipe?

Ce jour, j'ai bien peur, est loin d'être venu, mais la roue tourne sans cesse, comme nous le rappelle cette façon, souvent citée, qu'avait Judith Jasmin de décrire la naissance de la télévision : «Ce fut la première ride de la radio...»

Françoise Loranger, l'auteure de l'imposant téléroman *Sous le signe du lion*, qui a longtemps travaillé sur les séries produites par Paul Langlais, a raconté lors de l'émission spéciale *C'était en direct* à quel point les auteurs de la radio avaient été excités par l'arrivée de la télévision. Le nouveau média apportait «du neuf, des défis, quelque chose à apprendre et à développer, la chance de sortir de la routine. On l'avait fait, ça. Les expériences que t'as faites à un moment donné, t'en as assez, t'en sors [...] Quand ça a commencé, on est tous allés proposer des séries et des sketchs et tout ça, et les réalisateurs, qui étaient tous des gens qu'on ne connaissait pas, qui avaient appris je ne sais où, aux États-Unis ou ailleurs, et qui nous connaissaient de nom à la radio mais qui n'étaient pas du tout intéressés à travailler avec nous, ils ne se sont pas gênés pour nous le dire. Ils voulaient former de nouveaux auteurs. Nous étions formés pour la radio et ce n'était pas du tout la même chose. Non, ils n'étaient vraiment pas intéressés. Mais par la suite, ils ont bien été obligés de revenir à nous, parce que les gens qu'ils employaient étaient des gens qui ne connaissaient vraiment pas leur métier, qui n'avaient aucun sens de l'action dramatique. Alors les réalisateurs ont été obligés de revenir aux auteurs chevronnés de la radio, même s'ils ne les aimaient pas. Ça a été long. Ça a pris quatre ans. C'était un métier à réapprendre, forcément, parce que ce n'est pas du tout la même technique. Vous ne travaillez pas pour l'image comme vous travaillez pour le son, mais c'était excitant ».

Quatre ans ? Bon.

Là où le bât blesse, c'est qu'une révolution technologique, ça menace inévitablement un tas de jobs, ce qui place les syndicats en état d'alerte, et pour cause. On ne doit pas se surprendre de trouver, par les temps qui courent, parmi les chefs de file des défenseurs du documentaire d'auteur, la réalisatrice un peu novice et productrice-conjointe-associée Monique Simard, nommée Grande Montréalaise en 1983, *pasionaria* de la CSN, la centrale syndicale dont elle était vice-présidente en 1986 lorsqu'elle a mené les négociations du secteur public avec le gouvernement du Québec. Elle est notamment productrice du documentaire-choc de Jean-Claude Labrecque mettant en vedette l'ex-premier ministre Bernard Landry, *À hauteur d'homme*, « le » documentaire de la rentrée télévision 2003. Ce titre magnifique, le cinéaste l'avait donné, il y a dix ans, à un beau livre de collection de photos publié par Isabelle Hébert à la suite d'une exposition parrainée par les Rendez-vous du cinéma québécois. C'est dire à quel point la télévision oublie et récupère !

La production privée fait tout en son pouvoir pour isoler les individus, pour casser les chaînes de solidarité. Mais les cinéastes de l'école Grierson sont mobilisés et le comité des sages de la production télévisuelle est aux aguets. Oui, nous sommes en crise. Et les modèles syndicaux calqués sur les heures de gloire de Radio-Canada et de l'ONF sont désuets. Ce ne sera pas facile. Si le numérique apporte un outil de plus, une efficacité plus grande aux créateurs amateurs et professionnels, il menace de faire s'écrouler les empires des diffuseurs et des annonceurs, qui ne trouvent pas ça intéressant du tout. L'électronique permet maintenant aux téléspectateurs de «sauter» les annonces publicitaires, de se faire leurs propres programmations, de foutre en l'air toutes les «stratégies de marketing» d'une industrie qui croyait avoir le vent dans les voiles. Waitress ne voudrait pas pour tout l'or du monde se retrouver dans les souliers des grandes agences et des responsables de la publicité. À chaque bozo suffit sa peine. Elle se range donc du côté des suffragettes qui vont se battre pour que les annonceurs ne se fassent pas producteurs sur les ondes des télévisions financées à même les deniers publics. Elle ne se prend pas pour une cinéaste. Elle se contente d'être fière d'avoir fréquenté l'école publique à l'époque où les arts et la culture étaient obligatoires.

Lorsque Jean-Louis Roux, un des auteurs combattants de la première heure, nous a raconté, à l'occasion du cinquantième anniversaire de la SARTEC, la signature de la première entente collective avec Radio-Canada en 1956, il a évoqué l'appel quotidien placé durant des mois au bureau de J. Alphonse Ouimet, président de 1958 à 1967 de Radio-Canada, dont il était le directeur général depuis 1953, et que ses admirateurs appellent le «père» de la télévision canadienne. Monsieur Ouimet fut l'un des premiers ingénieurs canadiens à contribuer à la technologie télévisuelle. Lorsqu'il consentit enfin à rencontrer les porte-parole des auteurs, Jean-Louis Roux et Gérard Pelletier, ce fut pour leur annoncer : «Nous ne vous reconnaissons pas.» Gérard Pelletier, journaliste militant du syndicalisme canadien-français, humaniste rompu au catholicisme de gauche et inspiré par les grands penseurs de France, lui a rétorqué du tac au tac : « Eh ben nous non plus. »

L'histoire de notre télévision n'en est pas à ses premières « difficultés temporaires ». La dernière grande crise a provoqué la grève des réalisateurs de Radio-Canada, qui s'est étirée du 29 décembre 1958 au 9 mars 1959. Les réalisateurs de la maison mère avaient tenté de se joindre à la IATSE (International Alliance of Theatrical Stage Employees) en 1952 et à la NABET (National Association of Broadcasting Employees and Technicians) en 1953. Le Conseil canadien des relations ouvrières avait refusé, alléguant que les réalisateurs faisaient partie de la direction de Radio-Canada et ne pouvaient donc se syndiquer. Le 5 décembre 1958, les soixante-neuf réalisateurs de Radio-Canada réclamèrent la formation d'une association professionnelle affiliée à la CTCC (Confédération des travailleurs catholiques du Canada), l'ancêtre de la CSN. Ils votèrent la grève le 20 décembre 1958. Cent auteurs de la SAD, présidée par Louis Morisset, et les neuf cents membres de l'UDA, affiliés au Conseil canadien des auteurs et artistes (CCAA), les appuyèrent.

Notre infatigable Guy Fournier du comité des sages des années 2000 a souvent relaté ce qu'il appelle « les grands schismes » de l'époque, qui ont opposé la « vieille garde » aux jeunes passionnés. Durant la grève des réalisateurs, Mia Riddez et Louis Morisset ont été emprisonnés. Jean Desprez a cassé une chaise sur la tête de Claude-Henri Grignon. Une grosse chicane de famille, dit-on. Marcel Dubé était au front. « Dur, très dur », se remémore Jean-Louis Roux.

La guerre des réalisateurs de documentaires d'auteur contre le *fast food*, c'est un peu une chicane de famille, un peu déjà vu aussi. Dans un numéro spécial de *Cinéma Québec* marquant de la Semaine du cinéma québécois (ancêtre des Rendez-vous) en 1976, le comité de rédaction dirigé par Jean-Pierre Tadros annonçait la « re-naissance » du documentaire québécois et affichait le désir de « réhabiliter un cinéma trop longtemps occulté par certains intérêts ». À l'époque, la télévision était perçue comme la nouvelle amie d'un cinéma boudé par les salles commerciales : « Grâce à la télévision, plusieurs jeunes cinéastes viennent de nous donner certains des films les plus importants de la jeune histoire du cinéma québécois... *Son des Français d'Amérique*, de Michel Brault et André Gladu... *Jules le Magnifique* de Michel Brault... la série *Carcajou et le péril blanc* d'Arthur Lamothe... »

Après la grève des réalisateurs, il y eut dans le milieu une sorte de pacte de réconciliation qui a donné lieu à une grande fête en avril 1960 — le Congrès du spectacle, créé pour remplacer le légendaire Gala des splendeurs qui datait de 1939 et qui se pliait aux impératifs des commanditaires de... la production privée ! Le discours que prononça Jean-Louis Roux ce soir-là trouve ses résonances dans le contexte actuel :

« Plus de trois mille individus sont représentés ici aujourd'hui. Ces trois mille individus accumulent un nombre étonnant d'heures de travail, gagnent en un an une somme importante en salaires et en cachets, en plus de constituer, évidemment, ce qui ne se calcule pas : une masse imposante d'intelligence, d'imagination, d'invention, d'habileté, de sens artistique et technique. Il serait intéressant d'établir des statistiques à ce sujet et de pouvoir les comparer aux statistiques annuellement établies dans les autres sphères d'activité. [...] Nous formons une force morale qui dépasse infiniment les effectifs relativement restreints de nos regroupements. De cela, il faut d'abord que nous nous rendions compte, et il faut ensuite que nous sachions qui répartit — non seulement pour le bien-être et la sécurité de chacun de nous, mais encore et avant tout pour le plus grand bien de nos métiers et professions et conséquemment pour celui du spectacle en général. Il serait donc souhaitable, de toute évidence, que des statistiques soient systématiquement établies par nos divers groupements, que ces statistiques soient mises à la disponibilité de tous les groupements syndicaux du spectacle et soient rendues publiques dans la mesure où cela pourrait nous être bénéfique à l'occasion du Congrès du spectacle chaque année... Nous avons aussi nos problèmes de chômage. [...] Les groupements d'interprètes de toutes catégories et de créateurs ont toujours, dans leurs rangs, bon nombre de membres qui, suivant une rotation constante, ne trouvent pas d'emploi ou n'en trouvent que très peu [...] Sans créer de panacée, dit-il, voir comment pourrait être amélioré le sort des momentanément malheureux. [...] Pour le public en général, nous sommes tous des gens qui gagnent trop facilement des salaires ou des cachets astronomiques. L'exagération des chiffres cités, même au cours d'enquêtes gouvernementales, nous paraît tellement évidente que nous ne songeons même pas à opposer un démenti, mais hélas, ces affirmations, fausses, contribuent à former l'opinion publique. Et comme personne ne songe d'une part à rectifier et d'autre part à vérifier, presque tout le monde est persuadé que nous sommes des rois fainéants grassement entretenus. […] Il faudrait surtout que le public non averti connaisse ce que sont véritablement nos métiers. Sans fard. Sans exagération. Sans flatterie. Sans souci indu de grossière publicité. Sans recherche de l'effet et même du scandale...»

On parlait à l'époque d'une possibilité de «commission extérieure de nos métiers et professions». N'y a-t-il pas là une parenté avec la crise de l'an 1999, alors que des voix réclamaient, à la suite des accusations de Fabienne Larouche et de Claude Robinson, une commission d'enquête?

Pendant ce temps-là, le destin s'occupe de ses petits. En attendant le prochain caprice de ce *boss* imprévisible, je me dis qu'on peut empêcher une *waitress* de gagner sa vie dans le milieu de la production télévisuelle, mais qu'on ne peut pas empêcher une auteure d'écrire.

Bonne saison!

Table

CET OUVRAGE
COMPOSÉ EN PALATINO CORPS 12 SUR 14
A ÉTÉ ACHEVÉ D'IMPRIMER
LE VINGT-SEPT OCTOBRE DE L'AN DEUX MILLE TROIS
PAR LES TRAVAILLEURS ET TRAVAILLEUSES
DES PRESSES DE AGMV-MARQUIS
À CAP-SAINT-IGNACE
POUR LE COMPTE DE
LANCTÔT ÉDITEUR.

IMPRIMÉ AU QUÉBEC (CANADA)

Ville de Montréal

**Feuillet
de circulation**

À rendre le

0 2 AVR. 2004	
2 2 AVR. 2004	
1 5 MAI 2004	
0 5 JUIN 2004	
3 0 JUIN 2004	
2 3 JUIL. 2004	
1 7 AOUT 2004	
0 8 SEP. 2004	
2 8 SEP. 2004	
MA.02	

06.03.375-8 (01-03)

– – MAR. 2004